KB186603

Thomas Hardy

Tess OF THE *d'Urbervilles*

테스

Retold by Kay Sam Shephard

발 행 인 민선식
펴 낸 곳 THETEXT A YBM COMPANY
초판발행 2006년 11월 22일
5쇄발행 2014년 12월 5일
등록일자 2012년 4월 12일
등록번호 제 300-2012-60호
서울시 종로구 종로 104
TEL (02) 2000-0515
FAX (02) 2271-0172

ISBN 978-89-92228-20-6
인터넷 홈페이지 http://www.ybmbooks.com

사진은 SHOOTING STAR / (주)유로크레온에서 제공해 주셨습니다.

머리말

21세기 현대 생활 전반에서 영어는 큰 비중을 차지하고 있으며, 영어 실력은 한 사람을 평가하는 중요한 척도로 자리 잡았습니다. 영어 실력을 배양하기 위해서는 완전하면서도 자연스러운 원어민의 말과 글을 많이 접하고 느껴야 합니다.

이를 위해 YBM/Si-sa 가족인 THE TEXT는 세계 문학사에 빛나는 작품들을 엄선하여 The Classic House를 펴내게 되었습니다. 세계적인 명작들은 숨가쁜 현대를 살아가는 우리들에게 글 읽기의 즐거움과 함께 그 심오한 사고의 깊이로 시대를 초월한 감동을 선사합니다.

그러나 이들 문학 작품들이 탄생한 시대의 문체와 현대의 문체 사이에는 큰 차이가 있어서 영어를 사랑하는 사람들도 접근하기가 힘든 점이 있습니다. 이에 THE TEXT는 원작의 내용을 그대로 살리면서 보다 쉽고 간결한 문체로 원작을 재구성하여, 독자 여러분이 명작의 감동을 그대로 느끼면서 현대 영어를 자연스럽게 체득할 수 있도록 배려하였습니다.

The Classic House가 독자 여러분의 영어 실력 향상뿐 아니라 풍부한 정서 함양과 문학적, 문화적 교양을 배양하는 데 큰 도움이 되기를 기대합니다.

이 책의 특징

폭넓은 독자층 대상 고등학생, 대학생, 일반 성인 등 다양한 독자들이 쉽게 접근할 수 있는 영어 수준으로 구성하였습니다. 부담 없이 읽는 가운데 영어실력이 향상됩니다.

읽기 쉬운 현대 영어로 전문 재구성 영어권 작가들이 원작의 분위기와 의도를 최대한 살려서, 고전적인 문체와 표현을 현대 영어로 바꿔 이해하기 쉽게 다시 집필하였습니다.

친절한 어휘해설 및 내용설명 오른쪽 페이지의 주해(Footnotes)를 통해, 본문 어휘풀이뿐 아니라 내용 이해에 필요한 상황설명과 문화정보(Cultural tips)도 함께 제공합니다.

유려한 우리말 번역 영어 본문 뒤에 「명작 우리글로 다시읽기」를 실었습니다. 훌륭한 번역서의 기능을 하며, 해당 영문의 페이지도 표시하여 찾아보기 쉽도록 하였습니다.

본문 표현을 활용한 생활영어 권말에는 「명작에서 찾은 생활영어」가 있습니다. 영어 본문에서 생활영어로 활용 가능한 표현이나 문장을 뽑아 상세한 해설과 함께 실었습니다.

원어민이 녹음한 MP3 file www.ybmbooks.com에서 원어민이 영문을 낭독한 MP3 파일을 무료로 다운로드 받아 읽기 능력뿐 아니라 듣기 능력과 발음이 향상되도록 하였습니다.

이 책의 활용법

Listening Casually 본격적으로 책을 읽기에 앞서 MP3 파일을 들으면서 책의 내용을 추측해 봅니다. 들리지 않는 단어가 나오더라도 본문을 참고하지 않도록 합니다.

Reading Through 영어 본문을 본격적으로 읽습니다. 문장을 읽다 간혹 모르는 단어가 나오더라도 멈추지 않고 이야기의 흐름을 파악하는 데 중점을 두면서 읽습니다.

Reading Carefully 오른쪽 페이지 하단의 주해와 책 말미에 있는 「명작 우리글로 다시읽기」를 참고하여 문장의 정확한 의미 파악에 주력하며 다시 한번 영문을 읽습니다.

Listening Carefully 상기한 3단계를 거치며 영문의 의미를 파악한 다음, 이전에 들리지 않았던 영문이 완전히 들릴 때까지 MP3 파일을 반복해서 청취합니다.

Speaking Aloud MP3 파일을 자신이 따라할 수 있는 속도로 조절해 가면서 원어민의 발음, 억양, 어투 등에 최대한 가깝게 발성하면 회화에 큰 도움이 됩니다.

Speaking Fluently 「명작에서 찾은 생활영어」를 통해 실생활에 유용하게 쓰일 수 있는 회화 표현들을 자연스럽게 익혀 유창하게 말할 수 있도록 합니다.

저자소개

토마스 하디(Thomas Hardy) 영국, 1840~1928

토마스 하디는 1840년 잉글랜드 도싯(Dorset, England)에서 석공의 아들로 태어났다. 1871년 처녀작 「최후의 수단(Desperate Remedies)」을 출판하였으며 1874년에 간행된 「광란의 무리를 떠나서(Far from the Madding Crowd)」의 성공으로 작가로서의 확고한 위치를 얻었다.

1874년 아내 엠마(Emma)와 고향 근처 도체스터(Dorchester)에 정착한 하디는 이후 20여 년 동안, 「토박이의 귀향(The Return of the Native, 1878)」, 「나팔대장(The Trumpet-Major, 1880)」, 「캐스터브리지의 읍장(The Mayor of Casterbridge, 1886)」, 「숲 속의 사람들(The Woodlanders, 1887)」, 「테스(Tess of the d'Urbervilles, 1891)」, 「무명의 주드(Jude the Obscure, 1896)」 등 많은 소설을 집필하였다.

하디는 자신의 고향인 남부 잉글랜드를 배경으로 가난하고 힘없는 민초의 삶을 사실적으로 그렸으나 당대 종교관 및 도덕관에 대한 비판의식으로 당시 보수층으로부터 적지 않은 공격을 받기도 했다. 그러나 오늘날 하디는 평범한 인간군상의 모습을 그리스 비극 못지않은 비장미로 그려냈다는 찬사를 받으며 19세기 말 영국문학을 대표하는 작가로 평가되고 있다.

작품소개

「테스」는 1891년에 간행된 토마스 하디의 소설로, 그의 작품 중 오늘날 가장 널리 알려진 작품이다. 선과 행복을 이루려는 의지에도 불구하고 운명과 인습에 갇혀 희생될 수밖에 없었던 한 여인의 삶을 통해, 진정한 도덕성이란 과연 무엇인가라는 비장한 주제를 치밀한 심리묘사와 서정적인 문체로 전달하고 있다.

오래전에 몰락한 귀족가문의 피를 물려받은 빈농의 딸로 태어나, 명문가를 자처하지만 졸부에 불과한 청년 알렉(Alec)에게 순결을 빼앗기고, 진실한 사랑인 줄 알았던 남편 에인젤(Angel)에게도 버림받는 순진한 시골처녀 테스의 불행한 삶이 이 작품의 줄거리를 이루고 있다. 운명의 장난 같은 여주인공의 인생을 통해 작가는 당시 영국 신분사회의 남성본위 윤리의식이 가진 이중성을 신랄하게 비판하고 있다. 특히 편협한 종교인의 사고방식을 직접적으로 묘사하고, 금기시되던 남녀간의 애정관계를 대담하게 표현하여 발표 당시 많은 논란을 일으키기도 하였다.

가장 아름답고 순수한 것이 도덕의 얼굴을 한 위선 앞에 파괴되는 과정을 담은 「테스」의 작품세계가 비관적으로 비칠 수도 있지만, 뒤늦게나마 선악을 재는 세상의 잣대를 거부하고 죽음을 넘어선 인연을 약속하는 연인의 모습에서, 강하고 진실한 인간성의 존재를 믿으려는 작가의 능동적인 세계관을 엿볼 수 있는 작품이다.

등·장·인·물

테스 Tess Durbeyfield

더비필드 부부의 일곱 자녀 중 장녀로 아름답고 순진한 시골아가씨. 가난한 집안살림을 돕기 위해 부유한 알렉 더버빌의 집을 찾아갔다가 그에게 순결을 잃고 만다. 마을사람들의 차가운 시선을 피해 고향을 떠나 일하러 간 목장에서 진실한 청년 에인젤을 만나 사랑에 빠진다.

알렉 Alec d'Urberville

테스네와 먼 친척뻘이 된다는 부잣집 청년. 순진한 테스를 유혹하여 그녀가 평생 수치심과 죄책감 속에서 괴로워하며 살게 만든다. 후에 다시 나타나, 테스가 결혼한 몸인 것을 알면서도 가난한 그녀의 가족을 돕겠다는 구실로 또다시 유혹의 손길을 뻗친다.

에인젤 Angel Clare

보수적인 영국국교회 신부의 아들. 완고한 교회의 가르침에 회의를 품고 형들과 달리 신부가 되기를 거부하고 농장경영을 꿈꾼다. 견습생으로 일하던 목장에서 테스를 만나 그녀의 때묻지 않은 순수함에 이끌려 영원한 사랑을 약속한다.

더비필드 부부 John and Joan Durbeyfield

오래전에 몰락한 귀족의 자손이라는 허울뿐인 배경에 연연하는 무능하고 책임감 없는 테스의 부모. 어린 나이에 불행을 겪은 딸을 집안의 이름을 더럽혔다며 오히려 부끄럽게 생각한다.

클레어 부부 Reverend Clare and Mrs. Clare

고지식하고 보수적인 에인젤의 부모. 아들이 농부가 되겠다고 하고, 또 시골아가씨와 결혼하자 실망하면서도 결국 아들과 그의 아내 테스의 행복을 빌어준다.

크릭 씨 Mr. Crick

테스가 슬픔을 딛고 새로운 삶을 시작하는 탈보데이즈 목장(Talbothays Dairy Farm)의 주인. 자신의 목장에서 에인젤과 테스의 사랑이 싹트자 두 사람을 축복해준다.

마리안 Marian 이즈 Izz 레티 Retty

테스가 탈보데이즈 목장에서 만난 목장아가씨들. 테스가 목장을 떠난 후에도 우정을 유지하며 그녀를 도와준다.

CONTENTS

VOLUME I

Chapters 1-6

She did not realize that Alec would be the cause of all her future sadness.

Chapter 1

One evening in May, a middle-aged man was walking home from Shaston to his cottage* in Marlott. His legs were weak and trembling, and he could not walk in a straight line. He carried an empty basket on his arm, and his hat was old and worn. After a while, he met an elderly parson* riding a gray horse. The parson was singing quietly to himself as he rode.

"Good evening to you," said the man with the basket.

"Good evening, Sir John," said the parson.

After another step or two, the middle-aged man stopped. He had a puzzled look* on his face.

"Now, sir," he said, "we've met on this road twice in the last month. Both times I said 'Good evening,' and you answered 'Good evening, Sir John,' as you did just now.*"

"Yes, I did," said the parson.

"So why do you call me Sir John when I'm only John Durbeyfield?" asked the man.

After a moment's pause, the parson spoke, "I

am Parson Tringham, the historian.* I called you that name because of a discovery I made some time ago. Don't you know, Durbeyfield, that you are a direct descendant of the old, noble family of the d'Urbervilles? They descended from Sir Pagan d'Urberville, a knight who came from Normandy with William the Conqueror.*"

"I've never heard about it before, sir!" said John Durbeyfield.

"Well, it's true. The d'Urbervilles once owned land and served their King for hundreds of years. And there have been many Sir Johns among them. If sons could still inherit a knighthood from their fathers, you would be Sir John now," said the parson.

"Well! I have always thought I was the commonest man in the parish,*" said Durbeyfield. "But I have an old silver spoon and an old silver seal* at home that I got from my father. I've often wondered how he got them. So, where do the d'Urbervilles live now, parson?"

---

cottage 오두막집 **parson** 신부; 영국국교회 신부는 로마가톨릭 신부와 달리 결혼할 수 있음 **puzzled look** 의아한 표정 **just now** 방금, 좀전에 **historian** 역사가 **William the Conqueror** 정복왕 윌리엄; 프랑스 노르망디 출신으로 1066년 잉글랜드를 정복한 윌리엄 1세의 별칭 **parish** 교구 **seal** 도장

"There are no more members of the noble d'Urberville family, and their land is all lost," said the parson. "Their bodies lie in the church-yard at Kingsbere-sub-Greenhill."

John Durbeyfield paused. "What should I do about it?"

"Oh, nothing. It's an interesting piece of history, that's all. Good night, Durbeyfield."

When the parson was gone, Durbeyfield sat down by the roadside, with his basket beside him. Before long, a young man appeared in the distance. Durbeyfield explained what he had just learned from the parson. "Go to Marlott," he asked the lad,[*] "go to the Pure Drop Inn[*] and tell the innkeeper to send a horse and carriage for me. After that, go on to my house with this basket and tell my wife to drop whatever she's doing[*] and wait until I come home. I've got good news." The lad knew John Durbeyfield well and didn't believe anything the older man had told him. At first, he refused to carry the basket and the messages into the village. But when Durbeyfield gave him a shilling,[*] the lad ran off happily toward Marlott. Durbeyfield lay down on the grass beside the road to wait for his carriage to arrive.

The village of Marlott lies in Blackmoor Valley. The valley is a fertile* place where the fields are green all year, and the streams never run dry. The villagers still follow many ancient traditions. On holidays and festivals, the young women gather to dance, as their ancestors have done for hundreds of years.

This evening, the young women were all dressed in white for the May-Day dance.* Each carried a peeled willow twig* in her right hand and a bunch of white flowers in her left. One beautiful young woman, called Tess, wore a red ribbon in her shiny, dark hair. The dancers walked down the road and around the Pure Drop Inn. They were about to go into one of the fields beside the inn, when they saw a carriage go by. John Durbeyfield sat beside the driver, leaning back* with his eyes half-closed. He was waving his hands above his head and singing loudly enough for everyone to hear. "I've got a family

---

lad 젊은이, 청년 inn 주막, 여인숙 *cf.* innkeeper 주막주인 drop whatever one's doing 하고 있던 일을 무조건 멈추다 shilling 실링; 영국의 옛 화폐단위 fertile 비옥한 the May-Day dance 오월제 댄스 peeled willow twig 껍질을 벗긴 버드나무 가지 lean back 몸을 뒤로 기대다

vault* at Kingsbere, and knighted forefathers* in lead coffins* there!"

All the women laughed, except Tess. She blushed with embarrassment* because it was her father in the carriage. "Father's tired, that's all," she said quickly. The other women laughed again. But when they saw how miserable Tess seemed, they stopped laughing and continued walking toward the village green.* By the time they reached the green, Tess was smiling again. Soon, the dancing began.

At first, because the men were still working in the fields, the women danced with each other. Later, when the men finished their work, they came to watch and join the dancers. Three young men, who were strangers in the valley, also stopped to look. The eldest explained to the villagers that they were brothers, taking a walking tour* through the area. They asked about the meaning of the dance and why the women wore white dresses. The two older brothers wanted to continue their walk, but the youngest seemed more interested in the dancing. He dropped his knapsack and walking stick beside the road and opened the gate to the field.

"What are you going to do, Angel?" asked the eldest brother.

"I want to join the dancing," said the young man called Angel.

"You can't," said his brother. "You can't be seen dancing in public* with a group of country women! Come along, or we'll never find a place to sleep tonight."

"I'll catch up with* you in five minutes," said Angel. "I promise." The two older brothers reluctantly* walked on, while the youngest entered the village green.

He stayed for a while and danced with many of the young women. When he finally left the dance, he saw Tess looking at him with sad eyes. He thought she seemed annoyed because he hadn't chosen to dance with her. When he reached the gate, he paused for a moment and looked back. He could see the white figures of the women dancing about with their partners. But the pretty woman with the red ribbon in her

---

family vault 가족 납골당 forefather 선조 lead coffin 납 관 blush with embarrassment 당황해서 얼굴이 붉어지다 village green 마을 공유지 take a walking tour 도보여행을 하다 in public 사람들이 보는 데서 catch up with …을 따라잡다 reluctantly 내키지 않은 채

hair stood apart from the others, watching him. He regretted that he hadn't noticed her earlier and asked her name. But it was too late to do anything about it. He hurried away to catch up with his brothers.

Angel had made an impression on Tess, too. She watched the young man walk away until he disappeared around a bend in the road. Only then did she return to the dancing, but she no longer enjoyed it. She kept thinking about her father and his strange behavior earlier in the evening. Finally, she decided to leave the dancers and walk home.

After the excitement of the dancing, the inside of the cottage seemed duller* than ever. It was small and dark, and the furniture was old and worn. Six young children were crowded into the room, which was lit with one solitary* candle. Tess's mother was washing clothes as she did every evening. She stood with her arms in a tub of hot suds* and sang as she rocked the baby's cradle* with one foot. Joan Durbeyfield had once been a pretty woman, but having so many children had aged* her. Still, it was easy to see that Tess had inherited her mother's looks.

"I'll rock the cradle for you, mother," said Tess gently. "Or should I take off my best frock* and help you with the washing?"

"No, don't bother. But I'm glad you've come," said her mother. "We've found out that we're the oldest family in the whole country. Our real name is d'Urberville! That's why your father rode home in the carriage. It wasn't because he'd been drinking, as most people thought."

"I'm happy about that," said Tess. "Will it do us any good,* mother?"

"Oh yes! Your father thinks that great things may come of* it," said her mother. "I expect our noble relations* will visit us in their carriages as soon as they find out."

"Where is father now?" asked Tess suddenly.

Her mother did not answer her immediately. "He saw the doctor today in Shaston. He doesn't have consumption* after all," she said. "It is fat around his heart, the doctor said. He might live ten more years, or he might live ten months, or

---

dull 침울한, 활기 없는 solitary 하나뿐인 a tub of suds 비눗물이 담긴 통 rock the baby's cradle 아기 요람을 흔들다 age 나이 들게(늙게) 하다 frock 드레스 do... good …에게 도움이 되다 come of …에서 생기다 noble relations 귀족 친척 consumption 폐결핵

ten days."

Tess looked worried. To think that her father who was suddenly a great man might die so soon! "But where *is* father?" she asked again.

"Now don't you get angry! The poor man felt so weak after the news that he went up to Rolliver's half an hour ago. He wants to get up his strength so that he can deliver that load of beehives* tomorrow. He'll have to start just after midnight, because it's so far away."

"Get up his strength!" said Tess angrily. Tears came to her eyes. "Oh my God! He's gone to a public house* to get up his strength! And you agreed to it, mother!"

"No!" said Mrs. Durbeyfield. "I didn't agree. I've been waiting for you to come back and mind the children,* so I can go out and bring him back."

"I'll go," said Tess.

"Oh no, Tess. I'll go."

Tess knew her mother had probably encouraged her father to go to the inn. She often suggested it, because whenever he went drinking she had to fetch* him home. And, whenever that happened, she always stayed for a while at the inn and had a drink with him. An hour or two at Rolliver's with her husband, away from the cottage and the children, made Joan Durbeyfield happy. Tess understood that it was one of the few bright moments* in her mother's hard life.

Mrs. Durbeyfield went out and left Tess with the younger children. Tess took the linen* that had dried during the daytime and prepared to iron it. Her nine-year-old brother, Abraham, and her twelve-and-a-half-year-old sister, Eliza-Louisa, put the younger children to bed. Tess was four and a half years older than her sister Eliza, who everyone called Liza-Lu. There had been two children born between them who had died in infancy.* Next in age to Liza-Lu was Abraham, and then two more girls, Hope and Modesty. Then there was a boy of three, and the baby, who was just one year old.

It grew late, and the children's parents had not returned from the inn. Tess looked out of the door and saw that the village was shutting down

---

beehive 벌통, 벌집 public house 술집 mind the children 아이들을 보살피다(지키다) fetch 가서 데리고(가지고) 오다 bright moment 행복한 순간 linen 리넨으로 만든 시트나 속옷 따위 die in infancy 아기 때 죽다

for the night.[*] Candles and lamps were going out, and some houses were already dark. Tess didn't think her father should be at the inn this late celebrating his noble ancestors. He was in poor health[*] and supposed to[*] start on a journey at midnight.

"Abraham," she said to her brother, "will you go up to Rolliver's and see what has happened to mother and father? You're not afraid, are you?"

The boy shook his head[*] and put on his hat before he disappeared into the night. Half an hour passed and Abraham did not return. "I must go myself and fetch them all back," said Tess to Liza-Lu, and she started on her way up the dark and crooked lane[*] to the inn.

Chapter 2

At Rolliver's, the Durbeyfields had been discussing their good fortune. Mrs. Durbeyfield had heard about a wealthy family called d'Urberville that lived in the next county. She spent some time telling her husband how they could use this information to their advantage.* Abraham arrived in time to hear his mother's ambitious plans for his sister, Tess.

It was half-past ten when Tess arrived at the inn. As soon as her parents saw her enter the dark, smelly* room, they stood up and followed her outside. John Durbeyfield could hardly walk in a straight line. So they went home with Tess holding one of her father's arms, and Mrs. Durbeyfield the other.

It was eleven o'clock before all the family was in bed. Tess was worried as she lay down to sleep in the room she shared with her little brothers and sisters. Her father had to deliver the beehives to the Saturday market at Casterbridge tomorrow. It was twenty or thirty miles over bad roads, and their horse was old and slow. He would have to leave at two o'clock in the morning at the latest,* to get there on time.

At half-past one Mrs. Durbeyfield came into the bedroom and touched Tess on the shoulder.

---

shut down for the night 밤이 되어 (문 등을) 닫다 be in poor health 건강이 나쁘다 be supposed to …하기로 되어 있다 shake one's head 고개를 젓다 crooked lane 구불구불한 길 use... to one's advantage …을 자신에게 유리하게 사용하다 smelly 냄새 나는 at (the) latest 늦어도

"The poor man can't go," she whispered.

Tess sat up in bed. "But somebody must go today," she replied. "It's late for the bees already. I could go if Abraham came with me."

Tess and Abraham dressed quickly and went out to the stable.* The beehives were already loaded onto the rickety* old wagon. Tess harnessed their old horse Prince to* the wagon and led him out of the stable. They put a candle into the lantern, hung it on the wagon, and set off uphill* on the road to Casterbridge. To cheer themselves up they ate their breakfast of bread and butter as they walked beside the wagon. When the road leveled out,* they got up onto the wagon, and Tess drove the horse.

"Tess!" said Abraham, after a long silence. "Aren't you glad to know that we're a noble family?"

"Not particularly," replied Tess.

"But you're glad that you're going to marry a gentleman?*"

"What?"

"Our noble relations will help you to marry a gentleman," he said. "I heard mother and father talking about it at Rolliver's last night. There's a rich lady* called d'Urberville living at Trantridge. Mother said that if you claimed relationship with her, she'd help you marry a gentleman."

Tess became silent when she heard this. At first, Abraham didn't notice her lack of attention and kept talking. After a while he realized that she was not listening, so he grew silent too. He was soon fast asleep.

Tess was not used to driving the wagon, but Prince made it easy for her. He was old and moved slowly in a straight line along the road. Tess soon grew comfortable with the reins* in her hands and gradually fell into a dream. She thought about her father's foolish pride in his family name. And she imagined the rich husband her mother wanted for her laughing at the poor Durbeyfield family.

She had drifted off to sleep* when a sudden jerk* woke her from her dream. Something terrible had happened. The lantern hanging on her wagon had gone out, but another light was shin-

---

stable 마구간 rickety 부서질 듯 삐걱거리는 harness A to B A에 마구를 채워 B에 매다 set off uphill 언덕을 오르기 시작하다 level out (길 등이) 평평해지다 gentleman 좋은 집안 출신의 남자 lady 귀부인 reins 고삐 drift off to sleep 잠에 빠져들다 jerk 갑작스런 움직임

ing in her face. She jumped down from the wagon and was shocked to see what had happened. The morning mail carriage, speeding along the road, had driven into her slow and unlit* wagon. The pointed shaft* of the mail carriage had pierced* Prince's chest like a sword. A thick stream of blood gushed from* his wound onto the road, and she heard him groan. As she stood helplessly watching, Prince fell to the ground.

"You were on the wrong side," said the mailman, "and your light had gone out.* I must deliver the mailbags, but I'll send somebody to help you as soon as I can. Stay here with your wagon until help arrives. It is getting light, and you have nothing to fear." He mounted his carriage and went on his way, while Tess stood and waited. After a while a man arrived with a horse, to take the wagon of beehives to Casterbridge and then collect* Prince on the way back to Marlott.

When Tess broke the news to* her parents, nobody blamed her for the accident, but she felt guilty. Without the horse, life became difficult. John Durbeyfield could not buy and sell goods as he used to.* He was not used to working regularly, and now he hardly ever felt like* it. Tess was guilty about the loss of the horse and wondered what she could do to help her parents. And then, one day, her mother suggested a way out of their troubles.

"Do you know that a very rich Mrs. d'Urberville lives not far from here?" she said. "You must go to her, Tess, and claim relationship with her and ask for help in our trouble."

"I'd rather* try to get work," said Tess. "Since I killed the horse, I suppose I ought to do something. I don't mind going to see her, but you must let me decide whether to ask her for help."

Early the next day Tess walked to Shaston and then went by wagon to Trantridge where the mysterious Mrs. d'Urberville lived. Tess knew very little about the world outside Marlott and had never traveled far from Blackmoor Valley. She had learned everything she knew at the village school, which she had left two years ago.

---

unlit 불이 꺼진 pointed shaft 끝이 뾰족한 채 pierce 관통하다 gush from …에서 뿜어져 오다 go out (불이) 꺼지다 collect 수습하다, 가져가다 break the news to …에게 (나쁜) 소식을 전하다 as one used to 예전에 그랬던 것처럼 feel like …하고 싶다 would rather 차라리 …하겠다

Since then, she had helped with hay-making,* milking,* and butter-making on neighboring farms to earn a little money.

She got off the wagon at Trantridge Cross and walked up the hill toward the home of Mrs. d'Urberville. She stopped in surprise when she saw the house. It was almost new and built of* rich* red brick that contrasted with* the green trees around it. An ancient forest called The Chase stretched into the distance behind it. "I thought we were an old family," she thought, "but this is all new." She wished she had not come and had, instead, tried to find help closer to home.

Tess didn't know that the people who owned this large property* were not really d'Urbervilles at all. They were a northern business family* whose true family name was Stokes. They had added the old and noble d'Urberville name to their own when they moved south. At first, they had called themselves Stokes-d'Urberville, but after a while they dropped their original name.* So Tess was more of a d'Urberville than any of them, although she didn't know it.

As Tess hesitated on the edge of the lawn, she

saw a young man walking in the gardens. He was tall and dark, with full lips* and a black moustache curled up at the ends. He did not look much older than twenty-three or twenty-four. When he noticed Tess, he crossed the lawn to where she stood.

"Well, my beauty,* what can I do for you?" he said, looking at her with interest. "I am Mr. Alec d'Urberville. Have you come to see me or my mother?"

"I came to see your mother, sir," said Tess.

"I'm afraid you can't see her, because she's ill. Can I do something for you? What do you want to see her about?"

"It is... I... it is so foolish," she said. "I can't tell you!"

"Don't worry, my dear. I like foolish things. Try again," he said, in a kindly voice.

"I came, sir, to tell you that we are of the same family as you."

"Aha! Poor relations?"

---

hay-making 건초 만들기 milking 우유 짜기 built of …로 지어진 rich 화려한 contrast with …와 대조되다 property 소유지 business family 장사꾼 집안 drop one's original name 원래의 이름을 버리다 full lips 두툼한 입술 my beauty (젊은 여자를 부르는 호칭) 예쁜 아가씨

"Yes."

"Stokes?"

"No, sir. We are d'Urbervilles."

"Yes, yes, of course. I mean d'Urbervilles."

"We have proof that we are d'Urbervilles," said Tess. "We have an old silver seal and a spoon, both marked with* a lion and a castle. The spoon is very worn, so mother uses it to stir* the soup. Mother said we ought to tell you we are relations and the oldest branch of the family.* And we've lost our horse in a bad accident."

"Very kind of your mother," said Alec d'Urberville looking at Tess with admiration. "And so, my pretty girl, you've come on a friendly visit to* us? Where do you live? Tell me about your family."

Tess explained where she lived and told him a little about her parents and brothers and sisters. Then she told him that she was intending to go home on the wagon that had brought her.

"It will be a long time before he comes past here again," said Alec. "Why don't we walk around the grounds* for a while?"

Tess wanted to leave as soon as possible, but Alec insisted that she stay. He showed her the gardens and the fruit trees, and then he took her to the greenhouses.

"Do you like strawberries?" He picked a large, ripe* strawberry and held it by the stem to* her mouth.

"No, no!" she said quickly. "I'd rather take it myself."

"Nonsense!"

She was embarrassed. But he smiled and kept asking her to eat the strawberry. At last, Tess blushed and opened her mouth. Then Alec d'Urberville picked flowers and put them in her basket. Tess did not realize, as she smiled innocently at Alec, that he would be the cause of all her future sadness.

"I have forgotten to ask your name," he said, as he walked with her to the road.

"I am Tess Durbeyfield."

"Well, Tess, I'll ask my mother if she can find work for you here."

They said goodbye, and Tess climbed aboard*

---

marked with …의 표시가 있는 stir …을 휘젓다 the oldest branch of the family 가문의 종가 come on a friendly visit to …에게 안부인사를 하러 오다 grounds 정원 ripe 영근, 익은 hold A by the stem to B A의 줄기 부분을 잡고 B에 가져다 대다 climb aboard (마차, 자동차 등에) 올라타다

the wagon. Alec d'Urberville walked back to the house with a pleased look on his face. Then he broke into a loud laugh.*

Alec picked a large, ripe strawberry and held it to Tess's mouth.

"Well, I'll be damned!* What a funny thing! Ha-ha-ha! And what a charming girl she is!"

Chapter 3

The wagon traveled to Shaston, and from there it was a walk of several miles to Marlott. Tess's mother had arranged for her to* stay at a friend's cottage in Shaston for the night. Tess woke early the next day and walked home, arriving there in the afternoon. When she entered the cottage, she found that her mother had already received a letter from Mrs. d'Urberville. She had offered Tess work, looking after her chickens. Tess's mother was delighted.

"This is Mrs. d'Urberville's way of getting you there without raising your hopes,*" she said. "She's going to recognize your family relationship. I know it."

---

break (burst) into a laugh (tears) 웃음 (울음)을 터뜨리다 I'll be damned! 죽겠군!, 미치겠군! arrange for A to B A가 B하도록 주선하다 raise one's hopes …에게 기대를 갖게 하다

"But I didn't see her," said Tess. "I saw her son." She looked out of the window. "I'd rather stay here with father and you."

"But why?"

"I can't tell you why, mother. I don't really know," said Tess.

One evening, a week later, she came home from looking for work in the valley. She hoped she might earn enough money during the summer to purchase* another horse. As she entered the cottage, the children came running toward her. "The gentleman's been here!" they shouted. Tess's mother explained that Mrs. d'Urberville's son had called* that afternoon. He wanted to know whether Tess would come to manage the old lady's chicken farm or not.

"Mr. d'Urberville seems very interested in you," said Tess's mother, "and he is a very handsome man."

"I don't think so," said Tess, coldly, "but I'll think about his mother's offer." She left the room.

"Well, I think he's already in love with her," said Mrs. Durbeyfield to her husband, "and she's a fool if she doesn't encourage* him. He'll marry her and make a lady of* her, and then she'll be as good as her ancestors were."

"Well, perhaps that's what young Mr. d'Urberville wants to do," said John Durbeyfield. "And he'll also improve his own bloodline by marrying into* the old branch of the family."

When Tess came back into the room, her mother asked if she had made a decision.

"I wish I had met Mrs. d'Urberville, so I would know if I want to work for her," said Tess. "But I don't know, so you'll have to decide for me. I killed the old horse, and I suppose I ought to do something to get you a new one. But I don't like Mr. d'Urberville being there!"

Mrs. Durbeyfield and the children complained, argued, persuaded and teased* Tess until she finally agreed to go. The next morning, she wrote to Mrs. d'Urberville and accepted the job on her chicken farm. She received a letter the following day explaining the traveling arrange-

---

purchase 사다 call 방문하다 encourage 구슬리다, 부추기다 make a lady of …을 귀부인으로 만들다 improve one's own bloodline by marrying into …의 집안과 결혼해서 (더욱) 지체 높은 가문이 되다 tease 놀리다

ments Mrs. d'Urberville had made for her. A carriage would meet her at the top of the valley road in the afternoon of the next day. Tess noticed that Mrs. d'Urberville's handwriting[*] seemed quite masculine.[*]

On the next morning, Tess woke early. She stayed upstairs packing until breakfast-time and then came down in her ordinary clothes.

"You're not going to meet your relations in those clothes, are you?" asked her mother.

"I'm going there to work!" said Tess. "I'm not making a social call.[*]"

"Well, yes, but I think it would be better to dress in your best clothes today."

To please her mother, Tess agreed. She brushed her hair until it shone and put on her best white dress.

Tess's mother and the children walked with Tess to the edge of the village and watched as she climbed the hill. Then they saw a small, fashionable carriage appear at the top of the valley road. Mr. d'Urberville was driving, and at first Tess seemed reluctant to get into it. She looked down the hill at her family before she stepped up and sat beside Alec d'Urberville. In a moment, the carriage disappeared over the crest* of the hill.

There were tears in Joan Durbeyfield's eyes as she turned to go home. She wondered, for the first time, if she had been right to encourage Tess to go. When she got home, she told her husband that she was worried about Tess. "Perhaps I should have found out more about Mr. d'Urberville and how he feels about her," she said.

"Yes, you ought to have done that," said John Durbeyfield.

"Well, if he doesn't marry her before, he will after,*" said Joan. "Anyone can see he's madly in love with her."

As soon as Tess seated herself beside him, Alec d'Urberville drove the carriage rapidly down the hill. Tess asked him to slow down,* but he took no notice.*

"Why, Tess," he said, "I always go down hill at full gallop.*"

---

handwriting 글씨(체) masculine 남성적인 make a social call 사교적인 방문을 하다 crest 산등성이 if he ~ will after 당장 아니어도 그는 조만간 결혼할 것이다 slow down 속도를 늦추다 take no notice (of) (…에) 신경 쓰지 않다 at full gallop (말이) 전속력으로

Down the hill they raced. The wind blew through Tess's white muslin* dress, and her hair flew out behind her. She was determined to show no fear, but she had to hold onto* Alec's arm.

"Don't touch my arm! We will be thrown out if you do! Hold on around my waist!" he cried. She put her arm around his waist until they reached the bottom of the hill. Then she pulled away and sat close to the edge of the seat furthest from him. As the carriage raced* toward the top of another hill, Alec turned to her and said, "Now then, put your arms around my waist again, as you did before, my beauty."

"Never!" said Tess holding onto the side of the carriage.

"Let me give you one little kiss, Tess, and I'll slow down, I promise!"

"Nothing else will do?" she cried.

"Nothing, dear Tess."

"Oh, very well!*" she said miserably.

He slowed the horse and was just about to kiss her when she suddenly moved aside. He almost fell off* the carriage.

"Damn it,* I'll break both our necks if I fall!" he swore. "So you break your promises, don't you?"

"I don't want anyone to kiss me, sir!" she said as a big tear began to roll down her face. "I thought you would protect me because we are relatives. I wouldn't have come if I'd known you would be like this."

Alec took no notice of her tears and insisted that she let him kiss her. But no sooner had he done so than* she wiped the place on her cheek with her handkerchief. He was annoyed when he saw what she was doing. "You're very sensitive* for a cottage girl!"

Tess did not reply to this remark* and looked steadily* ahead as he drove on. Then her hat blew off into the road. Alec stopped the carriage and said he would get it for her, but Tess quickly jumped down to the road. She walked back a little way and picked up her hat.

"You look prettier without the hat, if that's possible," he said. "Now then, get up again!"

Tess stood defiantly* beside the carriage. "No,

---

muslin 모슬린(얇은 면직물) 소재의 hold onto …에 매달리다 race 내달리다 Oh, very well! 좋아요!, 알겠어요! fall off …에서 떨어지다 Damn it 젠장 no sooner A than B A하기가 무섭게 B하다 sensitive 예민한 remark 언사, 발언 steadily 계속, 꾸준히 defiantly 반항적으로

sir, I will walk from here."

"But it is five or six miles to Trantridge."

"I don't care," she said. "I won't ride with you."

"You made your hat blow off on purpose,[*] didn't you?"

Tess said nothing. He cursed and swore at[*] her. Then he turned the horse and tried to trap her between[*] the carriage and the hedge.[*] Tess climbed up onto the hedge to get out of his way.

"You ought to be ashamed of yourself for using such bad words!" cried Tess. "I hate you! I'll go back to mother. I will!"

Alec began laughing when he saw how angry she was. "Well, I like you better now," he said. "I promise never to do it again. Get back in the carriage."

But Tess refused to get back in the carriage and began to walk toward the village of Trantridge. D'Urberville drove the carriage slowly along the road beside her. It was early evening before they reached the d'Urberville house.

Chapter 4

The chickens Tess cared for lived in the garden of an old thatched cottage* on the d'Urberville property. It was surrounded by a wall and could only be entered through a gate. In the afternoon of Tess's first day, she had to take the chickens to show to Mrs. d'Urberville. The housemaid* who came to fetch Tess told her that Mrs. d'Urberville was old and blind.

At the manor house,* Tess followed the maid into the sitting-room where Mrs. d'Urberville waited.

"Are you the girl who has come to look after my birds?" said Mrs. d'Urberville, recognizing a new footstep. "I hope you will be kind to them."

Tess and the maid placed the chickens in the old woman's lap one at a time.* She held them and carefully felt them over from head to tail, to

---

on purpose 고의적으로 curse and swear at …에게 욕을 하다 trap... between A and B …을 A와 B사이에 끼워서 꼼짝 못하게 하다 hedge 울타리 thatched cottage 초가집 housemaid 하녀 manor house 저택 one at a time 한 번에 하나씩

see that they were in good condition. After Mrs. d'Urberville had inspected* the first four birds, Tess and the maid returned them to the cottage. They selected another four birds, and the process was repeated until the old woman had inspected all her chickens. Then Mrs. d'Urberville asked Tess a question, "Can you whistle?*"

"Whistle, ma'am?"

"Yes, whistle tunes."

"Yes, ma'am."

"Well then, in addition to caring for the chickens, you must whistle tunes to my bullfinches* in those cages every day. You can go now."

Mrs. d'Urberville's cold manner* did not surprise Tess. She was only a poor relation and did not expect to be treated better than the other servants. It didn't occur to her that the old lady had never been told about the family connection.*

The next day when she was alone in the cottage garden, Tess sat down to practice whistling. She was shocked to find that when she blew between her pursed lips,* no sound came out. No matter how hard* she blew, she couldn't produce a note.* She kept trying, but it seemed that she had completely forgotten how to whistle. After a while she saw a movement behind the trees near the garden wall. It was Alec d'Urberville.

"Well, Cousin Tess, you are the most beautiful thing I have ever seen. I have been watching you try to make your pretty red mouth whistle. You are getting angry now because you can't do it. I'll give you a lesson or two."

"Oh no, you won't!" said Tess, moving back toward the cottage door.

"Don't worry, I won't touch you. Just watch what I do..."

After a few attempts and a lot of encouragement from Alec d'Urberville, Tess was able to whistle again. From that day she whistled tunes to the birds just as Mrs. d'Urberville wanted. And as the weeks passed, she saw more of Alec d'Urberville, and began to lose her shyness of* him.

Tess began to enjoy her new job and the freedom of country life. Every Saturday night, the other farm workers went dancing and drinking in

---

inspect 검사하다 whistle (tunes) 휘파람을 불다 bullfinch 피리새 cold manner 쌀쌀맞은 태도 family connection 혈연관계 pursed lips 오무린 입술 no matter how hard 아무리 힘들여 …해도 produce a note 선율을 내다 lose one's shyness of …에 대한 경계심을 풀다

a market town two or three miles away. They would return in the early hours* of the next morning and sleep late on Sunday. After a while the other women persuaded Tess to go with them. She enjoyed herself so much that she began to go regularly. But although she sometimes went to town on her own, she always came home with the others.

One Saturday night in September, Tess was waiting for her friends outside one of the inns. It was late. The workers were still drinking inside the inn. Tess was tired, but she feared walking home alone along the country roads in the dark.

Suddenly she saw a small red light in the darkness. It was Alec d'Urberville burning a cigar. He walked toward her.

"What are you doing here so late, my beauty?" he said, smiling at her.

"I'm just waiting for my friends."

"I'll take you back to the farm."

"No, thank you, sir. I'll wait for my friends. I'll walk with them."

"All right," Alec said, and moved away.

At last her friends came out of the inn. They were so drunk that none of them could walk in a straight line. Tess began to walk back to the farm with them. Soon after the women started shouting and fighting with each other. Tess wanted to get away from* them.

She was about to rush off* alone when Alec d'Urberville rode up. He offered to take her home on the back of his horse. Tess hesitated for a second before she accepted. Several of the women stood staring after the horse as it disappeared around a bend in the road.

"What are you looking at?" asked one of the men who had not seen Tess leave.

"Ha-ha-ha," laughed one of the women.

"Ha-ha! Oh dear," laughed another. "She's just jumped out of the frying-pan and into the fire!*"

Tess and Alec rode for some time without speaking. Tess was happy to have a ride home, but was worried because she did not trust Alec d'Urberville. But she was so tired that she didn't notice* when they passed the lane that led to Trantridge. It was nearly one o'clock when her

---

in the early hours 이른 아침 시간에 get away from …에서 벗어나다
rush off 쏜살같이 가버리다 jump out of the frying-pan and into the fire 호미로 막을 것을 가래로 막다; 나쁜 상황을 피하려다 더 나쁜 결과를 만든다는 뜻
notice 알아차리다

head dropped onto Alec's shoulder, and she slept.

She awoke with a start[*] and realized that they were no longer on the road, but on a soft track in the woods.

"Why,[*] where are we?" she exclaimed.

"The Chase. It is a lovely night, and I thought we could ride together in the woods for a while longer."

"I knew I shouldn't trust you!" cried Tess. "Please let me get down and walk home."

"You can't walk home because we're miles away from Trantridge, and to tell you the truth, I'm lost in the fog. Listen to me. Wait here with the horse. I'll go and find out where we are, and come back for you. Then you can decide whether to walk home by yourself, or ride with me."

Tess agreed and slid off[*] the horse. Before she could stop him, Alec kissed her quickly on the cheek.

"By the way, Tess, your father has a new horse today. And the children have new toys."

"I didn't know you had sent them anything! I almost wish you had not."

"Tess, don't you love me a little now?"

"I'm grateful for* what you have done for my family, but I do not love you."

She began to cry.

"Don't cry, dear one! Now sit down here and wait for me," said Alec.

He made a bed of dry leaves* for her to sit on and pulled off* his coat. He put it around her.

"Now, rest there. I'll be back soon."

When Alec returned, Tess was asleep.

When Alec returned, Tess was asleep.

---

awake with a start 잠에서 소스라쳐 깨다 why (감탄사) 아니, 이런 slide off …에서 미끄러져 내리다 grateful for …에 대해 감사하는 make a bed of dry leaves 마른 잎을 모아 누울 곳을 만들다 pull off …을 벗다

"Tess!" he said softly.

There was no answer. There was silence, and darkness all around them. He looked down at her. She was so beautiful even in her sleep. Above them were the great trees of The Chase where the birds slept.

"Tess," called d'Urberville again. He lay down beside her and took her in his arms.* She was breathing softly, and there were tears on her dark, long eyelashes.

Where was Tess's guardian angel* that was to protect her innocence? These things have always happened and always will. As the people of her village say, "It was meant to be.*" It was her fate. And from now on, Tess's life would never be the same.

Chapter 5

It was a Sunday morning in late October, a few weeks after the night ride in the woods. Tess carried a heavy basket and a large bundle* as she walked toward her hometown of Marlott.

Occasionally she stopped to rest by a gate or a post before she moved on again. It was dawn when she began to climb the slopes* that separated her from Blackmoor Valley. When she reached the top of the hill, she looked over the familiar green valley of home. It always looked beautiful from there, but she could hardly bear to* look at it now. Since she had last seen it, she had learned that there was evil in the world along with beauty.

She looked behind her and saw a carriage coming up the hill. Beside it walked a man, who held up his hand to attract her attention.* She waited for him, and in a few minutes he stopped beside her.

"Why did you go away in secret* like this?" said Alec d'Urberville. "I only discovered it by accident,* and I have been driving like mad to catch you. Just look at my horse! You know that no one would have stopped you from leaving. I'll drive you the rest of the way, unless you

---

take(hold)... in one's arms …을 품에 안다 guardian angel 수호천사 It was meant to be. 예정된 일이었다. bundle 보따리 slopes 언덕(길) hardly bear to 차마 …할 수가 없다 attract one's attention …의 주의를 끌다 in secret 아무도 몰래 by accident 우연히

want to come back with me."

"I won't come back."

"I thought so! Well, then, give me your basket and let me help you up."

She placed her basket and bundle on the carriage and sat beside him. She had no fear of him now. As they approached the village of Marlott, a tear or two rolled down Tess's cheek.

"What are you crying for?" he asked coldly.

"I was only thinking that I was born over there," said Tess. "And now I wish I'd never been born, there or anywhere else."

"Well, if you didn't want to come to Trantridge, why did you come? It wasn't for love of me, was it?"

"No, it wasn't. If I had ever loved you, I would not hate myself for* my weakness as I do now," said Tess quietly. "But I didn't understand what you wanted from me until it was too late.*"

"That's what every woman says!" he said. "But I'm sorry I hurt you. And I'm ready to pay for* it. You know you don't need to work on the farms again."

"I told you that I won't take anything more from you. I cannot!" cried Tess. "You would own me if I kept doing that, and I won't be owned!"

"One would think you were a princess as well as one of the original d'Urbervilles," he said. "Well, Tess, dear, I suppose I am a bad fellow.* I was born bad, and I'll probably always be bad. But I won't be bad toward you again, Tess. And if anything should happen or you are in trouble, write to me. I will give you whatever you need. I know you understand what I mean."

She stepped out of the carriage. Alec pulled her bundles from the carriage and placed them on the road beside her. She picked them up and was about to turn away when he stopped her and asked for a kiss. She turned her face to him and stared into the distance,* as he kissed first one cheek and then the other.

"You never give me your lips or kiss me back. You'll never love me, will you?"

"I have told you so before. It is true. I have never really loved you, and I never can," she said.

---

hate A for B B의 이유로 A를 미워하다 until it was too late 이미 너무 늦은 다음에야 pay for …에 대한 보상을 하다 fellow 놈, 녀석 stare into the distance 먼 곳을 응시하다

"Perhaps I could tell a lie, and then I could lead a comfortable life. But I can't tell such a lie. If I did love you, I might have a good reason to tell you so. But I don't."

"Well, you're very sad, Tess, but you need not be. You are still the most beautiful girl in these parts,*" he said. "Will you come back to me? I don't like to let you go like this!"

"Never, never! I've made up my mind, and I won't come."

"Then goodbye!" He jumped into the carriage and drove off.

Tess did not watch him go, but slowly walked along the crooked lane. It was still early, and there was no warmth in the sun. There was no one else on the road or in the fields. She felt cold and sad and alone.

She saw smoke coming from her father's chimney, and it made her heart ache. When she entered the cottage, she was saddened to* see that it was just as poor as ever.* Her mother was at the fireplace,* building a fire.* "Well, my dear Tess!" she cried, jumping up and kissing the girl. "How are you? Have you come home to be married?"

"No, I have not come for that, mother."

"Isn't your cousin going to marry you?"

"He's not my cousin, and he's not going to marry me."

Her mother looked at her. "Come, you haven't told me everything."

Then Tess went to her mother, laid her head on her shoulder, and told her the whole story.*

"And you still didn't get him to marry you!" cried her mother. "After all the gossip we've heard about you and him, who would have expected it to end like this? Why didn't you think of* doing some good for* your family instead of thinking only of yourself? See what he has given us! And we thought it was because we were his relatives. But if he's not related to us, then he must have done it because of his love for you. And you've still not persuaded him to marry you."

Get Alec d'Urberville to marry her! He'd never once mentioned* it. She had never cared for him.

---

in these parts 이 근방에서는 be saddened to …하니 슬퍼지다 as... as ever 여전히 …한 fireplace 벽난로 build a fire 불을 지피다 whole story 자초지종 think of ...ing …할 생각을 하다 do good for …에게 도움이 되다 mention 언급하다

She wouldn't marry him just to keep her good name.*

"You ought to have been more careful if you didn't want to marry him!" said her mother.

"Oh mother!" cried Tess, as if* her heart would break. "How could I be expected to know? I was a child when I left this house four months ago. Why didn't you warn me about men?"

Her mother grew calm. "Well, we must make the best of* it. It's human nature after all, and God's will."

That afternoon, Tess's friends called to see her. They had heard that her cousin, Mr. d'Urberville, had fallen in love with her and was sure to* marry her. If Tess had known what they were thinking, she would have told them they were wrong. But she suspected nothing and joined in their laughter and chatter* and, for a while, forgot her shame. In the next few weeks, Tess became more cheerful.

One Sunday morning she went to church. She enjoyed listening to the familiar tunes and joined in the singing. She sat in a quiet, dark corner listening to the service.* But after a while she saw the villagers whispering among themselves and knew what they were saying. She felt ashamed once more and knew that she could not come to church again.

After that, she spent most of her time in the bedroom she shared with the children. From there she watched the seasons pass, one after the other. She was never seen in the village, and people began to think she had gone away. The only time she went out was at night to walk in the woods or the fields. She had no fear of the dark or of shadows. It was only the talk and stares of the villagers that made her feel anxious.

Chapter 6

It was a misty sunrise in August. In a field of corn, the reaping-machine* was ready for the day's harvest. A group of men and another of women waited in the field. They would harvest

---

keep one's good name 체면을 지키다 as if(though) 마치 …한 것처럼
make the best of …을 최대한 활용하다 be sure to …할 것이 확실하다
join in their laughter and chatter (그들과) 함께 웃고 수다 떨다 listen to the service 예배를 보다 reaping-machine 수확기: 곡식을 베는 기계

the grain cut down by the reaping-machine.

Soon, they heard a ticking sound as the arms of the reaping-machine began to turn. Three horses pulled the machine slowly through the field. It cut down the stalks[*] of corn as it passed over them and left them behind in little heaps.[*] The women followed the machine, tying the fallen heaps of corn into bundles. Gradually the area of standing corn was reduced until the whole field was cut.

The women wore large cotton sun hats and gloves to protect their hands. Tess worked beside them and never looked up from her work like the others. She moved along the field, picking up and tying bundles of corn like a machine. But as the morning wore on,[*] Tess turned her eyes frequently toward the hillside although she did not stop working. At eleven o'clock, a group of children came over the hill toward the field. The eldest child, a girl, carried a baby wrapped in a long shawl. Another brought lunch. The harvesters all stopped working. They sat down, unwrapped their own lunches and started to eat and drink.

Tess was the last to stop working. When she sat

down, she kept a distance between herself and the other workers. She called to the eldest girl, her sister, and took the baby from her. Then she unfastened her frock* and, blushing with embarrassment, began feeding her child.* The men looked away and began to smoke. The women started to talk among themselves and tidied up their hair.* When the baby had finished, Tess sat it on her lap and played with it without showing much affection.* Then all of a sudden she began kissing it violently again and again until the child began to cry.

"She loves that child, though she says she hates him and wishes they were both dead," said one of the women.

"She'll soon stop saying that," said another. "She'll get used to it. It happens to a lot of girls."

"It wasn't her fault that she had the child," said the first woman. "She was forced one night last year in the woods. People say they heard her crying. That gentleman should have been pun-

---

stalk (식물의) 줄기, 대 leave... behind in little heaps …을 작은 더미로 쌓아 놓고 가다 wear on (시간, 계절 등이) 흘러가다 unfasten one's frock 옷깃을 풀다 feed one's child 아기에게 젖을 먹이다 tidy up one's hair 머리 매무새를 다듬다 show affection 애정표현을 하다

ished. He might have been if someone had come along and seen them."

"Well, it's a pity that* it happened to her, of all the girls. But it's always the prettiest! The plain* ones are as safe as houses,* aren't they?" said another woman.

Tess sat apart from* the other women and didn't hear their conversation. She had surprised herself by coming into the fields this week. For months she had stayed inside her father's house, crying over her experience. Then one day she realized that the past was the past, and she could

Tess kept a distance between herself
and the other workers.

not change it. In a few years the villagers would forget about her and her shame. Meanwhile the trees were just as green as before, the birds sang, and the sun still shone. Life went on. It was the busiest season of the year, and she could earn a little money helping with the harvest.

The harvesters stood up, stretched their limbs,* and went back to work. Tess, having quickly eaten her own lunch, called to her sister to come and take the baby. She joined the other workers and stayed on with them until dark. Then they all rode home in one large wagon, singing and laughing together.

But when she reached home she discovered that the baby was very ill. Although he was small and weak, his sickness came as a shock to Tess. Then she remembered that her baby had not been baptized.* The baby would go to hell if he died without christening.* She rushed downstairs and asked her father to send for the parson. He refused. He had not forgiven Tess for the

---

it's a pity (that) …하다니 안됐다 plain 평범하게 생긴, 수수한 as safe as houses 아주 안전한 sit apart from …로부터 떨어져 앉다 stretch one's limbs 팔 · 다리를 펴고 기지개를 켜다 baptize 세례를 주다 christening 세례(식)

shame she had brought on* his noble name. He locked the door and put the key in his pocket.

The family went to bed. Tess could not sleep. The baby's breathing grew more difficult, and she knew he was close to death. She walked anxiously up and down the room, and then an idea came to her. She lit a candle and woke her young sisters and brothers. Then she poured some water into a bowl and made the children kneel as they did in church. They watched with big round eyes as she picked up the baby. Tess stood beside the bowl holding the child, while Liza-Lu held the Prayer Book* open.

"Are you really going to baptize him, Tess?" asked one of the children. "What's his name going to be?"

She hadn't thought of that, but now she remembered a story from the Bible. Adam and Eve had sinned, and God said that they would live in sorrow for the rest of their lives. Now she said the child's name firmly, "SORROW, I baptize you in the name of the Father, and of the Son, and of the Holy Ghost.*" She sprinkled* the water, and there was silence. "Say Amen, children," she said.

"Amen!" they said.

Tess dipped her hand into* the basin* and drew a cross on the baby's head with her forefinger. She continued with the service, using the words she had heard at christenings in church. When she had finished speaking, the children said "Amen!" and the baptism was done.

In the early morning, Tess's child, Sorrow, took his last breath.*

Years passed. Tess remained in her father's house during the winter months, helping her mother with the house chores.* In the spring, summer and autumn months, she went to work on farms to earn a little money.

After a while her trouble was nearly forgotten in Marlott. But she had not forgotten and never would, while she continued to live there. She thought she might be happy in some new place where there were no memories.

One day in early May, a letter arrived for Mrs. Durbeyfield. A friend of hers had news that a

---

bring shame on …을 욕되게 하다 Prayer Book 기도서 in the ~ Holy Ghost 성부와, 성자와, 성신의 이름으로 sprinkle 뿌리다 dip A into B A를 B에 담그다 basin 대야, 물대접 take one's last breath 숨을 거두다 house chores 집안일

skilled milkmaid* was required on a dairy* farm for the summer months. The farm was many miles to the south, in a valley near the land that had once belonged to the old d'Urberville family.

A week later, two-and-a-half years after her return from Trantridge, Tess left her home for the second time. She took a carriage to Weatherbury and stopped there just long enough to eat lunch. Then she started walking, basket in hand, toward her destination. It was two hours before she found herself on a hilltop overlooking* the valley where Talbothays Dairy Farm lay. It was even more beautiful than the valley surrounding Marlott. As she began to walk down the hill, her spirits* and her hopes rose higher and higher. Suddenly she heard the barking* of many dogs. It was milking time, and the dairymen in the valley were getting in the cows. Tess watched for a while, before slowly following a herd of* black and white cows through the open gate into the farm.

---

skilled milkmaid (소 등의) 젖 짜기에 숙련된 여자일꾼 dairy (farm) 목장, 낙농장 overlook 굽어보다 spirits 기분, 기운 bark (개 등이) 짖다 a herd of …의 떼

VOLUME II

Chapters 7-12

She must tell Angel now
and let him decide her fate.

Chapter 7

Tess saw a group of dairymaids and men waiting in the field to milk the cows. One sturdy middle-aged man looked up as she approached. His name was Richard Crick, and he was the head-dairyman* she was looking for. He greeted Tess warmly and asked about her family. Then he looked her up and down. She had been staying indoors a lot, and her face was pale.

"I hope you can milk well. I don't want my cows drying up,*" said Mr. Crick. "Are you sure you're strong enough? It's comfortable enough here for country people, but it is hard work."

"Oh yes. I'm strong enough and used to hard work," said Tess.

"Well then, that's settled.* You should have some tea and something to eat. It's a long journey from Marlott."

"Oh, I'd rather start milking now."

Tess sat on a stool* and began to milk one of the cows. As the milk poured through her fingers into the pail,* she felt that her new life had really begun. For a while, there was no talk in the farmyard.* The only movements were those of the milkers' hands up and down and the swing* of the cows' tails.

Suddenly, Mr. Crick spoke, "We're not getting as much milk today. Perhaps it's because we have a new dairymaid. I think we must sing to them."

And so the milkers began singing to encourage the cows to give more milk.

There was a man who worked more slowly than the others. He remained under a cow long enough to milk three of them. "Milking makes my fingers tired," said the man. Then he stood up at last and stretched his arms. Tess saw that although he was dressed like a dairy farmer, underneath he was different. He seemed to be an educated gentleman and had a sad expression in his eyes. And then Tess realized that she had seen him before. He was the young stranger who

---

head-dairyman 목장주인 dry up (소 등의 젖이) 말라서 나오지 않다 that's settled 그럼 결정됐군요 stool (등받이가 없는) 의자 pail 양동이 farmyard 농가의 안뜰 swing 좌우로 흔들림

had joined in the May Dance at Marlott. For a moment she was worried that he would recognize her and that he might have heard her story. But she soon saw that he did not remember her at all. He had changed since she saw him at Marlott. His face had grown more thoughtful, and he now had a moustache and beard.

When the milking was finished for the evening, they went indoors. Tess did not see the young man again that evening and asked no questions about him. She was given a bed in a large room over the milk-house* where three other dairymaids slept. By bedtime Tess was very tired and fell asleep immediately. But one of the girls woke her and insisted on* telling her about the people who worked on the farm. To Tess, who was half-asleep, the girl's whispers seemed to float in the air* above her.

"Mr. Angel Clare is the one who's learning milking, and he plays the harp," said the girl. "He's a parson's son and thinks too many deep thoughts to notice girls. He never says much to us. His father is Reverend* Clare at Emminster, a long way from here. All his sons, except our Mr. Clare, will be parsons too."

Tess was too tired to ask why Mr. Clare would not be a parson like his brothers. She could no longer keep her eyes open and gradually fell asleep again.

Angel Clare was the youngest son of a poor parson, and the brightest. He was also the only one who had not taken a university degree.* He was working at the dairy farm for six months as a student. Angel had spent time on other farms too, in order to learn a variety of farming skills. In the future he hoped to manage a farm or sail abroad to one of the colonies* and own his own land.

A few years ago, his father discovered that Angel had ordered a book of philosophy. The parson was shocked because the book questioned the church's teachings.* Angel told his father that he didn't want to be a parson like his brothers. He believed that the church's views were too strict and did not allow freedom of thought. The parson was a man of limited imagi-

---

milk-house 우유작업장 insist on ...ing …하기를 고집하다 float in the air 허공에 떠다니다 Reverend …신부(목사) take a university degree 대학을 졸업하다 colony 식민지 question the church's teachings 교리(教理)에 의문을 제기하다

nation and fixed ideas.* He believed that the only reason for going to university was to become a minister of God.* He decided that he would not send Angel to Cambridge University.

"Then I will do without* Cambridge," said Angel.

But he had to do something. After studying at home for several years, he decided to try farming. So, at the age of twenty-six, Angel Clare became a student on Talbothays Dairy Farm. He lived above the dairy-house in the attic. At one end was a curtain behind which was his bed. The rest of the large room was furnished as a comfortable sitting-room. At first he spent a lot of time there, reading books and playing his harp. But after a while he began having his meals with the dairyman and his wife and the other workers. The longer he stayed on the farm, the more he grew to like the country people. He realized they were no different from him. And he began to like working outdoors.

For several days after Tess's arrival, Angel hardly noticed her. But then one morning as he came to breakfast, he heard a new voice. "What a sweet voice one of those milkmaids has! I suppose it is the new one," he thought. He looked around and saw her seated with the others.

"What a fresh and virginal daughter of Nature* she is!" he thought. And then he seemed to recognize something familiar in her. He decided that he had met her before in a happier time, although he could not remember where. It did not matter. He felt pleasure when he looked at her, and he began to look at her more often.

When the milking was over, Tess walked in the garden alone. It was a typical* summer evening in June. The air was still, and there was complete silence. Then she heard a sound of harp. As she listened, Tess walked toward the spot from which the sound came.

She saw Angel sitting near the hedge, plucking at the strings of his harp.* The music stopped, and Tess waited, thinking she might hear more. But Angel had grown tired of playing. He stood up and caught sight of* her. She blushed and moved away.

---

fixed ideas 고정관념 minister of God (기독교) 성직자 do without …없이 지내다(해나가다) a fresh and virginal daughter of Nature 청순하고 순수한 자연 그대로의 아가씨 typical 전형적인 pluck at the strings of one's harp 하프를 연주하다 catch sight of …을 보다(발견하다)

"Why are you going, Tess?" said Angel. "Are you afraid?"

"Oh no, sir, not of things that I can see and understand," said Tess.

"But you fear some things?"

"Yes, sir."

"So do I, very often. Being alive is rather* serious, don't you think? But I wouldn't have expected a young girl like you to feel that way. Why?"

"I'm afraid of things I don't understand, things in the future. I see hundreds of tomorrows all in a row,* and they all look fierce* and cruel."

Angel was surprised to hear that this young woman had such sad thoughts. And Tess could not understand why an educated man from a good family like him should fear living. So they were both puzzled and wanted to find out more about each other. They began to spend their spare time* together.

At first, Tess compared herself with Angel and became depressed. He knew so much more than she did about everything. She told him how she felt, and he offered to help her study, but she refused. "The only thing I want to know is why

the sun shines on good and bad people alike,*"
she said. "And no one can tell me the answer to that."

"Oh Tess, don't be bitter.*" Angel looked at her pure, innocent face and knew that she could not possibly have any guilt in her past.

When he had gone, Tess thought again how stupid she must seem to him. She wondered if she could gain his respect by telling him about her d'Urberville blood. She asked Mr. Crick if Mr. Clare had any great respect for old families that had lost all their money and land.

"Mr. Clare," said Mr. Crick, "is a rebel.* He's not at all like the rest of his family. And if there's one thing he hates, it's an old family. A boy came here the other day asking for a job, and said his name was Matt. When we asked him his surname,* he said he'd never heard that he had any surname. When we asked why, he said he didn't suppose his family had been established long enough. Mr. Clare shook hands with him

---

rather 얼마간, 상당히 in a row 줄지어 있는 fierce 사나운 spare time 여가시간 A and B alike A도 B도 마찬가지로 bitter 비탄하는, 괴로운 rebel 반항자 surname 성(姓)

and gave him half-a-crown.* Oh no! He doesn't like old families!"

After hearing this, poor Tess was glad that she had not told him about her family. So she held her tongue about* the d'Urbervilles, and the Knight whose name she bore.

Chapter 8

The warm summer weather continued. Tess was happier than she had ever been. She and Angel were slowly getting to know each other. They were falling in love with each other. They could meet often because they worked together. They couldn't help it. Milking began early in the morning. By the time Tess was dressed, Angel was already downstairs and out in the warm, humid* air. Usually, the other milkers did not appear until a quarter of an hour later. It was in these early half-dark morning hours that Tess impressed Angel most deeply. She was no longer a dairymaid to him, but seemed to be the perfect woman.

One day they were in the milk-house just after breakfast. The milk was turning in the churn* as usual, but the butter would not come.* Mr. Crick was worried.

"Perhaps somebody in the house is in love," said his wife. "I've heard that sometimes causes it. Remember that maid we had years ago and how the butter didn't come then..."

"Ah yes, yes!" said Mr. Crick. "But that had nothing to do with her being in love. There was damage to the churn." He turned to Angel and continued, "Jack Dollop, one of our milkers, sir, got one of our dairymaids into trouble.* One day, the girl's mother came looking for him with a big brass umbrella in her hand. Behind her walked the girl, crying bitterly. Jack hid in the churn just as the mother came into the milk-house. She hunted about* until she found him. Then she turned the churn around and around until Jack promised to marry the girl. And so he did."

---

crown 크라운: 영국의 옛 5실링 은화 hold one's tongue about …에 대해 입을 다물다 humid 습한 churn 교유기: 버터를 만들기 위해 우유를 넣어 돌리는 기계 the butter would not come (우유가) 버터로 굳어지려하지 않았다 get... into trouble …의 입장을 곤란하게 만들다 hunt about 여기저기 찾다

While the listeners were smiling, there was a quick movement behind them. They looked around to see Tess, pale-faced, going out of the door. Fortunately for her, the sound of the milk turning in the churn suddenly changed. The butter had finally come. Tess remained depressed all the afternoon. Although the others thought Mr. Crick's story was funny, she saw only the sadness of it. It reminded her of her own experience.

That night, she was the first to go to bed and was asleep when the other girls came in. The sound of their voices woke her, and she quietly turned to look at them. They were standing at the window watching somebody in the garden with deep interest.

"Don't push! You can see as well as I can," said Retty, the youngest, auburn-haired* girl.

"It's no use for any of us to* be in love with him, Retty Priddle," said Marian, the eldest. "He's thinking of someone else."

"There he is again!" cried Izz Huett, pushing her damp, dark hair away from her pale face.

"I would marry him tomorrow, if he asked me," said Marian.

"So would I," said Izz.

"And I," whispered Retty.

"We can't all marry him," said Izz.

"We can't anyway," whispered Marian, "because he likes Tess Durbeyfield best. I've watched him every day and seen how he looks at her."

There was a moment of silence.

"How silly we are!" said Izz. "He won't marry any of us or Tess either. He's a gentleman's son, who's going to be a rich landowner or a farmer abroad. He's more likely to* ask us to be farm hands!*"

One by one the girls took a last look through the window, sighed, and went to bed. Tess couldn't sleep and lay awake, thinking deeply. She knew Angel preferred her to the others. She was more attractive and better educated. An experienced dairywoman would be the only sensible* kind of wife for him. But she had promised herself that she would never marry or be tempted to* do so. She knew she could keep

---

auburn-haired 적갈색 머리의 it's (of) no use for A to B A가 B해봐야 소용없다 be likely to 으레 …한다, …하기 쉽다 farm hand 농장일꾼 sensible 적당한, 현명한 be tempted to …하고 싶은 마음이 들다

him interested, but should she? Perhaps she ought to give the other girls a chance to win his affection.

When they came indoors to breakfast the next morning, Mr. Crick was stamping about the house.* He had received a letter of complaint* from a customer. It said that the butter had an odd* taste.

"And it has!" said Mr. Crick. "I tried some myself, and it tastes of* garlic! There must be some plants growing in the fields. We have to find them and dig them out.*"

After breakfast, everyone went out into the fields to search for wild garlic plants. If one cow ate the garlic, it would be enough to spoil a whole day's butter. Angel went along too, and it was not by accident that he walked next to Tess.

"Well, how are you?" he said.

"Very well, thank you, sir," she replied and said, "don't they look pretty today?"

"Who?"

"Izz Huett and Retty." Tess had decided that either of them would make a good wife to* a farmer. After what she had heard the night before, she thought she ought to recommend the other girls to him.

"Pretty? Yes, they are pretty girls. I have often thought so."

"They are excellent dairywomen."

"Yes, but not better than you," said Angel. He looked over at the two girls as he spoke, and they saw him watching them.

"Retty is blushing," said Tess, "because you are looking at her."

Tess said no more and moved away from Angel to walk beside Mr. Crick. She could hardly tell Angel to marry one of them. But from that day she tried to avoid him. She stopped spending time with him even when they met by accident. She gave the other three girls every chance to gain his interest.*

---

stamp about the house 발을 구르며 집안을 왔다갔다하다 letter of complaint 항의편지 odd 이상한 taste of …의 냄새가 나다 dig... out …을 파내다 make a good wife to …에게 좋은 아내가 되다 gain one's interest …의 관심을 사다

Chapter 9

It was a hot Sunday morning in July, and milking had just finished. There had been heavy thunderstorms* the day before, but today was sunny, and the air was clear. Tess and the other three girls dressed themselves in their best clothes. They were going to Mellstock Church, which was three or four miles away from the dairy-house.

When the girls reached the lowest part of the lane to Mellstock, they found it was flooded.* On a working day they would have walked through it. But they would ruin* their best shoes and pale gowns if they attempted it today. They could hear the church-bell ringing. It was still a mile away.

As they discussed what to do, they saw Angel coming along the lane toward them. He had seen the girls and had come to help them.

"I'll carry you through* the pool,*" he said. "Now, Marian, put your arms around my shoulders. Now! Hold on. That's it."

Marian did as he told her to, and Angel walked off with her in his arms.* They disappeared around the curve of the road. In a few minutes he reappeared. Izz was next.

"Here he comes," she said. Her lips were dry with emotion. "And I have to put my arms around his neck and look into his face as Marian did."

Angel approached Izz. She quietly and dreamily* lowered herself* into his arms, and he walked off with her. Next it was Retty's turn, and while he was picking her up, he glanced at* Tess. She could see what he was thinking. His look told her, "It will soon be you and I."

It was now Tess's turn. He picked her up, and she was embarrassed to discover her excitement at his nearness.*

"Three plain girls to get one beauty," he whispered.

"They are better women than I," she replied.

"Not to me," said Angel. There was silence as

---

thunderstorm 폭우 be flooded 물에 잠기다 ruin 망치다, 더럽히다 carry A though B A를 B 너머로 건네주다 pool (물)웅덩이 with... in one's arms …을 품에 안고 dreamily 꿈을 꾸듯이 lower oneself 몸을 숙이다 glance at …을 흘깃 보다 at his nearness 그가 곁에 오자

he bent his cheek to hers.

"Oh Tess!" he said. She blushed and could not look into his eyes. Angel realized that he was embarrassing her, and he did nothing further. No words of love* had been spoken. He walked slowly, however, to make the journey last as long as possible. Soon they came to the bend, and the other girls watched as they approached dry land. Angel set Tess down, said goodbye, and went back down the road.

The four girls walked on together until Marian broke the silence.

"No, we have no chance against* her!" she said. She looked sadly at Tess.

"What do you mean?" asked Tess.

"He likes you best!" said Marian. "We could see it. He would have kissed you, if you had encouraged him even a little."

"No, no," said Tess.

The girls were no longer cheerful, but they were not jealous of Tess. They were generous country girls, and they did not blame her. Tess's heart ached. She knew that she loved Angel, but she felt sorry for* her friends.

"I'll never stand in your way!*" she said to the

"Three plain girls to get one beauty,"
whispered Angel to Tess.

---

words of love 사랑의 속삭임 have no chance against …을 이길 가능성이 없다 feel sorry for …에게 미안한 마음이 들다 stand(be) in one's way …에게 방해가 되다

girls that night in the bedroom. "I don't think he wants to marry me, but if he did, I would refuse him. I would refuse any man."

"Why?" asked Retty.

"I cannot marry. But I don't think he will choose any of you," cried Tess.

So the girls remained friends. They had shared each other's secrets and their feelings for Angel. And Tess no longer thought about Angel's interest in her in the same way. It was a passing* summer attraction, nothing more.

July grew steadily hotter. The rains had passed, and the fields were dry. They milked in the fields now because it was cooler and more convenient. One afternoon Tess and Angel were milking near each other. Tess rested her cheek against the cow's body with her eyes fixed on* the far end of the field. The sun shone on her beautiful face. She did not know that Angel had followed her around and sat watching her.

He loved Tess's face. He had never seen such beautiful lips and teeth. He thought they were like roses filled with snow. He jumped up from his seat and went quickly toward her. He knelt down beside her and took her in his arms. Tess was taken by surprise,* but soon relaxed against his shoulder. Her lips parted, and she gave a little cry. Just as he was about to kiss her tempting* mouth, he stopped himself.

"Forgive me, Tess dear!" he whispered. "I ought to have asked. I love you, Tess, I really do love you."

Tess tried to free herself,* and her eyes began to fill with tears.

"Why are you crying, my darling?" he said.

"Oh, I don't know!" she said, trying to pull away from* his arms.

"Well, I have shown my feelings at last, Tess. I do love you dearly,* but I will go no further now. I am as surprised as you are."

He allowed Tess to free herself, and in a minute or two they were both milking again. When Mr. Crick came around a few minutes later, he saw no change in them. Yet something had happened which was to change the world for them both. They had discovered love, and love changes

---

passing 스쳐 지나가는, 덧없는　with one's eyes fixed on 눈길을 …에 두고
be taken by surprise (기습 등을 당해) 깜짝 놀라다　tempting 유혹적인
free oneself 몸을 빼다　pull away from …에서 벗어나다　dearly 극진히

people's lives.

The July nights were as hot as the days. Angel could not sleep. He went out into the night and sat on the east gate of the dairy-yard.* He had come to the dairy as a student, thinking that the time would soon pass. But he was amazed to find how important this place had become to him. Angel was an honest, thoughtful man. He knew that Tess was not a toy to be played with and then thrown aside.* He knew he must take her feelings for him seriously.

In less than six months his studies at the dairy would be finished. After a few extra months on other farms he would be ready to start farming on his own.* Shouldn't a farmer's wife be a woman who understood farming? He decided he would go and see his parents and ask for their advice.

He left the next day. As he was riding along the road toward Emminster, he thought about his future. He loved Tess. Ought he to marry her? What would his mother and his brothers say? What would he himself say a couple of years after the wedding?

His father's vicarage* came into his view,* and

he rode toward it. He saw a group of girls, aged between twelve and sixteen, outside the church. Walking toward them was a young woman carrying a couple of books. Angel knew her well. It was Miss Mercy Chant, whom his parents hoped he might marry one day. She gave Bible study classes* and was obviously going to hold one now. She was a good, kind young woman, but he knew he could never marry her.

His parents were surprised, but happy to see him. They had just sat down to breakfast, and Angel joined them. He was happy to be home, although he no longer felt as if he belonged there.

Chapter 10

In the evening, after family prayers,* Angel spoke to his father. He told him of his plans

---

dairy-yard 농장 마당 throw aside 버리다, 관계를 끊다 on one's own 스스로, 혼자서 vicarage 사제관 come into one's view …의 시야에 들어오다 give Bible (study) classes (교회의) 성경공부 반을 이끌다 prayers 기도식, 예배

to take a position as a farmer in England or in the colonies. Then Reverend Clare told Angel that he had a gift for him. Each month he had set aside* the money he would have spent on Angel's university education. It would be enough for his son to buy land for farming. This news encouraged Angel to ask his father what kind of wife a farmer needed.

"A Christian woman who will be a help and a comfort to you," said his father. "Nothing else really matters. You remember the daughter of Dr. Chant..."

"But isn't it most important that she is able to milk cows, churn good butter, and make cheeses?" asked Angel. "Shouldn't she know the value of sheep and cows, and be able to direct* farm workers?"

His father had obviously never thought of this before. "Yes, yes, of course," he said. "But I was going to say that you will not find a more saintly,* pure woman than your friend Mercy Chant."

"Yes, Mercy is a good and devout woman, I know," said Angel. "But, father, wouldn't a pure young woman who understands farm life be a better wife for me?"

Angel and his father continued talking. Reverend Clare was convinced that* Mercy Chant was the ideal wife for his son. Finally, Angel explained that he had met a woman who would be a perfect wife. She went to church regularly, was honest, intelligent, graceful, pure and exceptionally* beautiful.

"Is she from a good family like Mercy?" asked his mother, who had come into the room.

"She is not what we call a lady," said Angel. "She is a cottager's* daughter. But what is the advantage of a good family to me? My wife will have to live a rough life* and work hard. And she will have to manage with very little money."

"Mercy is educated," said his mother. "She reads poetry and plays the piano."

"What use will that be in the life I am going to lead?" said Angel. "I'll teach this girl to read, and she will learn quickly. She is full of poetry and lives a life that poets only write about. And

---

set aside (돈을) 모으다 direct 부리다, 관리하다 saintly 숭고한 be convinced (that) …라고 확신하다 exceptionally 대단히 cottager 빈농 rough life 힘든 삶

she is a good Christian. I am sure you will value that quality in her."

For a long time Angel's parents had doubted whether Angel was still a Christian. So they were relieved to hear that the girl he wanted to marry had strong religious views.* Finally they told him not to act in a hurry, but said that they would like to meet her.

The next day, Angel set off on* his return journey to the dairy. His mother made him sandwiches, and his father rode with him a little way along the road. Angel listened as his father told him about his problems in the parish. He mentioned a young squire* named d'Urberville who lived in the neighborhood of* Trantridge.

"Is he one of the ancient d'Urbervilles of Kingsbere and other places?" asked Angel.

"Oh no. The original d'Urberville family disappeared years ago," said Reverend Clare. "His family has changed their name to this ancient one. He is well known in the area for his wickedness, so I spoke out about* it in church. But after the sermon,* young d'Urberville publicly* insulted me."

Angel was angry when he heard this. "Dear

father," he said sadly, "you should not let yourself be insulted by people like that."

"It does not matter," said his father. "It is my duty to tell people when they do wrong. At least he did not hit me. And I continue to pray for him. Perhaps one day my words will help him change his wicked ways.*"

Although Angel did not accept his father's narrow religious beliefs, he loved him. His father had not once asked whether Tess was wealthy or poor. His lack of interest in money probably meant that Angel and his brothers would always be poor. But Angel admired him for his belief that money was not important. He thought that he and his father were very much alike in some ways.

The afternoon was hot, and everyone was indoors when Angel arrived at the dairy. They got up so early in the summer that they needed a sleep before the afternoon milking. As Angel entered the house the clock struck three.* It was

---

religious views 종교관 set off on …을 시작하다 squire 지주, 지방유지 in the neighborhood of …의 근처에 speak out about …에 대해 드러내놓고 말하다 sermon 설교 publicly 사람들이 보는 데서 wicked ways 못된 생활태도 the clock struck three 시계가 세 시를 쳤다

time for the afternoon skimming.* Angel heard a noise on the stairs, and then Tess appeared. She was yawning and stretching and did not see Angel watching her. Angel thought she was the most beautiful thing he had ever seen. Then she saw him.

"Oh Mr. Clare! You frightened me... I..." she said with a mixture of shyness and surprise in her eyes.

"Dear, darling Tess!" he whispered as he moved toward her. He put his arm around her, and his face against her cheek. "Don't call me Mr. Clare anymore. I hurried back* because of you!"

He held her and looked into her eyes. She looked back at him as if he were the only man in the world.

"I've got to go skimming," she said, "Mrs. Crick and Mr. Crick have gone to the market, and the others have gone out somewhere."

Together they went to the milk-house. It is possible the Talbothays milk was not very well skimmed that afternoon. Tess was in a dream* as she worked with Angel standing beside her. After a while he spoke.

"I have something practical* to ask you. I've been thinking about it since that day last week in the field," he said gently. "I will soon want to marry. Because I am a farmer, I need a wife who knows all about farms. Will you be that woman, Tess?"

Tess had accepted that she could not help loving him, but she had not expected this. With pain in her heart, she refused him.

"Oh Mr. Clare! I cannot be your wife. I cannot be!" The sound of her own words seemed to break Tess's heart.

"But, Tess!" he said, amazed at* her reply, "how can you say no? Surely you love me?"

"Oh yes, yes! And I would rather be yours than anybody's in the world," she cried. "But I cannot marry you!"

"Tess," he said, holding her at arm's length, "have you promised to marry someone else?"

"No, no!" she cried in misery.*

"Then why do you refuse me?"

---

skim (우유의) 크림을 걷다 hurry back 서둘러 돌아오다 be in a dream 꿈결처럼 행복하다 practical 실질적인 amazed at …에 놀라서 cry in misery 서럽게 울다

"Your father is a parson, and your mother wouldn't like you to marry someone like me. She will want you to marry a lady."

"No, she does not. I have spoken to my parents. That was partly why* I went home. Have I spoken too soon, Tess? Then I'll give you more time. I won't speak about it again for a while."

She tried to skim the milk again, but she couldn't do it, because she was crying. She could not explain her sadness to Angel. He began to talk about other things to calm her. As he continued to speak, she returned to her work. Then he told her about the insults his father had received from the young squire from Trantridge. When Tess heard this, the expression on her face grew hard and tragic,* but Angel did not notice. When the skimming was finished, he said to her softly, "And my question, Tess?"

"Oh no, no!" she replied, thinking bitterly of her experience with Alec d'Urberville. "It can never be!"

Although he had not expected Tess's refusal, Angel was not depressed. He felt sure she would accept him one day. A few days later he asked her again, "Tess, why are you so sure you'll never marry me?"

"I am not good enough for you," she said. "Your family and your friends would not respect me."

"You are wrong about my father and mother. And I don't care what my brothers think," he said. "You did not mean it, did you? I cannot read or play, or do anything until you say that you will be mine some day. Say you will, Tess."

She shook her head and looked away.

"You will not accept me as* a husband?" he said. "Never, Tess?"

"No, never," she said. "It is for your own good,* dearest.* I can't give myself the great happiness of promising to be yours, because I'm sure I shouldn't."

"But you will make me happy!"

"You think so, but you don't know!"

After a conversation like this, she would go to her room or to the fields to cry. She wanted so much to say yes that she feared she might accept

---

That was partly why 부분적으로(어느 정도) …한 이유였다 hard and tragic (얼굴이) 슬퍼서 굳어진 accept A as B A를 B로 받아들이다 for one's own good …을 위하여(= for the good of) dear(dearest) 자기, 당신; 가까운 사람에 대한 호칭

him one day. Every time they were alone together, he would ask, and she would refuse. She tried to avoid him, but it was impossible.

At the next cheese making, Angel and Tess were again left alone together.

"Tess, why don't you like the idea of being my wife, if you love me as you seem to do?" said Angel.

"I have never said that I don't like the idea, and I will never say it because it isn't true!" she replied. She ran from the room. Angel ran after and caught her in the passage.[*]

"Tell me, tell me!" he said, passionately. "Tell me that you won't belong to anybody but me!"

"I will tell you!" she exclaimed. "I will tell you my experiences, everything!"

"Tell me anything, but don't tell me that you are not worthy of[*] me."

"I'll give you my reasons on Sunday."

She broke away from[*] him and ran out into the fields to sit among the trees. She did not go to the milking that afternoon. Everyone could see that she was upset, so they left her alone.

Thursday came, and Angel watched her from a distance,[*] but left her alone. The other dairymaids seemed to know that something was troubling her. They did not include her in their conversations in the bedroom they shared. Friday passed, and then it was Saturday. Tomorrow was the day.

"I will say yes. I will let myself marry him. I cannot help it!*" she cried to herself that night. "I can't bear to let anybody have him but me! But it is wrong, and it may kill him when he knows!" Tess turned her hot face to the pillow and wept.

Chapter 11

"I have some news for you this morning," said Mr. Crick as they sat down to breakfast* the next day. "It's about Jack Dollop."

Tess remembered that this was the name of the man who had hidden in the butter churn.

"And has he married the young dairymaid, as

---

passage 통로 worthy of …의 가치(자격)가 있는 break away from …로부터 도망가다 from a distance 멀리서 (보면) cannot help it 어쩔 수 없다 breakfast 아침을 먹다

he promised?" asked Angel, looking up from the newspaper he was reading.

"No, sir," replied Mr. Crick. "He's married an older widow[*] who had an income[*] of fifty pounds a year. After they were married, she told him that by marriage she had lost her income. He'd only married her for her money, so you can imagine how he felt! Now they do nothing but quarrel[*] all the time."

"She ought to have told him before they were married," exclaimed Marian. The other dairy-maids agreed.

"And what do you think, my dear?" Angel asked Tess.

"I think she ought to have told him the truth, or refused him. I don't know," replied Tess, hardly able to swallow.[*] She soon left the table and went outside. She walked until she reached the stream. She felt saddened by the story she had just heard. The woman had chosen to say nothing until after the marriage. Now she and her husband lived an unhappy life. It would be the same if she did not tell Angel about her past.

Although the weather was still fine, the days were much shorter. In the mornings the dairy worked by candlelight.* One morning, she was about to go downstairs when Angel came out of his room. He put his arm across the stairway.*

"Now, Miss Flirt,*" he said firmly. "It has been two weeks since I asked you to marry me, and I won't wait any longer. Well? Is it yes at last?"

"Don't call me a flirt. It is cruel and untrue," she said. "I will really think seriously about it. Let me go downstairs!"

"Call me Angel then, and not Mr. Clare," he said. "Or even better, call me Angel dearest."

"Very well then, Angel dearest," she murmured,* with a smile. Angel could not resist kissing her warm cheek.

When the milking and skimming were done, everyone went outside into the fresh air. Tess tried again to interest Angel in the other dairymaids.

"Almost any of them," she said, "would make you a better wife than I could. And perhaps they love you as much as I do, or almost as much."

---

widow 과부 income 수입, 소득 do nothing but quarrel 단지 싸움만 하다
swallow 삼키다 by candlelight 촛불을 켜놓고 stairway (통로로서의) 계단
flirt 바람둥이 여자 murmur 웅얼거리는 소리를 내다, 중얼거리다

"Oh Tess!" he said impatiently. She was relieved to hear the tone of his voice. Never again would she try to make him choose another.

In the afternoon Angel offered to take the pails of milk to the station. He asked Tess to go with him. At first they were silent as they rode along in the wagon in the sunlight. Then drops of rain began falling. Soon, Tess's face and long hair were wet. She moved closer to Angel, and he wrapped a large piece of canvas* around her. Tess held it over them both to keep the rain off.*

"Well, dear," said Angel, "what about my question? Do you remember what you promised?"

"Yes, and I'll answer you before we get home," she said.

He said no more. Soon they passed the ruin of an old manor house. Angel explained that it used to belong to the old noble family of the d'Urbervilles. "It is very sad when a noble family dies out,*" he said.

"Yes," said Tess.

Finally they reached the little railway station. Tess watched the cans of milk being lifted onto the train. "Londoners* will drink our milk for their breakfasts tomorrow, won't they?" she asked. "They don't know anything about us. They won't think about how we drove miles in the rain so that it might reach them in time."

"That's true, but we drove together for our own reasons too," said Angel anxiously. "Now Tess, you belong to me already in your heart. So why can't you say yes to me?"

"My only reason is that I have something to tell you," she said. "I want you to know my history. You must let me tell you, and then you will not like me so well!"

"Tell me if you wish to, dearest," said Angel, "although I expect you've had fewer experiences than a newborn* lamb."

"I was born at Marlott," she said, "and I grew up there. And at school they said I would make a good teacher, so it was settled that* I would be one. But there was trouble in my family. My father didn't work hard, and he drank a little."

"Yes, yes. Poor child! That's nothing new." He pressed her closer to his side.*

---

canvas 범포 keep the rain off 비를 피하다 die out 사라지다
Londoner 런던사람 newborn 갓 태어난 it is settled (that) …하기로 결정되다 press... closer to one's side …을 자기 옆으로 끌어당기다

"And then there is something very unusual about me. I... I was... I am not a Durbeyfield. I am a d'Urberville, one of the same family who owned that ruined house we passed."

"A d'Urberville! And is that all the trouble, dear Tess?" asked Angel.

"Yes," she answered faintly. "Mr. Crick told me that you hated old families. I thought you would love me less if you knew."

Angel laughed. "Well, I do hate the idea that noble blood is more important than anything else. But I am extremely interested in this news. Are you not happy about belonging to that noble family?" he said.

"No. I think it's sad, especially since coming here," said Tess. "Many of the hills and fields I see once belonged to my ancestors. But other hills and fields belonged to Retty's people, and perhaps others to Marian's. I don't value it particularly."

"Well, I'm surprised," said Angel. "But was this your awful secret?[*]"

She hadn't told him the truth. At the last moment she had not been brave enough.

"Yes, that is all I had to tell you," she said.

"Well, I'm happy to hear your news, Tess," said Angel, laughing as he spoke. "Society likes a noble name and will accept you better as my wife because of it. Even my mother will like you more as a d'Urberville. Tess, you must use that name from now on."

"I like my own name better," said Tess. "And that name may be unlucky!"

"Well then, Teresa d'Urberville, take my name, and you will escape yours! Say you will be mine forever and ever," said Angel. He clasped her close* and kissed her.

"Yes!" No sooner had she said it than she burst into violent sobbing.*

Angel was surprised. "Why are you crying, dearest?"

"I am crying because I said I would die unmarried!*" sobbed Tess. "Oh, I sometimes wish I had never been born!"

"But Tess, how could you wish that if you really love me?" said Angel. "Do you really care for

---

awful secret 무서운 비밀 clasp... close …을 꼭 껴안다 sob 흐느껴 울다
die unmarried 죽을 때까지 결혼하지 않다

me? I wish you would prove it in some way."

"Will this prove it more?" she cried, holding him close and kissing his lips. For the first time Angel learned what a passionate kiss was like, a kiss by a woman who loved him with all her heart and soul.*

"Now do you believe me?" she asked, wiping her eyes.

"Yes. I never really doubted, never!" exclaimed Angel.

So they drove on through the gloom,* wrapped in the canvas cloth with the rain falling on them.

"I must write to my mother," she said at last.

"Of course, dear child. Where does she live?"

"In Marlott. On the far side of Blackmoor Valley."

"Ah, then I *have* seen you before this summer," said Angel.

"Yes," said Tess, "at the May Dance four years ago. You would not dance with me. Oh, I hope that doesn't mean bad luck for us."

Tess wrote an urgent letter to Joan Durbeyfield the very next day. She told her mother that she was going to be married and asked if she should tell her husband about her past. By the end of the week she received a letter from her mother. Mrs. Durbeyfield was happy to hear that Tess was to be married. But she told Tess never to tell her husband about her experience with Alec d'Urberville. It would be foolish, she wrote, because it was so long ago and had not been Tess's fault. Many women had troubles in their past that their husbands never knew about. She ended her letter with best wishes to* Tess's future husband.

Tess did not accept her mother's view of life,* but perhaps she was right about this. Silence seemed best for Angel's happiness so she decided to say nothing. She grew calmer, and as autumn came she was happier than she had ever been. She dismissed the past from her mind.* She and Angel spent all their time together as country people do once they are engaged. Her affection for him was now the most important thing in her life. It made her forget her past sorrows and her doubts, fears and shame. But she

---

with all one's heart and soul 마음과 혼을 다해　through the gloom 어스름(어둠)을 헤치고　with best wishes to …의 안부를 빌며　view of life 인생관　dismiss... from one's mind …을 마음 속에서 몰아내다

knew they were waiting like wolves for their moment to attack.

One evening, as they sat indoors she cried out to Angel, "Why didn't you stay and love me when I was sixteen and you danced on the green? Oh why didn't *you*!"

"Ah yes, if I had only known!" said Angel. "But you must not regret it. Why should *you*?"

"I would have had four years more of your love than I can ever have now," said Tess, trying to hide her feelings.

Later that evening, they told Mr. Crick and his wife that they were planning to be married. Mr. Crick praised Angel for* his good sense in* choosing Tess to be his wife. After supper, when Tess went to her bedroom, Retty, Izz and Marian were waiting for her. Retty put her hands on Tess's shoulders, and the other two put their arms around her waist.

"Are you sure you don't dislike me for this?" said Tess in a low voice.*

"I don't know," said Retty. "I want to hate you, but I can't."

"We feel the same," said Izz and Marian together.

"He ought to marry one of you," said Tess, beginning to sob loudly. "You are all so much better than I am."

"No, no, dear Tess," they said, and they kissed and hugged her warmly. When they were all in bed and the light was out, Marian whispered, "You will think of us when you are his wife, Tess. You'll remember how we told you we loved him, and how we tried not to be jealous. In the end we couldn't hate you, because we never expected to be chosen by him."

Tess cried even more when she heard these words. She decided to tell Angel all of her history despite* her mother's advice. He might despise her, and her mother would think she was a fool, but she could not remain silent any longer.

---

praise A for B A의 B를 칭찬하다 one's good sense in ...ing …하는 데 있어서의 훌륭한 감각 in a low voice 낮은 목소리로 despite …에도 불구하고 (= in spite of)

Chapter 12

It was November, and Tess had still not chosen a wedding day. She had decided to tell Angel everything, but she wasn't brave enough yet. She wanted to delay telling him her history because she feared his reaction.* And until she told him, she had to delay the marriage. Although she was happy as she was, Angel was growing impatient.

During the late autumn and winter months the dairy was not busy. The cows began to go dry, so Mr. Crick didn't need as many* workers. He told Angel that Tess would have to leave the farm in December.

"I feel rather happy about it," Angel said to Tess, "because now we have to decide when to get married. You know we can't go on like this forever."

"I wish we could," said Tess. "I wish it could always be summer and autumn, with you always loving me."

"I will always love you," said Angel.

"Oh, I know you will!" she cried. "Angel, let's decide now. I want to become yours for always!"

And so they decided to be married on 31st December. Their new life together would start on the first day of the New Year. They told Mr. and Mrs. Crick and asked them if they could be married at the dairy. They wanted their marriage to be as private as possible.* Tess wrote again to her mother to ask for advice about whether to tell him about her past. Mrs. Durbeyfield did not reply.

In fact Angel had not meant to marry so soon. It might be a year or two before he would get properly started as a farmer. He had planned to spend some time working at a flour-mill* after he finished studying at the dairy. But he wanted to keep Tess with him, to help her with her reading and studying. Then he would be proud to* present her as a lady to his parents, who were anxious to* meet their daughter-in-law. They would also be pleased to know that Tess came

---

reaction 반응 as many 지금(예전)처럼 많은 as private as possible 가능한 한 조촐한 flour-mill 제분소 be proud to 자랑스럽게 …하다 be anxious to 애타게 …하고 싶어하다

from an old, noble family.

So he decided that they would marry before he went to work at the mill. There was an old mansion[*] near the mill where they could stay. He thought Tess would like it because it had once belonged to the d'Urberville family. After he completed his work at the mill, he would take her to the vicarage to meet his parents.

The day when she was to become his wife came closer. On Christmas Eve, she and Angel went shopping in town. The streets were full of strangers who stared at Tess as she walked arm in arm with[*] Angel. Her face shone with happiness, and she had never looked so beautiful. At the end of the day, she was waiting in the street for Angel to bring the horse and carriage. Two men walked past her, and then one stopped and stared at her in surprise.

"She's a beautiful maid,[*]" said the other man.

"Yes, she is lovely," said the man who had stared at her. "But unless I'm mistaken, she's no longer a maiden."

Angel returned at that moment and heard these words. The insult to Tess angered him, and he hit the man on the chin. The man staggered backward* before recovering his balance.*

"I'm sorry, sir," he said to Angel, "I must have made a mistake. I thought she was another woman who used to live forty miles from here."

Angel accepted the man's apology and gave him some money. Then he drove off with Tess.

"And *was* it a mistake?" said the second man as they watched the couple drive away.

"Certainly not. But I didn't want to hurt the gentleman's feelings," said his friend.

On the way home, Tess was very quiet and very serious. She had to tell Angel her story very soon, but she could not tell the truth to his face.* So she sat down and wrote a long letter describing what had happened four years ago. She put it into an envelope and then went upstairs, and slipped it under his door.*

The next morning he met her at the bottom of the stairs and kissed her. He looked a little tired, she thought. But he said nothing about the letter even when they were alone. Had he read it? Did

---

mansion 대저택 walk arm in arm with …와 팔짱을 끼고 걷다 maid 처녀 (= maiden) stagger backward 비틀거리며 뒷걸음질치다 recover one's balance 다시 균형을 잡다 tell the truth to one's face …의 면전에 대고 사실대로 말하다 slip... under the door …을 문 밑에 살짝 밀어넣다

he forgive her? Every morning and night he was as affectionate* as he had ever been. She began to think that he hadn't read her letter.

The wedding day arrived.

Tess still felt guilty about not having confessed.* If Angel had not read her letter, she must tell him today before the wedding. After breakfast she went silently up to his room. She bent down and looked under the edge of the carpet. The letter was there, unopened. He hadn't seen it. She couldn't let him read it now in the middle of all the wedding preparations. She took it to her room and destroyed it.

As she left her room, she met Angel on the stairs. "I must confess all my faults and mistakes to you!" she said.

"Not today, my sweet!*" he cried. "Today you are perfect. We will have plenty of* time, later on. I will confess all my faults too."

"Then you really don't want me to tell you now, dearest?" said Tess.

"I don't, Tess, really," replied Angel.

From that moment, her desire to marry him and call him her husband carried her on.* They rode to Mellstock Church with Mr. and Mrs. Crick.

Tess's desire to marry Angel
and call him her husband carried her on.

---

affectionate 애정 어린, 다정한 **confess** 고백하다 **my sweet** 내 사랑; 연인에 대한 호칭 **plenty of** 많은 **carry... on** …을 지탱하다 (이끌고 가다)

Tess hardly knew where she was or what road they were taking to the church. She knew that Angel was close to her, and that was all.

There were only a few people in the church. If there had been a thousand, Tess wouldn't have noticed. At a pause in the service, she touched Angel's arm to be sure he was really there.

After the ceremony, Angel and Tess went back to Talbothays. It was raining and Tess was tired. She was Mrs. Angel Clare, but did she have any right to[*] that name? Wasn't she really Mrs. Alec d'Urberville?

Later that afternoon they left the dairy. Mr. and Mrs. Crick and all the dairymaids and workers came to the yard to say goodbye. Angel kissed the dairymaids goodbye[*] and shook hands with Mr. Crick. Just then, they heard a rooster crow.[*]

"That's bad," said one of the dairymen. "When a rooster crows like that in front of a husband..."

As Mr. Crick and his wife went indoors, he said, "Why did that rooster have to crow at Mr. Clare like that?"

"It only means a change in the weather," said his wife, "not what you think. That's impossible!"

Tess and Angel finally arrived at the old d'Urberville house. "Welcome to one of your ancestral* mansions!" said Angel as he helped her down from the carriage. The house was empty except for the woman who would cook and clean for them. They looked around the house before sitting down to have tea. Looking at her, he thought, "I must always remember how important I am to this woman. I must never neglect her or hurt her. From this day onward,* I must always look after her."

As it grew dark, the weather changed, and it began to rain. They lit the candles on the table. There was a knock on the door. It was a boy from the dairy with their bags. "I've brought your things, sir," he said. "I'm sorry to be late, but terrible things have happened at the dairy. You remember the cock crowing? Well, whatever it means, Retty Priddle has tried to drown herself."

"Oh no!" said Angel. "What happened?"

---

have a right to …에 대한 권리가 있다 kiss... goodbye …에게 작별키스를 하다
hear a rooster crow 수탉이 우는 소리를 듣다 ancestral 조상이 남긴
from this day onward 오늘부터 계속

“Well, sir, after you left, Retty and Marian went out. They walked from one public house to another, drinking. Retty was found in the river later on.* We thought she was dead, but she has recovered. And Marian was found drunk in a field,” answered the boy.

“And Izz?” asked Tess.

“Izz is at home as usual, but very sad and depressed,*” said the boy.

When the errand boy* left, Tess stared into the fire with a sad expression on her face. They were simple,* innocent girls who had loved a man and not been loved in return. It was wicked of her to* take all the love without paying for it. She must tell Angel now and let him decide her fate.*

Angel was sitting close to her, holding her hand. “I want to make a confession to you now.”

“You have to confess something?” she said. How strange it was! She hadn’t thought he might have faults too. Perhaps he would understand after all. She did not speak, but a wild hope made her heart beat faster.

“I didn’t mention it because I was afraid of losing you,” he said. “You know how much I value goodness and purity. These are the things I love about you. But when I was in London a few years ago, I sinned* with a woman I hardly knew. We were together for two days, and then I came home. I have never done anything like it since. Can you forgive me?"

She pressed his hand tightly. "Oh Angel, of course I do! And I am almost glad because now *you* can forgive *me*! I have a confession, too."

"Ah, yes. I have forgotten. Confess then, my wicked little one," said Angel with a smile. "Your crime can hardly be more serious than mine, dearest."

"It isn't!" Her heart leapt with hope.* "No, it isn't more serious. I will tell you now."

She sat down. They held hands. The fire burned, and the light fell on his face, and on hers. She pressed her head against his and told him about her meeting with Alec d'Urberville and its results. She spoke bravely but quietly until the whole story was told.

---

later on 나중에 depressed 침울한 errand boy 심부름꾼 소년 simple 순박한 it is wicked of A to B A가 B하는 것은 못된 짓이다 decide one's fate …의 운명을 결정하다 sin 죄를 짓다 Her heart leapt with hope. 그녀의 가슴이 희망으로 고동쳤다.

VOLUME

Chapters 13-20

The gods had finished playing with Tess.

Chapter 13

Tess's story ended. She had not raised her voice,* and she had not cried. Angel stirred the fire. Then he stood up, and his face looked like that of an old man. He thought he understood what she had said, but he couldn't think clearly.

"Tess!" he said. "Do you expect me to believe this? Are you mad perhaps? My wife, my Tess, you're not mad, are you?"

"I am not mad," she said.

He looked at her without really seeing her. His brain seemed to have stopped working. He could not talk and think at the same time. "But if it is true, why didn't you tell me before? Ah, yes, you would have told me, but I stopped you, I remember!" he said.

He turned his face away from her. Tess stared at him, but could not weep.* She fell to her knees beside him.

"In the name of our love, forgive me!" she whispered with a dry mouth. "*I* have forgiven *you* for the same! Forgive *me* as I forgive *you*, Angel."

"Oh Tess, it is not a question of forgiveness! You are not the person I thought you were. Forgiving you will not change that!" He moved away from her and began laughing an unnatural,* horrible laugh. Tess stood up and followed him.

"Don't laugh like that!" she cried. "I can't stand it. If you love me, how can you treat me like* this? I have been hoping, longing,* and praying to make you happy! I thought that you loved me for myself! I will love you forever whatever happens, because you are yourself. I ask no more. Then how can you, my own husband, stop loving me?"

"I repeat, the woman I have been loving is not you," said Angel. "She is another woman in your shape."

Tess's face became white with despair,* and she began to cry. Angel watched her and waited

---

raise one's voice 언성을 높이다, 흥분한 목소리를 내다 weep 눈물을 흘리다
unnatural 정상이 아닌, 부자연스러운 treat A like B A를 B처럼 취급하다
long (to) (…하기를) 간절히 바라다 one's face becomes white with despair 절망으로 얼굴이 하얗게 질리다

for her to stop weeping.

"I won't ask you to let me live with you, Angel, because I have no right to," she said. "I am too wicked. I won't do anything, unless you order me to. I won't write to tell my family that we are married. And if you leave me I won't follow you, and if you never speak to me again, I won't ask why."

"Tess," said Angel, "I can't stay in this room with you just now. I'm going out to walk a little way."

He quietly left the room. As he closed the door behind* him, Tess stood up. She opened the door and followed him. The rain had stopped, and the night was now clear.

Angel walked slowly and without purpose. She walked just behind him. Away from the house the road went through the fields. Soon Tess had caught up with Angel and walked beside him, but he didn't seem to notice her. Eventually, she spoke to him.

"What have I done!" she cried. "Nothing stops my love for you. You don't think I planned it, do you? I was a child when it happened! I knew nothing of men."

"You were more sinned against than sinning,* I admit," he said.

"Then will you forgive me?"

"I do forgive you, but that is not enough."

"Do you love me, Angel?"

Angel did not answer.

They walked on again in silence. Tess accepted his bitterness although she did not understand it. He didn't love her as he had once done, and nothing else mattered. Finally she spoke again, "I don't want to cause* you sadness for the rest of your life. The river is down there. I can put an end to myself* in it. I'm not afraid."

"Don't talk like that. It's ridiculous, and it would solve nothing," he said. "Go back to the house and go to bed."

When she got back to the house, the fire was still burning. She went to the bedroom and began to undress. There was a branch of mistletoe* hanging above the bed. In his happiness Angel had hung it there. How foolish and out of place*

---

close the door behind 들어온 후(나간 후) 문을 닫다 You were more sinned against than sinning. 죄를 범했다기보다 죄에 빠졌다. cause A B A에게 B를 야기시키다 put an end to oneself 스스로 목숨을 끊다 mistletoe 겨우살이 나무; 크리스마스 장식으로 사용 out of place 장소와 어울리지 않는

it looked now. She lay down on the bed, and soon she was asleep in the bedroom where the brides of her ancestors had slept.

Later that night Angel came back to the house. He threw a blanket on the old sofa in the sitting-room and then crept upstairs[*] to see if Tess was asleep. He was relieved to see her sleeping soundly. He still found it difficult to believe that the pure village maiden he had married was not what she had seemed. How unexpected life could be. He went downstairs and lay on the sofa, and blew out the candle.[*]

When he woke at dawn the next morning, the sky was cloudy and gray. When Tess came downstairs to breakfast, she still looked absolutely pure. Angel looked at her in wonder.[*]

"Tess! Say your story isn't true! It can't be true!"

"Every word is true," she said. "It is all true."

"Is he living?"

"The baby died, but the man is alive."

"Is he in England?"

"Yes."

A look of hopelessness[*] passed over Angel's face. He took a few steps around the sitting-room.

"Listen to me," he said abruptly.* "I could easily have found a wife with an education, social standing,* and a fortune. Instead I sacrificed all that in the hope of finding a pure, innocent country girl... but now I..."

Tess understood his feelings. She saw that he had lost in every way. "Angel, I wouldn't have married you if I thought there was no way out* for you," she said. "But there is a way for you to be free. You can divorce me."

"Good heavens,*" he said. "How can you be so stupid? You don't understand the law. I can't divorce you!"

"I thought you could, now that I have told you everything," she said. "Oh, how wicked I must seem to you! I really believed you could take that way out, although I hoped you wouldn't. Oh, then I ought to have done it last night! But I didn't have the courage."

"The courage to do what?" he asked. When she

---

creep upstairs 위층으로 살금살금 올라가다 blow out the candle 촛불을 불어 끄다 in wonder 믿기지 않는 듯이 hopelessness 절망 abruptly 갑작스럽게 social standing 사회적 지위 there is no way out 빠져나갈 방법이 없다 Good heavens 맙소사

did not answer he took her hand. "What were you thinking of doing?"

"Of putting an end to myself," she whispered. "Under your mistletoe, with a rope. But I couldn't do it in the end!* I was afraid that people would talk and blame you."

Angel was shocked by her confession.

"Now, listen to me. You must never think of such a horrible thing! Promise me that you will never think of doing that again," he said.

"I promise. I saw how wicked it was," she said. "It was to set you free without a divorce that I thought of it. But dying by my own hand is too good for me, after all. You ought to do it. I think I would love you more, if you could bring yourself to* do it."

"Don't talk about it," he exclaimed.

When they finally sat down to breakfast, they did not look at each other or speak anymore, and neither of them ate much. Angel left afterward to start his studies at the mill. Tess cleaned the rooms and prepared lunch and then sat, waiting for Angel's return. He returned at about one o'clock, and they talked politely* about his work at the mill. In the afternoon he went back to the mill, and in the evening he studied his books and papers. She felt she was in the way and stayed in the kitchen.

They were living in the same house, but they were not together. Tess sobbed as if her heart would break. It would have softened* anyone but Angel Clare. He was a deeply logical man. It had made him resist* the teachings of the church, and now it made him resist Tess.

"I don't suppose you're going to live with me for long, are you?" she said later that evening.

"No. We can't live together as man and wife,* Tess, while that other man lives," he said. "He's your natural husband,* not me. If he were dead, it might be different."

The next two days and nights passed in the same way. They were polite, but hardly spoke to each other although they both suffered.

On the third day, Tess said, "I accept what you say. You must leave me. I can go home to stay with my parents."

---

in the end 결국에는 bring oneself to …하기에 이르다 politely 형식적으로, 의례적으로 soften …의 마음을 누그러지게 하다 resist …에 저항하다 as man and wife 부부로 natural husband 사실상의 남편

"Are you sure?" he asked.

"Yes," said Tess. "We have to part, and we may as well* do it now. If we are together for much longer, I might beg you to* stay. You would hate me for that, and I couldn't bear it if you hated me. I must go."

"All right," he said. "I think it's a good idea, but I didn't want to suggest it first. I may feel more fondly about* you when we are apart.* Perhaps we will be together again one day."

The next morning Angel ordered a carriage and driver from the nearest town. It arrived soon after breakfast. The luggage was put on the top, and they drove off. After they had passed Nuttlebury, Angel stopped the carriage to get down and return home on foot.* Tess would ride in the carriage to her parents' home in Marlott. He spoke to her before they separated.

"Now, remember," he said gently. "I am not angry with you, but I can't bear to be with you. I will try to accept what you have told me. But until I come to you, it will be better if you don't try to come to me."

This seemed a heavy punishment to Tess. Did she really deserve it? "May I write to you?" she asked.

"Oh yes," he said. "Write to me if you are ill or want anything at all. But I hope that won't happen. I may be the first to write."

"I agree to the conditions,* Angel, because you know best," she said. "But please, don't make it more than I can bear!"

That was all she said. If she had fainted or wept he would probably not have left her. But she made it easy for him. He handed her a packet of money,* paid the driver, and told him where to take her. Then he took his bag and umbrella from the carriage and said goodbye. He watched the carriage depart, hoping that Tess would look back at him. But she was lying half-dead with misery* in the carriage and didn't think of it. When the carriage had disappeared, Angel turned away. He walked on alone, not realizing that he still loved her.

---

may(might) as well …하는 것이 낫다 beg A to B A에게 B해달라고 빌다 feel fondly about …에 대해 애틋하게 생각하다 apart 따로따로 on foot 걸어서 agree to the conditions 그 조건에 동의하다 a packet of money 돈 한 다발 half-dead with misery 비통한 마음에 빈사 상태인

Chapter 14

As the carriage drove through Blackmoor Valley, Tess came to her senses.* She wondered how she could face* her parents. Near the village she saw a stranger on the road. She stopped the carriage and asked the man for news about the people of Marlott.

"There isn't much to tell, miss," he said. "Some folks have died, and John Durbeyfield's daughter married a gentleman farmer* this week. John's family wasn't considered good enough to be invited to the wedding. The bridegroom* mustn't have known that John is a nobleman himself by blood.* But Sir John bought drinks for everybody, and his wife sang songs at the inn until late."

When she heard this, Tess felt sick at heart.* She had hoped that no one in the village knew about her marriage. If she went home in the carriage, everyone in the village would see her. They would gossip about it, and her parents would be embarrassed. So she left the carriage and walked to Marlott by a back lane.*

She hurried on to the cottage. When she went inside, her mother was doing the washing, as usual.

"Why, Tess, my child! I thought you were married, really married this time."

"Yes, mother, I am married."

"Then where's your husband?"

"Oh, he's gone away for a time."

"Gone away! He's gone away! What strange husbands you seem to find, Tess!" cried her mother.

Tess burst into tears. "I don't know how to tell you, mother! You said that I shouldn't tell him. But I did tell him – I couldn't help it – and he went away!"

"Oh, you little fool!" cried her mother. "My good God! What a little fool you are."

"I know it, I know," sobbed Tess. "But, mother, I couldn't help it! He is so good, and I couldn't lie to him. If you only knew how I loved him

---

come to one's senses 정신이 들다 face …와 대면하다 gentleman farmer 좋은 집안 출신 농부 bridegroom 신랑 by blood 집안을 놓고 보면 feel sick at heart 가슴이 아프다 by a back lane 뒷길로

and how much I wanted to marry him. I was torn between caring so much for him and[*] wanting to be fair to[*] him!"

"Well, it's too late now," said Joan Durbeyfield. "What's done is done! But I don't know what your father will say. He was so proud of your marriage. He's told them at the inn that your marriage will help his family become noble again. And now you've made this mess of[*] it!"

Just then, they heard John Durbeyfield approaching the house. Mrs. Durbeyfield told Tess that she would break the bad news to him herself. Tess went upstairs to the bedroom she had once shared with the younger children. Through the thin walls, she could hear her mother telling her father the whole story.

"Who would have believed it!" said Sir John. "My ancestors are lying at Kingsbere, as noble as any in history. And now the fellows at Rolliver's and the Pure Drop Inn will laugh at me! I'll have to put an end to myself, title and all. Do you think he *really* married her? Or is it like the first time?"

Poor Tess couldn't listen anymore. If her own family didn't believe her, how could she expect others to? She knew she couldn't stay in the village. A few days later she received a short note from Angel. He informed her that he had gone to the north of England to look at a farm. She used this letter as an excuse to leave her parents, telling them that she was going to join him. Then she gave her mother half the money Angel had given her. She wanted her parents to think that the wife of a man like Angel Clare could afford* it. Then she left Marlott, looking for work once again.

Three weeks after the marriage, Angel returned to his parent's home. He had spent the time since his wedding trying to continue his studies as if nothing had happened. But Tess was always on his mind.* At first, he blamed his misery on* her, and then he began to wonder anxiously if he had treated her unfairly.* He found he couldn't consider the future without including her in his plans. He was now thinking of moving to a country where they could farm together. Land

---

be torn between A and B A와 B사이에서 마음이 괴롭다 be fair to …에게 정직(공평)하다 make this mess of …을 이렇게 망쳐놓다 afford …할 여유(능력)가 있다 be always on one's mind (주어를) 항상 생각하고 있다 blame A on B A를 B의 탓으로 돌리다 unfairly 가혹하게

was being offered to farmers in Brazil, and this interested him. Perhaps they could make a new life there, where the people and the habits[*] were so different.

Angel had given his parents no warning of his visit.[*] They were both in the sitting-room when he entered and closed the door quietly behind him.

"What a surprise," cried his mother. "But where's your wife, dear Angel?"

"She is at her mother's house for the moment.[*] I've come home to tell you that I've decided to go to Brazil."

"Brazil! But they are all Roman Catholics there!" said his father.

"Are they?" said Angel. "I hadn't thought of that."

"Let's talk about Brazil later," said Mrs. Clare. "We have more important things to discuss at the moment. Angel, we're not angry about your marriage even though it happened so quickly. But we do want to meet your wife, and you haven't brought her with you. It seems strange. What has happened?"

Angel explained that Tess would stay at her

parents' home, while he went to Brazil. Before he took her so far from home he wanted to see if the country was suitable. He would bring her to meet his parents before he went back to Brazil with her. His mother was disappointed at not seeing Tess.

"Can't you describe her to us, Angel?" she asked. "I am sure she is very pretty."

"She certainly is!"

"And a pure and virtuous* maiden, of course?"

"Of course."

"And I imagine that you were her first love?"

"Of course."

When the time came for evening prayers, Angel's father chose a special passage from the Bible.* "I will read a chapter from Proverbs* in praise of* a pure wife, Angel," he said. "It will make us think of your Tess. May Heaven protect her always!*"

As his father began to read the beautiful words, Angel felt like crying. When their prayers were

---

habits 풍습, 관습 give... no warning of one's visit 기별 없이 …을 방문하다 for the moment 지금은 virtuous 덕성스런 passage from the Bible 성경 구절 Proverbs (구약성서 중) 잠언 in praise of …을 찬양하는 May Heaven protect her always! 하늘이 항상 그녀를 보살피기를!

over, his mother said, "The Bible tells us that the perfect wife is a working woman, not a fine lady. She is someone who uses her hands and head and heart for the good of others. I wish I could have met her, Angel. If she is pure, she is good enough for you and fine enough for me."

Angel's eyes were full of tears. He quickly said goodnight and went to his bedroom. His mother followed him and stood at the door looking anxiously at him.

"Angel," she said, "why are you going away so soon? I know something is wrong. Have you quarreled with your wife in these three weeks? Angel, is she a woman with some trouble in her past?"

With a mother's instinct* Mrs. Clare had found the cause of her son's worries.

"She is absolutely pure!" he replied. If he went to hell there and then,* he had to tell that lie.

"Then don't worry about anything else," said his mother. "There are few better things in nature than a pure country girl."

Angel was furious with Tess for* making him deceive his parents. Then he remembered her sweet voice and the velvet touch* of her lips and the warmth of her breath. In spite of his advanced ideas,* Angel was still almost as limited in his thinking* as his parents. He couldn't see that Tess's character was as pure as that of the pure wife in the Bible.

He spent the next morning preparing for his journey to Brazil. He put some money in a bank to be sent to Tess. Later that day he left Emminster to complete the rest of his business. First, he went to the house where he and Tess had spent the first three days of their marriage. He had to return the key and pick up a few things they had left behind.

When he reached the house he went upstairs to the bedroom where Tess had slept. The mistletoe still hung above the bed. He took it down and threw it into the fireplace. Then he knelt beside the bed and cried out, "Oh Tess! If you had only told me sooner, I would have forgiven you!"

A moment later, he heard footsteps downstairs. He rose and went to see who it was. It was Izz

---

mother's instinct 모성본능 there and then 즉시로 be furious with A for B B한 것에 대해 A에게 몹시 화가 나다 velvet touch 벨벳처럼 부드러운 느낌 advanced ideas 진보적 생각 limited in one's thinking 생각에 한계가 있는

Huett. Months ago, Angel had guessed* that she loved him. Izz was an honest girl who might have made as good a farmer's wife as Tess. She told him that she had left the dairy.

"Well, if you are living close by I can take you there, if you don't mind riding with me," he said.

"Thank you, Mr. Clare," she said, blushing.

"I am going to leave England, Izz," he said, as they drove away from the house. "I'm going to Brazil."

"And does Tess like the idea of such a journey?"

"She isn't going for a year or so. I am going first to see what life is like there."

They drove on in silence for a while. Angel had just told another lie, and it made him feel angry again. Society and its rules had trapped him in a corner.* Why shouldn't he have his revenge on* society by breaking its rules?

"If I had asked you to marry me, Izz, what would you have said?" he asked.

"I would have said yes, and you would have married a woman who loved you."

"Well, Izz, I'm going to Brazil alone. I have separated from Tess for personal reasons.* I may never live with her again. I may not be able to love you, but will you come with me?"

"Yes, I will," said Izz, after a pause.*

"You know that it's wrong in the eyes of the world, don't you? Do you love me very, very much, Izz?"

"I do! And I loved you all the time we were at the dairy together!"

"More than Tess?" he asked.

She shook her head. "No," she said, "not more than Tess. Nobody could love you more than Tess did. She would have died for you. I could do no more than that."

Angel was silent. He felt close to tears.* He heard Izz's words again and again in his head: *"She would have died for you."*

"I'm sorry Izz," he said suddenly. "I don't know what I'm saying. I must be mad!"

Izz burst into wild tears. "Oh please take me!" she cried. "Oh, I shouldn't have been so honest about Tess's feelings for you."

---

guess 눈치채다 trap... in a corner …을 꼼짝 못하게 구석으로 몰다 have one's revenge on …에게 복수하다 for personal reasons 개인적인 이유로 after a pause 잠시 잠자코 있다가 feel close to tears 눈물이 날 것 같다

"Izz, your honest words have saved me from* doing something wicked. I thank you for it and will never forget you. Please forgive me."

He left Izz and drove on. That evening, he almost turned toward Tess's village, but he did not. Although Izz's words about Tess had affected him, the facts had not changed. He would come back for her when he was ready, if he still wanted to. He took the train to London as planned, and five days later left the country for Brazil.

Chapter 15

After leaving Marlott, Tess found occasional dairy work* for the spring and summer. She sent all Angel's money to her family, who had many expenses and no income. She was too proud to ask Angel's family for more money. As the autumn wore on, Tess decided to work that winter at another farm, where Marian was working. She set out on the journey.

She walked east toward the village of Chalk-

Newton, where she meant to stay the night.* It was growing dark, and she was still far from the village, when she heard footsteps behind her. In a few moments a man passed her side.

"Good evening, my pretty maid," said the man.

"Good evening, sir," replied Tess.

The man turned back and stared hard at her, and said, "Why, I know you! You're Mr. d'Urberville's friend, from Trantridge, aren't you?"

Tess realized he was the man Angel had hit for insulting her. Her heart began to beat faster, but she said nothing.

"What I said in the town was true, wasn't it? You ought to apologize for that punch* your gentleman friend gave me," he said. "A kiss will do the trick.*" He took hold of* Tess's arm and pulled her toward him.

Tess shook his hand off* and ran away down the road. She ran until she saw a small grove* of trees beside the road. Into the trees she ran and

---

save A from B A가 B하려는 것을 막다 find occasional work 임시로 여기저기에서 일하다 stay the night 하룻밤 묵어가다 punch 주먹으로 치기 do the trick …면 족하다 take hold of …을 잡다 shake one's hand off …의 손을 뿌리치다 grove 작은 숲

didn't stop running until she was a long way from[*] the road. Only then did she feel safe. She made a large heap of dry, dead leaves and lay down. But she was miserable and afraid and couldn't sleep. She spent the night thinking about Angel. He was in a warm place on the other side of the world without her.

The next day, although it was raining, she walked on. Soon she reached Flintcomb-Ash, the place where Marian was working. The soil[*] around her was poor, and she knew the field-work[*] here would be difficult. But she was determined to stay for the winter to earn some money.

She met Marian at an inn as arranged, and they walked to the old farmhouse together. It was a miserable place with not a tree or a green field in sight.[*] She didn't meet the farmer, but the farmer's wife agreed to hire her. That night she wrote to tell her parents her new address.

Tess found that she did not mind the hard work in the turnip-fields.[*] They dug out the vegetables hour after hour in the morning frosts[*] and even when it rained. As they worked, they talked about the dairy and the sunny green fields – and Angel Clare. Tess didn't tell Marian why she and

Angel were living apart.

They wrote to Izz Huett, asking her to join them if she had no other work. It was the coldest winter for years, but they worked even when it snowed. If the snow was too deep they worked at other tasks in the barn. It was just as cold in there as in the fields.

When Tess finally met the farmer, she realized that he was the same Trantridge man she had run away from on the road. He made her work twice as hard as the others, as a revenge for* having been knocked down by* Angel in the market town.

She had to continue working that day after the other women had left. When she worked late in the barn, she saw Izz whispering to Marian. Tess had a feeling that* it was about her.

"Is it about my husband?" she asked.

"Well, yes. Izz said I shouldn't tell you, but I must!" said Marian. "He asked her to go to Brazil with him."

---

be a long way from …에서 멀리 떨어지다 soil 토양 fieldwork 밭일 in sight 눈에 보이는 turnip-fields 무밭 frost 서리 as a revenge for …에 대한 앙갚음으로 be knocked down by …에게 맞아 넘어지다 have a feeling that …라는 느낌이 들다

Tess's face went as white as the snow on the ground.

"Anyhow, he changed his mind, so it doesn't matter," said Marian. "But he meant to take her."

"He didn't mean it!" cried Tess. "He didn't take her!" Tess burst out crying and said, "I must write to him now. He said I could, but I've been waiting for him to write to me. I've been neglecting* him."

Tess began writing a letter to Angel that night, but she couldn't finish it. She took her wedding ring from the ribbon around her neck and kept it on her finger all night. It reminded her that she was Angel's wife. But what kind of husband was he? How could he ask another woman to go to Brazil with him so soon after leaving her?

Weeks passed and Tess continued to wonder why Angel had not written to her. Didn't he care? Was he ill? She thought of visiting his family in Emminster. They would certainly be kind to her and have news of their son.

Because she couldn't leave the farm on a weekday,* Tess decided to go to Emminster on a Sunday. It was fifteen miles each way, and she had to leave early. She put on her best dress and set out at four o'clock in the morning. Marian and Izz woke early too and waved her goodbye.*

It was a year since her wedding and a little less than that since Angel had gone away. She hoped to win* his family's approval and their help in persuading Angel to come back to her.

She started out cheerfully, but as she grew closer to Emminster, her confidence deserted her.* At noon she paused on the rise of the hill* below which Emminster lay. She wondered if Angel's father would disapprove of* her traveling so far on a Sunday. But she had to go on. She took off her walking boots* and hid them under a hedge. She would collect them on her way out of town. She put on her best Sunday shoes and walked down the hill.

She walked up the path to the vicarage and rang the doorbell. Nobody answered to her ringing. She rang a second time. Silence. It was almost with relief that she turned and walked away. Then she suddenly realized that they were

---

neglect …에 소홀하다 on a weekday 평일에 wave... goodbye …에게 잘 가라고 손을 흔들다 win …을 얻다 her confidence deserted her 그녀는 자신감을 잃었다 on the rise of the hill 언덕 오르막길에 disapprove of …을 좋지 않게 생각하다 walking boots 오래 걸을 때 신는 질긴 구두

all at church. She waited under a tree in the street until people began coming out of the church. Everyone stared at her because she was a stranger, and her courage failed her. She decided to go back to call at the vicarage after lunchtime was over. She quickly walked away back up the hill. Halfway up,* she looked behind her and saw two men walking in the same direction. She could hear them talking and recognized something in their voices that reminded her of* Angel. She realized they were his brothers. As she walked on, she heard some of their conversation.

"Poor Angel! I saw Mercy Chant in church today," said one of them. "Why on earth* didn't Angel marry her instead of a dairymaid? And it's such a strange marriage. His wife still hasn't joined him in Brazil."

"It's certainly odd," said the other. "But his ideas have always been strange. I've never understood him."

They passed Tess and continued on to the top of the hill. There they paused for a moment, and one of them poked at* the hedge with his umbrella. He dragged something out from underneath it.

"Here's a pair of old boots," he said. "Thrown away by a tramp,* I suppose."

"I'll give them to Mercy for the church charity.* Some poor person would like to have them," said the other.

Tess walked past the two men with tears running down her cheeks. It was impossible to think of returning to the vicarage. She continued walking as fast as she could away from Emminster. She did not know how unlucky it was that she had met Angel's brothers and not his parents. Both his father and mother would have taken poor, lonely Tess into their hearts* immediately.

Tess was tired and depressed as she walked back to Flintcomb-Ash in her thin shoes. She stopped at a cottage and asked for a drink.* She sat down while the woman fetched her some milk, and she noticed that the village seemed deserted.*

"The people have gone to church, I suppose?" she said when the woman returned.

---

halfway up 반쯤 올라가다가 remind A of B A에게 B를 떠올리게 하다 on earth 도대체 poke at …을 쑤시다 tramp 부랑자 church charity 교회 구호품 take... into one's heart …을 따뜻하게 대해주다 ask for a drink 마실 것을 달라고 부탁하다 seem deserted 텅 비어 보이다

"Oh no, my dear," said the woman. "They've gone to listen to a preacher.* They're in a barn at the other end of the village."

Tess went on into the village. In the distance she saw a crowd outside a barn and went to join them. The preacher was enthusiastically* describing how he had found God and been saved. A parson from Emminster, he said, had told him years ago that he was a wicked man. He had not listened at first, and had insulted the old parson. But gradually, the Grace of Heaven* had turned him away from his life of wickedness.*

Tess was not shocked by the words, or the man's description of his wicked life. But she was disturbed by the man's voice, which sounded familiar. Her heart began to beat faster as she walked around to the barn to look at his face. The man stood on a sack of corn facing the people. As the afternoon sun shone on him, she saw that it was Alec d'Urberville.

Chapter 16

This was the first time she had seen or heard of Alec d'Urberville since she left Trantridge. And although he had changed his clothes and his appearance, she still felt afraid of him. She couldn't believe that he had changed his most secret thoughts and ideas. The moment she moved away, he recognized her. The shock of seeing her hit him like a bolt of lightning.* His enthusiasm faded,* his voice trembled, and he could barely speak. His eyes dropped in confusion,* but then they came back to look at her every few seconds. Tess walked away as fast as she could. She didn't turn her head, but she knew he was watching her. She knew now she would never escape her past. It would haunt* her forever.

As she walked uphill, she heard footsteps

---

listen to a preacher 전도사의 강연을 듣다 *cf.* preach 설교하다 enthusiastically 열정적으로 Grace of Heaven 주님의 은총 life of wickedness 죄로 물든 생활 a bolt of lightning 한 차례의 번개 fade 사라지다, 수그러들다 in confusion 당황해서 haunt …을 쫓아다니며 괴롭히다

behind her. It was the one person in the world she had hoped never to see again.

"Tess!" he called. "Tess! It's Alec d'Urberville."

She looked back at him, and he came up beside her.

"I can see that," she answered coldly.

"Well, is that all? I heard you'd gone away," he said. "Tess, do you wonder why I followed you? It's because you are the person I would most like to save from hell. So I've come to do that, nothing more."

"Have you saved yourself?" asked Tess bitterly.

"I have done nothing!" he said. "God has done it all. I have also had the help of the parson of Emminster, Reverend Clare. He has saved more souls in this country than any other man you can name.* You have heard of him?"

"I have," she said.

"He preached at Trantridge two or three years ago and told me how wicked my life was. I insulted him when he said that. But his words stayed in my mind. I began to think about what he'd said. Since then my one desire has been to help others find God too," said Alec.

"Don't go on with* it!" she shouted sharply. "I

can't believe that you have suddenly changed. How can you talk to me like this? You've ruined my life. People like you make others' lives miserable, and then you turn to* God to ensure a place in Heaven!* I don't believe you!"

She turned to glare at* him with her big beautiful eyes.

"Don't look at me like that!" he said abruptly. "Women's faces have always had too much power over* me! You remind me of the old times that I want to forget!"

They continued walking and soon came to a place called Cross-in-Hand. It was a crossroads* where a strange, tall stone stood. On it was a roughly carved human hand.* People never stopped for long at this depressing, unfriendly place.

"I must leave you now," he said. "I have to preach again at six this evening. But tell me, how has your life been since we last met? You are different somehow."

---

name 이름을 대다 go on with …을 계속하다 turn to …에 의지하다 ensure a place in Heaven 천국에 한 자리를 확보하다 glare at …을 노려보다 have power over …에 힘을 행사하다 crossroads 갈림길 On it ~ human hand. 그 위에는 사람의 손이 거칠게 새겨져 있었다.

Tess told him about the baby. Alec was shocked.

"You should have told me," he said. "I would have helped you. I would still help you if you'd let me. But come here." He stepped up to the stone. "Before you go, put your hand upon that stone hand, and swear that you will never tempt[*] me again," he said.

"Good God![*]" said Tess. "How can you ask me that? I never want to see you again."

"I know, Tess, but swear it," he said.

Tess placed her hand upon the stone and made the promise he had asked of her.

"I will pray for you," called Alec as he walked away, "and we may meet again. Goodbye!"

Tess walked on toward home, feeling upset. Soon she met a shepherd[*] on the road, and she asked him the meaning of the stone. He told her that it never had a religious meaning. It marked[*] the place where, in the past, a man had been tortured and hung. His bones were buried beneath it. This information upset her even more, so she hurried on, hoping to reach home before dark.

Several days later, Tess was working in the fields when Alec d'Urberville came to see her.

He told her that he was going to sell his land at Trantridge and go to Africa as a missionary.*

"Tess," he said, "I had no idea of the harm I had done to you until you told me. It was all my fault. Will you help me put it right?* Will you be my wife, and go with me?"

"Oh no, sir. No!" she said quickly.

"Why not?" His disappointment and surprise showed in his face. It was obvious to Tess that his old passion for* her had returned.

"You know I don't love you," she said. "And... I love somebody else."

The words seemed to astonish* him. "Do you?" he cried. "But perhaps your love for this other man is only a passing feeling."

"No, it isn't," she said. "I... I have married him. It is a secret here. Please don't tell anybody."

"Who is he?" asked Alec. "Where is he? Why isn't he here with you, looking after you? How can he stay away from you and leave you to work like this!"

---

tempt 유혹하다 Good God! (어처구니가 없을 때) 세상에! shepherd 목동 mark 표시하다 missionary 선교사 put... right …을 바로잡다 passion for …에 대한 욕정 astonish 놀라게 하다

"Don't ask," cried Tess. "He has not left me to work! He doesn't know about it!"

"I think you are a deserted wife,* Tess," he said. "And I... I thought I no longer felt anything for you, but I was wrong." He suddenly took her hand.

"You must not!" she cried pulling her hand away. "Oh go away, please. Go, for the sake of* my husband and me. Leave now."

"Well, I must do as you ask, I suppose. Goodbye!" He walked away slowly, his head bent in thought.*

The farmer approached her a few minutes later. He was angry with her for wasting time with a stranger. Tess preferred angry words from this man to soft, sweet words from Alec d'Urberville.

That night she wrote to Angel, telling him how much she loved and missed him. If he had read between the lines,* he would have understood her secret fear for the future. But once again, she couldn't finish the letter. She remembered that he had asked Izz to go with him to Brazil. And she wondered if he still loved her at all.

On a peaceful Sunday in February, Alec d'Urberville came to see her again. She was eating her dinner at the cottage where she lived, when he knocked at the door. He came inside before she could answer, and flung himself down* into a chair.

"Tess, I had to come!" he cried desperately. "I can't stop thinking about you. Pray for me, Tess!"

"How can I pray for you?" she said. "I don't believe God would alter His plans if I asked Him."

"Who told you that?"

"My husband."

"Ah! Your husband! What does he believe?"

Tess explained Angel's beliefs. Alec listened carefully.

"You'd believe whatever your husband told you to believe," he said. "That's what women do."

"I believe him because he knows everything," she said. "And what's good enough for him is good enough for me."

"Interesting," he said. "Perhaps he's right not

---

deserted wife 버림받은 아내 for the sake of …을 위하여 bent in thought 생각에 열중한 read between the lines 행간의 의미를 읽다 fling oneself down 털썩 주저앉다

to believe everything in the Bible, and to avoid fixed ideas. And I may have been wrong to become a preacher. I'm too easily distracted.* Today, I should have been preaching and instead, I came here. I thought I despised you, but I was wrong. My passion for you is too strong. I couldn't resist* seeing you again."

"I didn't ask you to come here!" said Tess.

"I know it. I don't blame you," said Alec. "But when I saw you working on the farm that day, I was angry. I have no right to protect you even though your husband neglects you."

"Don't say those things," said Tess. "Remember that I am married, and don't speak against* my husband. You should be ashamed!"

Alec looked at her for a moment. Then he turned and went out without another word.* He thought about the things Tess had told him about her husband's logic. It made sense.* "Her clever husband doesn't know that his ideas may lead her back to me," he thought.

In March it was time for the harvest on Flintcomb-Ash Farm. The farmer gave Tess the hardest and most tiring* job of all. Other women could stop to drink ale* or cold tea now and then, but for Tess there was no rest. When lunchtime came, she was so weak that she could hardly walk.

She was eating her lunch when she saw Alec d'Urberville approaching. He was dressed as a gentleman again, not in the plain clothes of a preacher. He sat down beside her. "I'm here again, as you see," he said.

"Why do you bother me like this!" she cried.

"Why do *you* bother *me*?" he said. "You haunt me, Tess. Ever since you told me about that child of ours, my feelings for you have grown. I have lost interest in preaching, and it is your fault."

"You have given up your preaching?"

"Yes," he said. "Since I last saw you, I have been thinking of your husband's ideas. I like his ideas better than poor old Reverend Clare's. So here I am, my love, as in the old times!"

"It's not like the old times," she said. "It is quite different. Oh why didn't you stay religious?*"

---

be distracted 마음이 흔들리다 resist …을 하지 않고 버티다 speak against …을 나쁘게 말하다 without another word 더 이상 아무 말 없이 it makes sense 일리가 있다 tiring 고된 ale 에일; 맥주의 일종 stay religious 독실하게 살다

"It's because you've explained your husband's ideas so well. I accept them now and reject all others. But Tess, I came because I want to help you. I don't like to see you working like this. You say you have a husband, but I've never seen him, and I don't know his name. I am here, and your husband is not. My carriage is waiting on the other side of the hill. Come with me now and share my life forever," said Alec.

Tess's cheeks were red with anger, but she said nothing. She picked up one of her work gloves* and hit him in the face with it. It was made of heavy, thick leather, and it struck him flat on* the mouth. Alec jumped up in surprise* and wiped his bleeding lips. He stepped across to her side, took her by the shoulders,* and shook her.

"Remember one thing!" he said angrily. "Remember, my lady, I was your master once! I will be your master again. If you are any man's wife, you are mine! I'll come back for an answer later this afternoon."

He walked away, while the workers rose and stretched and took a last sip of* ale. Tess went back into the fields to finish the day's harvest.

Tess hit Alec in the face
with one of her work gloves.

---

work gloves 작업용 장갑 strike A flat on B A의 B를 강하게 때리다 jump up in surprise 놀라 벌떡 일어나다 take... by the shoulders …의 어깨를 잡다 take a last sip of …의 잔을 비우다

Chapter 17

At about three o'clock, Tess raised her eyes and looked around. She wasn't surprised to see that Alec d'Urberville had come back, and was standing near the gate. He waved his hand to her and blew her a kiss.[*] She looked away and didn't look back at him again.

The workers stayed in the field until evening. By the time they stopped, Tess was exhausted. After she had washed and had supper, she wrote a passionate letter[*] to Angel.

My own husband,

Let me call you that, even if it makes you angry. I must ask you for help because I have no one else! I am so open to temptation,[*] Angel, but I can't tell you who it is. Can't you come to me now, at once, before anything terrible happens? I know you can't, because you are so far away! But I think I will die if you don't come soon, or tell me to come to you. I know I deserved the punishment* you gave me, but please be kind now. If you come, and forgive me, I could die happy in your arms!

Angel, I live only for you. I will never say a bitter word* because you left me. Only come back to me. I am so lost* and lonely without you, my darling. Do you still feel a little of the love you used to feel when we were at the dairy? If you do, how can you keep away from* me? As soon as I met you, the past was dead for me. I became another woman – the one you fell in love with. Why do you not see this?

How silly I was to think I could trust you to* always love me! I should have known that I couldn't be so lucky. I would live with you as your servant, if you don't want me to be your wife. All I want is to be near you and see you, and think of you

---

blow... a kiss …에게 키스를 날리다 passionate letter 절절한(열정적인) 편지 be open to temptation 유혹에 직면해 있다 deserve the punishment 벌을 받아 마땅하다 bitter word 원망하는 말 be lost 어찌할 바를 모르다 keep away from …을 멀리하다 trust A to B A가 B하리라고 믿다

as* mine. If you won't come to me, can I come to you? I'm so afraid that I will fall into a wicked trap* because of the past. Come to me, Angel, come to me and save me from what threatens me!

Your faithful and heartbroken wife
Tess

This desperate letter for Angel arrived at his father's house in Emminster a few days later. "I think this letter is from Angel's wife," he said to Mrs. Clare. "Angel said he would be leaving Rio for a visit home at the end of next month. I hope this will bring him home more quickly. I'll send it to him immediately."

Angel was at that moment riding across the South American continent* toward the coast. His experiences of this strange land had been sad. He had been seriously ill when he first arrived in Brazil and had not completely recovered. Although he had matured* in the past year, he wasn't as strong as before and looked much older. The country had disappointed him. Life was too difficult for English people, and he knew he couldn't farm here.

His attitude to life had changed during his stay here. He had begun to think again about what was right and wrong. He saw that a person should be judged on* what he wanted to do, not only what he had done. He began to wonder if he had been unfair to Tess. And he thought about her more often with growing affection. He wondered why she hadn't written. He had forgotten that he'd told her he would write first. He didn't realize that she was following his orders exactly, and that it was breaking her heart.

He traveled on this journey with another Englishman. They were both depressed at giving up on* the idea of farming in Brazil. They'd both been lonely in this strange country, and as they traveled, they talked about their problems. Angel told his companion* about his brief, sad marriage. The man was older and more experienced than Angel and had a different, more open view of life. He told Angel that he was wrong to sepa-

---

think of A as B A를 B로 여기다 fall into a wicked trap 죄의 굴레에 빠지다 continent 대륙 mature 성숙해지다, 나이가 들다 be judged on …을 바탕으로 평가되다 give up on …을 포기하다 companion (여행 등의) 동행자

rate from* Tess.

A few days later they were caught in a thunderstorm* and soaked to the skin.* The man fell ill with a fever,* and died a few days later. Angel buried him and then went on his way.

Angel remembered the man's words, and he felt ashamed. Tess had committed no crime. He should have believed in her character, which was pure, and not thought about her past. He thought of her as she had appeared on the day of the wedding. She had looked at him as if he were a god. And on that terrible evening, she had told him her story with simple trust. How desperately sad she must have been to realize that he might not love her anymore. He remembered what Izz had said: *She would have died for you. No one could do more.* He knew he could love her again.

Meanwhile Tess was not hopeful that Angel would come in response to her letter. The past had not changed, so his opinions might not have changed either. Nevertheless* she spent her spare time wondering what she could do to please* him if he did arrive. As she worked, she hummed the songs* he used to like at the dairy. Tears ran down her cheeks as she sang. Perhaps he wouldn't come for her at all.

One evening she was in the cottage as usual when somebody knocked at the door. A tall, thin girl came in, and Tess recognized her sister, Liza-Lu.

"What is the matter, Liza-Lu?" asked Tess.

"Mother is very sick, and the doctor says she's dying," said her sister, "and father is not very well either. He says that a man from a noble family like his shouldn't have to work. We don't know what to do."

Tess knew she had to go home immediately although her contract with the farmer wasn't completed. She got Liza-Lu something to eat and then packed her belongings.*

When she arrived at Marlott, her mother was feeling better. The children had all grown taller in the year she'd been away. Her father didn't seem to be ill at all. He told Tess that he had a new way to earn money, so she asked him what it was.

---

separate from …와 헤어지다 be caught in a thunderstorm 폭풍우를 만나다 be soaked to the skin 흠뻑 젖다 fall ill with a fever 열병에 걸리다 nevertheless 그럼에도 불구하고 please …을 기쁘게 하다 hum songs 노래를 흥얼거리다 belongings 소지품

"I'm going to find all the historians in this part of England," he said. "Then I'll ask them to give me money. I'm sure they'll see it as a good thing to* do. After all, they pay a lot of money to look after old ruins,* and I'm a part of a ruined family. I think they'll be pleased to do it."

Tess thought his plan was absurd,* but she didn't have time to think about it. She immediately took responsibility for* the family, since neither of her parents seemed able to do it. She washed clothes, cooked meals, nursed* her mother, and looked after the children. Then in the afternoons, she went to the village allotments,* where she planted vegetables until dark.

One evening when she was working there, she suddenly saw a face she recognized. It was Alec d'Urberville.

"What are *you* doing here?" she asked.

"I have come to help you. Have you finished at the farm?"

"Yes," she said.

"Where are you going next? To join your dear husband?"

"I don't know," she said bitterly. "I have no husband!"

"That's quite true, in a way,*" he said. "But I'm your friend, and I've decided to help you. I've given some money to your parents."

"Oh Alec, I wish you wouldn't give me anything at all! I can't take any gifts from you! It isn't right!" cried Tess.

"It *is* right!" he said. "You're in trouble, and I want to help you. If your mother doesn't recover, your father won't be able to do much. Who will look after the children?"

"I'll help them," said Tess angrily. "We don't need you!"

Tess turned her back on* him and started digging again. When she looked around, Alec had gone.

On her way back to the cottage, she met one of her sisters.

"Oh Tess, father is dead!" she cried. "He fell down just now. And the doctor who was visiting mother said his heart had stopped."

---

see it as a good thing to …하는 것을 당연한(옳은) 일로 여기다 old ruins 유적 absurd 터무니없는 take responsibility for …을 책임지다 nurse …을 간호하다 village allotments 마을 공동경작지 in a way 어떤 면에서는 turn one's back on …에게 등을 돌리다

Chapter 18

A few days later, Tess and her family had another shock. John Durbeyfield had rented[*] the cottage from the farmer who owned the land it stood on. The lease[*] ended with John's death, and the farmer decided to put his farm workers in it. He told the Durbeyfields they had to leave. They were not respected very much in the village. The parents both got drunk at times, and John had always been lazy. The younger children seldom[*] went to church, and Tess had been in trouble years ago. The village people thought that Tess wasn't a good example for[*] their children. So Tess and her family had to find somewhere else to live.

The night before they left, Joan Durbeyfield, Liza-Lu and Abraham went out to say goodbye to their friends. Tess stayed at home to take care of the younger children. She was sad and bitter. It seemed that her past had come back to haunt her again. Life was so unfair, she thought. If she hadn't come home, her family might have been allowed to stay in the cottage.

She looked out of the window and saw a man approaching on horseback.* It was Alec d'Urberville.

"I see that your boxes and bags are packed. When are you going away?" he asked.

"Tomorrow," she answered.

"It seems so sudden," he said. "Why are you leaving?"

"We have no right to stay here now that father has died," she replied. "I think the farmer might have let the family stay, if it had not been for* me."

"What do you mean?"

"I am not a respectable woman," she said.

"That's why you are going, isn't it? That's terrible!" said Alec. "Where are you going?"

"Kingsbere," said Tess. "Mother is so proud of father's ancestors that she wants to go there."

"Why don't you come to Trantridge?" he said. "You can have the cottage there, and the garden.

---

rent 임차하다 lease 임대차 계약 seldom 거의 …하지 않다 be a good example for …에게 좋은 본보기가 되다 on horseback 말을 타고 if it had not been for …가 아니었더라면

Your mother can live there quite comfortably, and the children can go to a good school. Really, I ought to do something for you!"

"But we have already rented rooms at Kingsbere!"

"Forget Kingsbere! Come to this cottage of mine, Tess."

Tess shook her head. But Alec wouldn't take no for an answer.*

"Please ask your mother," he said firmly.* "She must make the decision, not you. The cottage will be ready for you. You can come tomorrow."

Tess again shook her head. She could not look at Alec.

"I owe you something for the trouble I caused you in the past," he said. "I'll expect* you, or your mother and the children, tomorrow." With these words, he rode away.

After Alec left, Tess began to cry. And then she started to feel angry with Angel. She had never meant to do wrong, and his punishment was too hard. She found paper and pen and passionately wrote these words to him:

Oh why have you treated me so

harshly,* Angel? I don't deserve it. I have thought it over* carefully, and I can never forgive you! You are cruel! I will try to forget you. You have been so unfair to me.

Tess

She put the note into an envelope and ran out to mail it before she could change her mind.

Soon, her mother and the two older children arrived home.

"I saw the tracks of* a horse outside the window," said Joan. "Have you had a visitor?"

"No," said Tess.

The younger children by the fire looked at her. "But Tess, a gentleman on a horse spoke to you," said one of them.

"Who was the gentleman?" asked her mother. "Your husband?"

"No. It was someone you know," said Tess. "I'll tell you all about it, when we're settled in

---

Alec wouldn't take no for an answer. 알렉은 거절을 절대 받아들이려고 하지 않았다. firmly 단호하게 expect …가 오는 것을 알고 기다리다 treat... harshly …을 가혹하게 대하다 think... over …을 곰곰이 생각하다 tracks of …의 발자국들

Kingsbere tomorrow."

The next day the Durbeyfields hired a wagon and a driver. They loaded* all their furniture and possessions* into the wagon and went to Kingsbere. Her mother had booked rooms for them there. But as they approached Kingsbere after their tiring journey, a man came to meet them and said that the letter Joan had written to the boardinghouse* had arrived too late, and there were no rooms available. Tess and her mother unloaded* the wagon and left their possessions near the church. Then Joan and Liza-Lu went to look for a place to stay. But all the rooms in the town were full. It was getting late, and they had no place to stay.

Tess gazed desperately at* the pile of furniture. The cold sunlight of the spring evening made everything look old and worn.

"Family tombs belong to families forever, don't they?" said Tess's mother. "So that's where we'll stay tonight."

Tess helped her mother move their big bed against the wall of the church. Underneath it were the tombs of the d'Urbervilles. Above the bed was a beautiful old window of colored glass called the d'Urberville Window. Near the top, there were symbols like those on John Durbeyfield's old silver seal and spoon. Joan drew the curtains* around the bed and put the smaller children inside. "We can sleep here for one night if we have to," she said. "But Tess, what's the use of* you marrying a gentleman, if it leaves us like this!"

Mrs. Durbeyfield took Liza-Lu and went back into the town again to look for rooms. When they got to the main street they saw Alec d'Urberville.

"I was looking for you!" he said, riding up to them. "Where's Tess?"

Joan pointed in the direction of* the church, and then she and Liza-Lu walked on.

Meanwhile Tess had gone into the old church to look at the tombs of her ancestors. She bent down to look at the carvings* on a dark stone. As she turned to go, she saw a stone figure lying on a tomb. Then she saw it move. She almost fainted

---

load 싣다 possessions 소유물 boardinghouse 여관 unload …에서 짐을 부리다 gaze desperately at …을 절망적으로 바라보다 draw the curtains 커튼을 치다 what's the use of...? …가 무슨 소용이 있는가? in the direction of …의 방향으로 carving 조각물

before she realized that it was Alec d'Urberville lying there. He leapt off[*] the tomb and smiled at her.

"Go away!" she said.

"I will. I'll look for your mother," he said. "I'm going to help you whether you want me to or not. You'll thank me for it."

When he had gone, Tess dropped her head onto the cold stone of the tomb.

"Why am I on the wrong side of this tomb?" she whispered. "I would be better off dead.[*]"

That morning, Marian and Izz Huett had seen Tess's family moving to Kingsbere. They had left Flintcomb-Ash because the work was too hard and were on their journey to another farm. They talked about Angel and Tess, and Alec d'Urberville. The two girls knew how difficult Tess's life was and how much Alec was tempting her to return to him. Both were afraid for Tess.

"It would be terrible if he persuaded her to go to him," said Marian. "We must try to mend the breach between Angel and[*] Tess. If he only knew about that devil that tempts her, he might come to her."

They didn't know what to do. Then a month

later, they heard that Angel was coming home, although they had heard nothing more from* Tess. They decided to write to Angel and tell him about Tess's situation. They sent this letter to Angel Clare at the Emminster Vicarage:

Dear Sir,

If you love your wife as much as she loves you, watch out for* her. She is in danger from an enemy who pretends to be her friend. A woman's strength cannot last forever. And water, if it drops continually, will wear away* a stone – yes, even a diamond.

From two well-wishers*

---

leap off …에서 벌떡 일어나다 be better off dead 죽는 것이 더 낫다, 죽느니만 못하다 mend the breach between A and B A와 B를 화해시키다 hear from …의 소식을 듣다 watch out for …을 (위험 등으로부터) 지키다 wear away 닳아 없어지게 하다 well-wisher 행복을 비는 사람

Chapter 19

It was evening and the candles were lit at the Emminster Vicarage. The Reverend and his wife were waiting anxiously for Angel's return. Mrs. Clare went to the front door to check the lane outside for the tenth time.

"He won't be here for a while," said her husband. "The train doesn't reach Chalk-Newton until six o'clock, and then he has to ride ten miles."

"But he used to make it in an hour,* my dear," said Mrs. Clare.

So they waited, knowing that it was useless to worry about it. He would be home sometime tonight. A while later there was a noise outside, and they rushed to the door. A carriage appeared at their gate. They saw Angel jump to the ground.

"Oh my, my boy, home again at last!" cried Mrs. Clare. But when they reached the living-room she saw his face clearly.

"Oh, it is not the Angel who went away!" she

cried sadly as she turned away.

Even his father was shocked to see the change in Angel. They would not have recognized him if they had met him in the street. The hard work and hot climate* had aged him twenty years. He was thin and frail,* with big, sad eyes staring out from the hollows of his face.*

"I was ill over there, you know," he said. "I am all right now." Just then his legs trembled, and he suddenly sat down to save himself from* falling.

"Has any letter come for me lately?" he asked to his parents.

They gave him the last letter from Tess. They hadn't sent it on to him, knowing he would be home so soon. Angel opened it and quickly read the few words on the page. It was Tess's last desperate letter.

Oh why have you treated me so harshly, Angel? I don't deserve it. I have thought it

---

make it in an hour 한 시간 만에 오다(가다) hot climate 더운 기후 frail 허약한 the hollows of one's face 수척한 얼굴 save oneself from ...ing …하게 되는 것을 피하다

over carefully, and I can never forgive you! You are cruel! I will try to forget you. You have been so unfair to me.

Tess

"It is all true!" said Angel, throwing down the letter. "Perhaps she will never take me back.*"

"Don't worry so much about a simple country girl, Angel," said his mother.

"I wish she were just a simple country girl, but she isn't. I have never told you, but she is descended from one of the noblest families in England," said Angel. "She is a d'Urberville, in fact. And I left her because I discovered she is not the pure country girl I thought she was. I must get her back."

The next morning he remained in his room thinking. While he was in Brazil, he had received her last, loving* letter. He thought he could rush back into her arms* the moment he chose to forgive her. But it wasn't that easy. She was angry with him now for leaving her alone for so long. And, he admitted to himself, she had a right to be angry. So he decided to give her time to think about their relationship. He wrote to her at Marlott to tell her that he was back in England. A week later, he received a short reply from Mrs. Durbeyfield. To his surprise,* it had not come from Marlott.

Sir,

Tess does not live here now, and I am not sure when she will return. I will let you know as soon as she comes back. I cannot tell you where she is staying. We don't live at Marlott anymore.

Yours
J. Durbeyfield

At first, Angel decided to wait for another letter from Tess's mother. But then he read again the letter Tess had sent him in Brazil. The words affected* him now as much as they had when he first read them.

---

take... back …을 다시 받아주다 loving 다정한, 애정어린 rush back into one's arms …의 품으로 뛰어들다 to one's surprise 놀랍게도 affect …을 감동시키다

...Angel, I live only for you. I will never say a bitter word because you left me. Only come back to me. I am so lost and lonely without you, my darling. Do you still feel a little of the love you used to feel when we were at the dairy? If you do, how can you keep away from me? As soon as I met you, the past was dead for me. I became another woman – the one you fell in love with. Why do you not see this?...

Angel decided he would wait no longer, but go and find her immediately. While he was packing, he read again the short letter that he had recently received. He did not know who had sent it, but it made him feel anxious.

Dear Sir,

If you love your wife as much as she loves you, watch out for her. She is in danger from an enemy who pretends to be her friend.

From two well-wishers

Angel went first to Flintcomb-Ash. Tess had addressed* one of her letters to him from there. When he saw the farm, he realized how hard her life must have been. And he discovered that she had never used her married name* there. Next he traveled to Marlott, where he found another family living in her father's cottage. He learned that John Durbeyfield was dead, and that his widow and children were now living near Shaston. As he left Marlott, he passed the field where he had first seen Tess at the dance. He could not bear to look at it, because she wasn't there anymore.

He set out toward Shaston Village. He arrived at Joan Durbeyfield's house at about seven o'clock in the evening. She lived with her children in a small house with a garden, away from the main road. She seemed embarrassed to see him. He explained that he was Tess's husband.

"I want to see her at once," he said. "You said you would write to me again, but you haven't. Is she well?"

---

address (…에) 주소를 쓰다　married name 남편의 성(姓)

"I don't know, sir," she said. "But you ought to."

"You're right," said Angel. "I ought to know about my own wife. Where is she staying?"

"I don't know exactly where she's staying now," said Joan.

"Do you think Tess would want me to try and find her?" asked Angel.

"I don't think she would," said Joan.

Angel turned to leave, and then he thought of Tess's tender letter: *"I know I deserved the punishment you gave me, but please be kind now. If you come, and forgive me, I could die happy in your arms! I am so lost and lonely without you, my darling."*

"I am sure she would want me to find her!" he said passionately. "I know her better than you do. Please tell me her address, Mrs. Durbeyfield. Be kind to a lonely, miserable man!"

Tess's mother said nothing for a long time. And then at last she said in a low voice, "She is at Sandbourne."

"Thank you," said Angel. "Do you need anything?"

"No, sir," she replied. "We are well provided

for.*"

Angel turned away. He walked three miles to the station and took the last train to Sandbourne. At eleven o'clock that night, he found a room in a hotel. He walked out into the streets of Sandbourne. It was too late to ask anybody about Tess, but he couldn't go to bed just yet.

Sandbourne seemed a strange place to Angel. It was a fashionable new town, with many parks, flowerbeds* and amusements.* He walked up and down the clean, wide streets, looking at the modern buildings and mansions. The sea was nearby, and he could hear the waves murmuring on the shore.* He was confused. What could Tess be doing here among all this wealth and fashion?* It was not a town for a working girl. There were no cows to milk here or fields to dig. Perhaps she was working as a servant in one of the houses.

He went back to the hotel. Before he put out his light, he read Tess's passionate letter again. He couldn't sleep that night. He stayed awake

---

be well provided for 아무 부족함 없이 살다 flowerbed 화단 amusements 유흥시설 the waves murmur on the shore 물결이 해안에 가볍게 부딪히다 among all this wealth and fashion 이런 부유하고 번지르르한 사람들 사이에서

looking out of the window and wondering which of the houses she slept in. At the post office the next morning, he met a mailman coming out with letters for the morning delivery. He knew no one there with the names of Clare or Durbeyfield.

"But there is a d'Urberville staying at The Herons," said the mailman.

"That's it!" cried Angel, pleased to think that Tess had taken her ancestors' name. "Where is the house?"

Angel received directions to The Herons, and quickly found his way there. It was a large boardinghouse, and Angel wondered if Tess was a servant there. He rang the front door bell, and the landlady* opened the door.

"Is Teresa d'Urberville here?" he asked.

"Mrs. d'Urberville?" said the landlady.

"Yes," said Angel. He was happy to hear that she was known as a married woman.

"Will you tell her that a relative is anxious to see her?" said Angel. "Tell her that it's Angel."

"Mr. Angel?" said the landlady.

"No, just Angel," he said. "She'll know."

He waited in the sitting-room and looked out

through the curtains at the garden. Obviously Tess's position* was not as bad as he had thought. Soon he heard footsteps on the stairs, and his heart began to beat painfully. He could hardly stand, so he held onto the back of a chair to steady himself.*

"What will she think of me?" he thought. "I look so different now."

Just then, Tess appeared at the door. She did not look the way he had expected her to. She was wearing a soft cashmere* dressing gown,* embroidered* in pale colors. On her feet were slippers of the same shade.* Her dark-brown hair was tied loosely at the back of her head. She looked more beautiful than he remembered. He held out his arms, but they fell to his side. She did not come forward, but stood motionless* in the doorway.* He thought she could not bear to see the way he looked.

"Tess," he whispered, "can you forgive me for going away? Can't you come to me?"

---

landlady (여관 등의) 여주인 position 처지, 일자리 steady oneself 몸을 지탱하다 cashmere 캐시미어; 인도 카시미르(Kashmir) 지방의 염소털로 짠 직물 dressing gown 실내복 embroidered 수가 놓여진 shade 색조 stand motionless 꼼짝하지 않고 서있다 in the doorway 문간에

"It is too late," she said, her voice sounding hard and her eyes shining unnaturally.

"I didn't see you as you really were," he continued. "Please forgive me, Tess."

"Too late, too late!" she said, waving him away* with her hand. "Don't come near me, Angel! Keep away.*"

"Is it because I've been ill and have changed that you don't love me?" he said. "I've come to get you, my dear wife. My parents will welcome you now!"

"Yes, yes! But it's too late," she said. "Don't you know what has happened? I waited and waited for you, but you didn't come! And I wrote to you, and you didn't come! He kept on saying that you would never come, and that I was a foolish woman. He was very kind to me, and to my mother, after my father's death."

"I don't understand."

"*He* has won me back."

Angel stared at her. He saw her expensive clothes and her delicate,* white hands. At last, he understood and fell weakly into a chair. He felt as if he had been hit on the head.

"He is upstairs. I hate him, because he told me

"But it's too late," said Tess.
"Don't you know what has happened?"

---

wave... away …을 손짓으로 쫓아버리다 **Keep away.** 비켜요., 다가오지 말아요. **delicate** 섬세한

a lie," said Tess. "He said that you wouldn't come back, but you have! Will you go away please, Angel, and never come back!"

They looked at each other without joy or hope. "It's my fault!" cried Angel. But he could say no more. A few moments passed before he realized that Tess had left the room. His mind was confused. He felt cold and ill. A minute or two later he found himself walking along the street. He couldn't remember how he had got there.

Mrs. Brooks, the landlady of The Herons, was not unusually curious about[*] her guests. However, the young man's visit to her wealthy guest, Mrs. D'Urberville, interested her. She had heard fragments of[*] the conversation between those two lost souls.[*] She heard Tess return to her apartment,[*] and she heard the door close behind Angel when he left. When he had gone, she crept quietly up the stairs to the door of the d'Urbervilles' apartment.

She heard Tess sobbing, so she looked through the keyhole.[*] Tess was sitting at the breakfast table with her head in her hands. She was sobbing and talking quietly to herself. Mrs. Brooks could only hear a little of what she was saying.

"And then my dear husband came home to me, and I didn't know it. You were kind to my mother and the children. You said my husband would never come back. You said that I was a fool to* expect him! And at last I believed you and gave way!* And then he came back! Now he is gone. Gone a second time, and I have lost him now forever, and he will not love me again. He will only hate me! I have lost him again because of you!"

Tess lifted her face, and Mrs. Brooks could see the pain in it. "And he is dying. He looks as if he is dying! You have ruined my life and his. I can't bear this! I can't."

Mrs. Brooks heard Mr. d'Urberville speak sharply* from the bedroom, and after that there was silence.

She went back downstairs into her sitting-room. Soon she heard someone moving around in the room above. Then she heard the front door open and close. She looked out of the window and saw Tess walking down the path to the gate.

---

unusually curious about …에 유별나게 호기심이 많은 fragments of …의 일부분 lost soul 가엾은 사람 apartment 가구가 딸린 셋방(여관방) key-hole (문의) 열쇠구멍 be a fool to …하는 것은 바보짓이다 give way (마음이) 꺾이다 speak sharply 쏘아붙이다

She was fully dressed in the fashionable traveling suit* she had arrived in. Mr. d'Urberville might still be asleep, as he did not like getting up early. Mrs. Brooks wondered who the lady's visitor had been and where she had gone so early.

She sat down again and leaned back in her chair. As she did so, she looked up and noticed a mark on the ceiling. It spread as she watched it and soon grew as large as the palm of her hand. Then she noticed that it was red. She got on the table and reached up to touch it. It was damp,* and she thought it looked like blood. She hurried upstairs to listen again. She heard a regular drip, drip, drip* from the other side of the door. She ran out into the street and begged a man she knew to come in and go upstairs with her. Together they hurried upstairs and pushed open the door. The breakfast lay untouched* on the table, but the carving knife* was missing.

They went into the bedroom and found the knife in Alec d'Urberville's heart. Soon the news spread through the town that Mrs. Brooks' guest had been murdered. It was said that the man's young wife had stabbed him to death* as he slept.

Chapter 20

Meanwhile Angel had walked back to his hotel and sat down to breakfast. He stared into space,* while he went on eating and drinking unconsciously.* Then he got up, packed his bag, and went downstairs. After paying his hotel bill,* Angel walked to the station and found that the train would not leave for an hour or more. He had nothing to wish for, no one to love, and no reason to hurry. But he wanted to get away from Sandbourne as soon as possible. He decided he wouldn't wait for the train and started walking along the road out of town.

The road he took dropped down to cross a valley and rose again on the other side. As he was climbing the far side of the valley, he stopped and looked back. He saw someone running toward him in the distance. He waited, thinking

---

traveling suit 나들이옷 damp 축축한 drip, drip, drip 똑, 똑, 똑 (액체가 한 방울씩 떨어지는 소리) lie untouched 손대지 않은 채 놓여있다 carving knife 고기 써는 칼 stab... to death …을 찔러죽이다 stare into space 허공을 응시하다 unconsciously 무의식적으로 hotel bill 숙박료

that somebody was trying to catch up with him. It looked like a woman, but he never imagined it could be his wife until she came close. Then he saw it was Tess.

"I saw you turn away from the station, just before I got there," she said. "I've been following you all this way!" She was pale and breathless* and trembling. He did not question her, but took her arm and helped her along.* He led Tess onto a footpath under trees to avoid being seen.

"Angel," she said, "do you know why I've been running after you? To tell you that I've killed him!" There was a pitiful* little smile on her white face as she spoke.

"What!" he said.

"I have done it, although I don't know how," she cried. "I had to do it for you and me, Angel. He has come between* us and ruined our lives, and now he can never do it again. I never loved him at all, Angel. You know it, don't you? You believe it? Oh why did you go away when I loved you so much? I don't blame you for hating me, but will you forgive me now that* I've killed him? I couldn't bear you leaving me again! Say you forgive me and love me now, say you do!"

"I do love you, Tess, I do!" he said, holding her tightly in his arms. "But what do you mean when you say you've *killed* him?"

"He is dead. He heard me crying about you, and he called you a rude name.* He had done it before, and I couldn't bear it anymore. So I killed him. And then I dressed myself and came to find you," said Tess.

Gradually, Angel began to believe that she probably had killed Alec d'Urberville. His horror was mixed with amazement at the strength of her love for him. Her love must have made her forget the difference between right and wrong. She didn't seem to realize what she had done and leaned against* his shoulder, crying with happiness. If what she had said was true, it was terrible. He knew she expected him to protect her, and he couldn't leave her now. He felt nothing but tenderness and love for his passionate, loving wife. He kissed her again and again and held her hand. "I'll never leave you again," he said.

---

breathless 숨이 가쁜 help... along …을 부축하다 pitiful 가엾은 come between …의 사이에 끼어들다 now that 이제 …했으니 call... a rude name …에게 욕설을 하다 lean against …에 기대다

"I'll protect you, my love, whatever you may have done."

They walked on under the trees. Tess turned her head every now and then to look at him. She did not see that he was thin and pale and weak. To her, he was as perfect as he had always been. He was the man who had loved her purely, and who believed she was pure. They walked through the trees on lonely paths with their arms around each other. They were content to* be together at last and did not talk much.

"Where are we going?" asked Tess after they had walked several miles.

"I don't know, dearest," he said. "Perhaps we can find a cottage to stay in for the night. Can you walk a little further, Tess?"

"Oh yes!" she said. "I could walk forever and ever with your arm around me!"

At midday* they saw a public house in the distance. Tess wanted to go in with Angel, but he persuaded her to remain among the trees and bushes. Her clothes were fashionable, and he knew the country people would notice them. She should stay out of sight* in case* the police were looking for her. He came back with enough food and wine for six people. It would last them for a day or more. They sat down on a fallen tree branch and shared their meal. Then they packed up the rest of the food and walked on.

"I think we should walk inland* and get away from the coast. We can hide there for a while," said Angel. "Later on, when they stop looking for us, we can come back to the coast. We'll go to a port* and find a ship and leave the country."

So they continued to walk away from the coast. Although it was May, the sun was bright, and during the afternoon it was quite warm. They enjoyed walking together.

Toward evening they came across* a large, old brick building in the middle of the woods. A sign told them that the house was for rent.* No one was living there.

Angel told Tess to wait while he went to have a look around. A few minutes later, he came back. He'd met a farm boy who told him that the caretaker* came in each day to open the windows

---

be content to 기꺼이 …하다 at midday 정오에 stay out of sight 숨어 다니다 in case …의 경우에 대비해서 walk inland 내륙으로 걷다 port 항구 come across 우연히 …와 마주치다 for rent 세주려고 내놓은 caretaker 관리인

and air* the house.

"And look, there's a window still open," said Angel. "We can climb in, and no one will know we're there."

They chose a bedroom with an enormous* old bed. They kept quietly hidden until the caretaker came to shut the windows. Then the house was theirs. Angel opened one of the curtains so that a ray of moonlight* came into the room. Then they ate the food they had brought and went to bed in darkness.

The next morning was wet and foggy, and the caretaker didn't come to open the windows. The rain continued for five days, and the caretaker did not disturb them. So they had the honeymoon they had never had. On the fifth day, Angel suggested that they leave their shelter and travel to Southampton or London. But Tess did not want to change anything.

"Why should we put an end to this sweet and lovely time?" she said. "Outside, everything is confused and sad. Inside here, we are content."

Angel agreed. Inside the house was forgiveness and love. If they went outside, eventually,* Tess would be caught and punished.

"And," she said, pressing her cheek against his, "I don't want you to stop loving me. I must have been mad when I killed him. But I don't want to live if you ever reject me for what I've done."

The caretaker came early the next morning. After opening the windows of the rooms downstairs, she walked upstairs to the bedrooms. In one of the bedrooms, she found them asleep in the big bed. At first the woman was shocked. But sunlight came through the window and shone on the two peaceful, innocent faces of Angel and Tess. The old woman did not wake the lovers, but softly closed the door. She hurried out of the house to tell her neighbors.

Tess and Angel woke soon after she had gone. They soon discovered the open windows in the house and decided to leave immediately. When they were in the woods, Tess turned to take a last look at* the house.

"I was so happy there," she said. "I may only live a few weeks longer. Why couldn't we have

---

air 환기시키다　enormous 커다란, 거대한　a ray of moonlight 한 줄기 달빛
eventually 결국　take a last look at …을 마지막으로 보다

stayed there?"

"Don't say that, Tess!" said Angel. "We'll go north. No one will look for us there. When we're in the north, we'll go to a port and get away. They won't find us."

They kept walking and at midday they reached the city of Melchester. They rested in the woods during the afternoon. In the evening Angel bought food again, and then they walked on past the town. They walked on grass to avoid making any noise on the road. After a while they reached open land. The moon disappeared behind a cloud, and the night grew as dark as a cave.

Suddenly, Angel stopped. In front of him was a great, tall stone. He had almost walked into* it in the dark. Moving forward, they saw other stones, tall and black against the night sky.

"What is this place?" said Angel.

"Listen," said Tess, "it hums."

He listened. The wind, blowing across the stones, produced a strange tune.* It sounded like notes plucked on a giant harp. They walked slowly into the middle of a huge circle of stones.

"It is Stonehenge!*" said Angel.

"The pagan* temple, you mean?"

"Yes. It is older than the centuries. Even older than the d'Urbervilles! Well, what shall we do, darling? We may find shelter* further on," said Angel.

Tess lay down on an oblong* stone that was sheltered from* the wind.

"I don't want to go any further, Angel," she said stretching out her hand for his. "Can't we stay here?"

"We'd better not. This place is visible for miles in the daylight," he said.

"But I am tired, and it is comfortable here," said Tess. "And you used to say that I was a pagan. So now I am at home."

He knelt down beside her and kissed her.

"Are you sleepy, dearest? I think you are lying on an altar,*" he said.

"I like it here," she said. "It is so solemn* and lonely with nothing but the sky above me."

Angel thought she might as well rest here for a while. He put his coat over her and sat down by

---

walk into …을 들이받다 produce a strange tune 괴이한 소리를 내다 Stonehenge 스톤헨지; 잉글랜드 서남부에 있는 거대한 석기시대 돌기둥 유적 pagan 이교도(의) find shelter 쉴 곳을 찾다 oblong 길쭉한 be sheltered from …로부터 보호되다 altar 제단 solemn 엄숙한

her side.

"Angel," she asked, "if anything happens to me, will you watch over[*] Liza-Lu for my sake?[*] She is so good, simple and pure. Angel, I wish you would marry her if you lose me, as you will do soon."

"If I lose you I lose everything! And she is my sister-in-law,[*]" said Angel. "I think the church laws[*] forbid me to marry her."

"That's nothing, dearest. People marry their sisters-in-law all the time around Marlott," said Tess. "And Liza-Lu is so gentle and sweet, and she is growing so beautiful. She has all the best of me without my bad side. And if she were your wife, it would almost seem as if death had not parted us. Well, I have said it now, so I won't mention it again."

She stopped talking, and there was silence for a while. Angel could see the first light in the east. It was nearly dawn. They would have to leave this place soon.

"Did they make sacrifices[*] to God here?" asked Tess.

"No, it was the sun."

"That reminds me, dear," she said, "that I have

to ask you something. Do you believe we will meet again after we are dead? I want to know."

He kissed her to avoid replying to her question.

"Oh Angel, that means no!" she said, almost sobbing. "And I want so much to see you again! Not even you and I, Angel, who love each other so much?"

He didn't answer because he didn't know what to say, and soon she fell asleep. The night wind died away,* and he saw the light in the eastern sky brightened a little. Then he saw something move in the distance. It was a man approaching the circle of stones. Angel wished he and Tess had gone on, but it was too late. He heard something behind him. He turned and saw another man and then another. They were policemen, coming for Tess. Her story was true! He got to his feet* and looked around for a weapon, or a way to escape, anything.

"It's no use, sir," said the man nearest to him. "There are sixteen of us, and we have surround-

---

watch over …을 돌보아 주다 for one's sake …을 위하여 sister-in-law 처제 church laws 교회법 make sacrifices 제물을 바치다 die away (바람 등이) 잦아들다 get to one's feet 일어서다

ed* the place."

"Let her finish her sleep!" he begged in a whisper as the men gathered around.* He went to the stone and bent over Tess, holding her hand. She was breathing quickly now, more like a small, trapped animal* than a woman. Soon the light was strong enough to wake her.

"What is it, Angel?" she said, sitting up. "Have they come for me?"

"Yes, dearest," he said, "they have come."

"It is right for them to take me," she said. "I am almost glad! Our happiness couldn't have lasted. I have had enough, and now I won't live long

"What is it, Angel?" she said.
"Have they come for me?"

enough for you to hate me!" She stood up and walked toward the waiting men. None of them had moved.

"I am ready," she said quietly.

One bright July morning, two people walked quickly up a hill above the city of Wintoncester. Although they were young, they walked with their heads bent in sorrow. One was Angel Clare, and the other was Tess's beautiful younger sister, Liza-Lu. They walked hand in hand,* in silence. Their faces were pale, and tears ran freely* down their cheeks.

When they reached the top of the hill, the town clock* struck eight o'clock. They suddenly stopped and turned to look back at the town. In the valley below them, they could see the cathedral,* the college, the hospital – and the prison. A tall post* was fixed on* the prison tower. They stared at it. A few minutes after eight, a black flag moved slowly up the post. As they watched,

---

surround 포위하다 gather around 모여들다 trapped animal 덫에 걸린 동물 hand in hand 서로 손을 잡고 freely 마구, 아낌없이 town clock (마을이나 도시의) 탑 위에 달린 시계 cathedral 대성당 post 깃대 be fixed on …의 위에 고정되어 있다

it began to move gently in the breeze. Whenever a prisoner was hanged, a black flag flew from the roof of the prison.

Society had seen that justice was done.* And, Angel thought, the gods had finished playing with* Tess. The two silent watchers knelt on the earth and remained there without moving for a long time. The flag continued to wave silently in the breeze.* As soon as they had strength, they stood up, joined hands,* and walked slowly on their way.

---

justice was done 정의가 실현되었다 play with …을 희롱하다 in the breeze 바람결에 join hands 서로 손을 잡다

명작
우리글로
다시읽기

TESS OF THE D'URBERVILLES

THOMAS HARDY

1장

P. 14 오월의 어느 날 저녁, 한 중년남자가 샤스톤에서 자신의 집이 있는 말롯으로 걸어가고 있었다. 그는 후들거리는 다리로 똑바로 걷지도 못하고 비틀대고 있었다. 손에는 빈 바구니를 들고 다 낡아 떨어진 모자를 쓰고 있었다. 얼마 후 그는 회색 말을 타고 가는 나이 지긋한 신부(내용 중 신부는 영국국교회 신부를 말하며, 로마가톨릭 신부와 달리 결혼할 수 있음)와 마주쳤다. 신부는 혼자 노래를 웅얼거리고 있었다.

"안녕하세요, 신부님." 바구니를 든 사내가 인사했다.

"안녕하시오, 존 경(卿)." 신부도 대답했다.

중년남자는 몇 걸음 걷다가 이해가 가지 않는다는 듯한 표정을 하고서 걸음을 멈췄다.

"그런데 말입니다, 지난 달에도 이 길에서 두 번인가 신부님과 마주친 적이 있잖아요. 그때마다 지금처럼 '안녕하시오, 존 경.' 이라고 제 인사를 받으시던데요."

"그랬지요." 신부가 대답했다.

"저는 고작 존 더비필드일 뿐인데요. 왜 계속 저를 존 경이라고 부르시는 거지요?"

말 탄 신부는 잠시 잠자코 있다가 말했다. "나는 트링엄 신부요. 역사가이기도 하죠.

P. 15 당신을 그렇게 부른 까닭은 내가 얼마 전에 뭘 하나 알아냈기 때문이오. 더비필드, 당신이 오래된 명문가 더버빌 가문의 직계후손인걸 모르고 있었소? 정복왕 윌리엄과 함께 노르망디에서 건너온 기사 페이건 더버빌 경이 바로 당신 시조요."

"그런 얘긴 금시초문인데요!" 존 더비필드가 대답했다.

"사실이오. 당신 집안은 수백 년간 영지를 다스려가며 왕을 섬기던 영주였소. 그리고 집안에 여러 명의 존 경이 있었지요. 계속 대를 이어 기사작위를 물려받고 있었다면 당신도 지금쯤 존 경이 되어있을 거요."

"그것 참, 나는 교구 사람들 중에서도 내가 가장 미천한 사람인 줄로만 알았죠. 하긴 집에 우리 아버지가 물려준 오래된 은 숟가락이랑 은 도장이 남아있긴 합니다. 우리 아버지가 그걸 어디서 얻은 걸까 하고 궁금해하곤 했지요. 그럼 다른 더버빌 집안 사람들은 지금 어디서 삽니까, 신부님?"

P. 16 "더버빌 가문 사람 가운데 살아있는 이는 없소. 가문의 땅도 모두 없어졌고요. 당신 선조들은 킹즈비어-서브-그린힐에 있는 교회묘지에 묻혀 있다오."

"그럼 이제 어떻게 해야 합니까?" 더비필드가 물었다.

"어떻게 하긴요. 그저 흥미로운 역사의 단편일 뿐이죠. 그럼 이만, 안녕히 가시오, 더비필드."

신부가 사라지자 더비필드는 바구니를 내려놓고 길가에 앉았다. 곧 멀리서 마을청년 하나가 나타났다. 더비필드는 청년에게 방금 전 신부에게 들은 이야기를 해주었다. 그리고는 청년에게 "마을로 가게. 퓨어 드롭 주막에 가서 주인더러 나에게 말과 마차를 보내라고 하게. 그 다음에는 이 바구니를 우리 집에 가져다주고 내 안사람에게 하던 일을 모두 멈추고 내가 집에 당도할 때까지 기다리고 있으라고 하게나. 좋은 소식이 있다고 말이야."라고 말했다. 젊은이는 존 더비필드를 빤히 아는 처지였기 때문에 늙은 신부가 했다는 말은 믿지도 않았다. 처음에는 마을에 그의 바구니와 전갈을 전하는 일을 귀찮아했지만 더비필드가 동전 한 닢을 쥐어주자 좋아라 말롯 방향으로 뛰어갔다. 더비필드는 길가 풀섶에 앉아 마차가 도착하기를 기다렸다.

P. 17 말롯 마을은 블랙무어 계곡에 자리잡고 있었다. 이곳은 아주 비옥한 땅이었다. 사시사철 푸르고 강물은 마르는 법이 없었다. 마을 사람들은 아직도 오래된 전통을 지키며 살았다. 휴일이나 축일이면 젊은 여자들이 그들 조상들이 수백 년 전부터 그랬던 것처럼 춤을 추러 모였다.

이날 저녁은 오월제 댄스를 위해 마을처녀들이 모두 흰색 드레스를 입고 있었다. 저마다 오른손에는 껍질을 벗긴 버드나무 가지를 들고 왼손에는 흰색 꽃다발을 들었다. 이 중에 유난히 미모가 뛰어난 테스라는 아가씨는 윤기가 흐르는 검은 머리에 붉은 리본을 달고 있었다. 마을처녀들은 길을 내려와 퓨어 드롭 주막이 있는 길모퉁이를 돌았다. 주막 옆에 있는 풀밭으로 들어가려는 데 마차 한 대가 지나가는 것이 보였다. 존 더비필드가 몸을 뒤로 젖히고 눈을 반쯤 감은 채 마부 옆에 앉아있었다. 그는 머리 위로 손을 흔들면서 모두에게 다 들릴 만큼 큰 소리로 노래를 불러대고 있었다. "킹즈비어에 가면 우리 가문의 납골당이 있다네! 거기에 기사 작위를 받은 선조님들이 납으로 만든 관에 누워들 계시지!"

P. 18 테스를 제외한 마을처녀들이 웃어댔다. 마차에 타고 있는 아버지가 부끄러워 테스는 얼굴을 붉혔다. "아버지는 좀 피곤하신 것뿐이에요." 그녀가 둘러댔지만 사람들은 계속 웃었다. 그러다 테스의 민망해하는 모습을 보고는 웃음을 멈추고 다시 마을공유지 쪽으로 걸음을 옮기기 시작했다. 공유지에 다다를 즈음에는 테스의 얼굴에도 다시 웃음이 돌아왔다. 곧 춤이 시작되었다.

남자들은 아직 들에서 일을 하고 있었기 때문에 처음엔 여자들끼리 춤을 추었다. 나중에 남자들이 일을 마치고 와서 구경도 하고 함께 어울려 춤도 추었다. 외지 사람인 세 명의 젊은이들도 멈춰 서서 구경했다. 그 중 맏형인 젊은이가 마을 사람들에게 자신들은 형제고 근방을 도보로 여행하는 중이라고 했다. 그들은 춤의 의미가 무엇인지, 여자들이 왜 흰색 옷을 입고 있는지 등을 물었다. 손위 두 사람은 다시 길을 떠나려고 했지만 막내인 젊은이는 춤에 관심을 보였다. 그는 배낭과 지팡이를 길옆에 놓아두고 풀밭으로 들어가는 문을 열었다.

P. 19 "뭘 하려는 거냐, 에인젤?" 큰형이 물었다.

"나도 함께 춤을 추려고." 에인젤이라고 불린 젊은이가 대답했다.

"안 돼. 시골 여자들과 섞여서 춤을 추다가 누구 눈에라도 띄면 어쩌려고. 빨리 가자. 안 그러면 묵어갈 곳을 찾지도 못하고 날이 저물 거다." 그의 형이 말했다.

"오 분이면 형들을 따라잡을 수 있어. 약속할게." 에인젤이 말했고 형들은 할 수 없이 공유지로 들어가는 동생을 남기고 다시 길을 떠났다.

에인젤은 한동안 머물면서 아가씨들과 춤을 추었다. 춤추는 무리를 떠날 때 테스가 서글픈 눈으로 자신을 바라보는 것을 보았다. 에인젤은 춤 상대로 선택해주지 않아서 기분이 상했나보다고 생각했다. 다시 문에 이르렀을 때 그는 잠시 멈춰 서서 뒤를 돌아보았다. 남자들과 함께 춤을 추는 여인들의 흰 옷자락이 보였다. 하지만 붉은 리본을 머리에 단 그 예쁜 아가씨는 무리와 떨어져서 여전히 자신을 바라보고 있었다.

P. 20 에인젤은 그녀를 미처 보지 못한 것을 아쉬워하면서 이름이라도 알

아둘 걸 하고 생각했다. 하지만 이제 어쩔 수 없는 일이었다. 형들을 따라잡으려면 서둘러 가야 했다.

테스도 에인젤에게 강한 인상을 받았다. 그녀는 그가 길모퉁이를 돌아 사라질 때까지 그의 모습을 지켜보았다. 그러고 나서야 다시 춤을 추는 사람들에게로 돌아갔다. 하지만 이미 흥이 깨졌다. 그녀는 그날 저녁 아버지가 보인 이상한 행동을 다시 떠올렸다. 결국 그녀는 춤추는 사람들을 떠나 집으로 돌아가기로 했다.

축제의 흥분 때문인지 오두막집 안은 여느 때보다도 더 침울해 보였다. 집은 작고 어두웠고 가구는 다 낡아있었다. 여섯 명의 아이들이 달랑 초 하나로 겨우 밝혀놓은 방안에 옹기종기 모여있었다. 테스의 어머니는 여느 저녁때처럼 빨래를 하고 있었다. 어머니는 선 채로 두 팔은 뜨거운 거품이 부글거리는 빨래통에 담그고 한 발로는 아기 요람을 흔들면서 노래를 부르고 있었다. 조운 더비필드도 한때는 아름다운 여자였다. 하지만 이렇게 많은 아이들을 낳느라 그만 늙고 말았다. 하지만 테스의 미모가 어머니로부터 온 것이라는 것은 쉽게 알 수 있었다.

P. 21 "요람은 제가 흔들게요, 어머니. 아니면 드레스를 벗어놓고 빨래를 거들까요?" 테스가 상냥하게 말했다.

"아니다. 그만둬라. 하지만 집에 돌아와줘서 고맙구나. 우리가 잉글랜드에서 가장 오래된 가문이라는구나. 우리 진짜 이름이 더버빌이래! 그래서 네 아버지가 마차를 타고 집에 오셨단다. 사람들이 생각하는 것처럼 술에 취해서 그러신 게 아니다."

"다행이네요. 그런데 그게 무슨 도움이 될까요?" 테스가 물었다.

"아, 그럼! 네 아버지가 그러시는데 근사한 일들이 생길 수도 있다는구나. 이 사실이 알려지는 대로 우리 귀족친척들이 마차를 타고들 우리 집에 오지 않겠니?"

"그런데 아버지는 어디 계세요?" 테스가 갑자기 생각나 물었다.

그녀의 어머니는 곧바로 대답하지 못했다. "아버지가 오늘 샤스톤에서 진찰을 받으셨는데 폐결핵에 걸리신 게 아니란다. 의사가 그러는데 심장에 기름이 낀 거래. 십 년을 더 살지, 아니면 그게 열 달이 될지, 열흘이 될지 모른다는구나."

P. 22 테스는 걱정스런 표정을 지었다. 이제 난데없이 신분이 상승했는데 곧 돌아가실지도 모른다니! "그건 그렇고 아버지는 어디 계신 거예요?" 테스가 다시 물었다.

"얘, 화내지 마라! 그 불쌍한 양반이 의사 말에 기운이 쭉 빠져서는 한 삼십 분 전에 롤리버 주점으로 가셨다. 내일 시장에 벌통을 내가려면 힘을 좀 얻어야 한다고 그러셨어. 여기서 꽤 머니까 아마 내일 새벽 자정이 좀 지나면 출발해야 하실 게다."

"힘을 얻으신다고요!" 테스가 화가 나서 말했다. 그녀의 눈에 눈물이 고였다. "세상에! 힘을 얻으러 술집에나 가신다니요! 그래서 그냥 가시도록 내버려두셨어요, 어머니!"

"아니야! 나는 그러라고는 안 했다. 네가 집에 돌아와서 아이들을 봐주면 가서 아버지를 모셔오려고 널 기다리고 있었어."

"제가 갈게요."

"아니다, 테스. 내가 가마."

테스는 어머니가 아버지가 주점에 가도록 부추겼다는 걸 짐작하고 있었다. 아버지가 술을 마시러 가면 으레 어머니가 아버지를 모시러 갔고 또 그럴 때면 어머니도 주점에 한동안 남아서 남편과 함께 술을 마셨다. 그래서 자주 아버지에게 술을 마시러 가라고 하는 것이었다.

P. 23 아이들과 오두막집에서 벗어나 한두 시간 남편과 롤리버 주점에서 술을 마실 때면 조운 더비필드는 더없이 행복했다. 테스도 그것이 어머니의 척박한 인생에서 몇 안 되는 행복한 순간이라는 것을 알고는 있었다.

더비필드 부인은 테스를 아이들과 남겨두고 집을 나섰다. 테스는 낮 동안 마른 빨래를 걷어서 다림질할 준비를 했다. 아홉 살 난 남동생 에이브라함과 열두 살 반 된 여동생 엘리자-루이자가 어린 동생들을 재웠다. 테스는 엘리자보다 네 살 반 위였다. 모두들 엘리자를 리자 루라고 줄여서 불렀다. 테스와 리자 루 사이에 두 명의 아이들이 더 태어났었지만 모두 갓난아기 때 죽었다. 리자 루 다음은 에이브라함이었고 그 밑으로 여동생들인 호프와 모데스티가 있었다. 그 아이들 밑으로 세 살 난 사내아이와 한 살배기 아기가 있었다.

밤이 점점 깊어졌고 아이들의 부모는 아직도 주점에서 돌아올 줄을 몰랐다. 테스가 문밖을 내다보니 온 마을은 어느새 잠이 들고 있었다.
P. 24 촛불과 등불은 하나 둘 꺼졌고 몇몇 집은 벌써 캄캄했다. 테스는 지체 높은 선조들에 축배를 들면서 이렇게 늦게까지 주점에 있을 아버지가 한심했다. 아버지는 건강도 좋지 않은데다 또 자정 무렵에는 먼 길을 나서야 하지 않는가.

"에이브라함, 롤리버 주점에서 아버지 어머니가 어찌고 계신지 좀 가볼래? 무섭지 않지?" 테스가 동생에게 물었다.

동생은 머리를 젓고는 모자를 쓰고 캄캄한 바깥으로 나갔다. 삼십 분 후에도 에이브라함은 돌아오지 않았다. "아무래도 내가 나가서 세 명 모두를 데리고 와야 할까 보다." 테스는 리자 루에게 이렇게 말하고 어둡고 꼬불꼬불한 길을 따라 주점으로 향했다.

2장

에이브라함이 롤리버 주점에 도착했을 때, 더비필드 부부는 자신들에게 찾아온 행운에 대해 열을 올리고 있었다. 더비필드 부인은 이웃 주(州)에 사는 더버빌이란 이름을 가진 부잣집에 대해 들어보았다고 했다. 그리고 어떻게 하면 자신들에게 이득이 생기는 방향으로 이 사실을 잘 이용할 수 있을지 남편에게 주저리주저리 늘어놓았다.
P. 25 에이브라함이 도착했을 때 마침 어머니는 가문 덕 좀 보겠다는 그 거창한 계획에 누나 테스를 들먹이고 있었다.

열 시 반쯤에는 테스도 주점에 도착했다. 딸이 어둡고 냄새 나는 주점 안으로 들어서는 것을 보자마자 부부는 두말없이 일어나 테스를 따라나갔다. 존 더비필드는 똑바로 걷지도 못했다. 결국 테스와 더비필드 부인이 한 팔씩 부축한 채 네 사람은 집으로 돌아왔다.

가족은 밤 열한 시가 넘어서야 잠자리에 들었다. 동생들과 함께 쓰는 방에 누운 테스는 걱정이 앞섰다. 아버지는 내일, 토요일 장이 서는 캐스터브리지까지 벌통을 옮겨가야 했다. 포장도 안 된 길을 따라 이삼십 마일이나 가야 하고 거기다 테스네 말은 나이가 들어 속도를 내지도 못한다. 시간에 맞춰 도착하려면 아버지는 늦어도 새벽 두 시에는 집을 나서야 했다.

새벽 한 시 반에 더비필드 부인이 테스 방으로 와서 딸의 어깨를 흔들었다.
P. 26 "아버지는 아무래도 못 가실 것 같다." 어머니가 속삭였다.

테스는 침대에 일어나 앉았다. "하지만 누군가는 오늘 꼭 가야 돼요. 지금 가도 벌통은 이미 철이 지난 걸요. 에이브라함이 함께 간다면 제가 다녀올게요."

테스와 에이브라함은 재빨리 옷을 주워입고 마구간으로 갔다. 벌통은 이미 삐걱거리는 낡은 수레에 실려있었다. 테스는 늙은 말 프린스를 수레에 맸다. 수레를 끌고 나와 초롱에 초를 켜서 수레에 달고 캐스터브리지를 향해 언덕길을 오르기 시작했다. 기운을 내기 위해 남매는 수레 옆을 걸어가며 버터 바른 빵으로 아침 요기를 했다. 길이 평평해지자 남매는 수레에 올라탔고 테스가 말을 몰았다.

"누나!" 한동안 조용히 있던 에이브라함이 테스를 불렀다. "우리가 귀족 가문이라고 들으니 기분 좋지 않아?"

"아니, 별로."

"하지만 누나, 누나는 신사랑 결혼하는 게 싫어?"

"뭐?"

"우리 귀족친척들이 누나를 지체 높은 집에 시집가게 도와줄 거래. 엄마랑 아빠가 롤리버 주점에서 어젯밤 그러던데. 더버빌이라는 이름을 가진 부자 아줌마가 트랜트리지에 산대.
P. 27 엄마 말로는 누나가 그 집에 가서 친척이라고 하면 그분이 누나를 신사와 결혼시켜줄 거라고 했어."

테스는 동생 말을 듣고 아무 대꾸도 하지 않았다. 에이브라함은 누나가 별 관심이 없는 것을 눈치채지 못하고 계속해서 떠들어댔다. 얼마 후 누나가 자기 말을 듣고 있지 않다는 걸 알고는 자신도 입을 다물었다. 그리고 나서 곧 에이브라함은 잠이 들어버렸다.

테스는 수레를 모는 것에 익숙하지 않았지만 프린스가 일을 수월하게 만들어주었다. 늙어 힘이 없어서 그저 길을 따라 똑바로 천천히 걸었기 때문이었다. 테스는 곧 손에 쥔 고삐가 편해졌고 점점 공상에 빠져들었다. 아버지의 가문에 대한 부질없는 자부심에 대해 생각했다. 어머니가 딸을 시집보내고 싶어하는 그 부자 남편감이 가난뱅이 더비필드 가족을 비웃는 모습이 상상되었다.

어느덧 잠이 들어버린 테스는 갑작스런 충격에 그만 소스라쳐 깼다. 무슨 일인가가 일어난 것 같았다. 수레에 매달았던 불은 꺼져있었지만 뭔가 또 다른 불빛이 그녀의 얼굴을 환하게 비추고 있었다.

P. 28 테스는 수레에서 뛰어내려 무슨 일인지를 알고는 기절할 듯 놀랐다. 속력을 내어 달려오던 아침 우편마차가 불이 꺼진 채 느리게 오던 테스의 수레를 들이받은 것이었다. 우편마차의 뾰족한 장대가 마치 칼처럼 프린스의 가슴을 찌르고 말았다. 굵은 핏줄기가 말의 상처에서 뿜어져 나와 길바닥에 떨어졌고 말은 신음소리를 냈다. 어찌할 바를 모르고 보고만 있는 테스 앞에 프린스는 그만 쓰러져버렸다.

"아가씨 마차가 역주행하고 있었던 데다가 불까지 나간 바람에 못 봤어요." 우편배달부가 말했다. "나는 이 우편물 가방을 배달해야 하니까 안 되고, 되는대로 빨리 도와줄 사람을 보내줄게요. 사람이 올 때까지 여기서 수레를 지키고 있어요. 날이 밝아오니까 무서워할 것 없어요." 그는 자신의 마차에 다시 올라 가던 길로 사라졌다. 테스는 그저 서서 기다릴 수밖에 없었다. 얼마 후 한 남자가 말 한 마리를 끌고 왔다. 그는 벌통 수레를 캐스터브리지에 가져다 놓고 프린스는 돌아오는 길에 수습해주었다.

테스가 이 소식을 부모에게 알렸을 때 아무도 그 사고를 두고 테스를 나무라는 사람은 없었다. 하지만 그녀는 죄책감이 들었다. 말이 없으니 살림은 더욱 곤란해졌다. 존 더비필드는 더 이상 예전처럼 물건을 사다가 다시 내다파는 일을 할 수 없었다.

P. 29 전에도 꾸준히 일하던 버릇이 없던 그는 이제 아예 일하기를 귀찮아했다. 테스는 말이 죽은 것에 대한 죄책감으로 부모를 위해 자신이 할 수 있는 일이 뭐가 있을지 궁리했다. 그러던 어느 날 그녀의 어머니가 곤란을 면할 방법을 내놓았다.

"여기서 멀지 않은 곳에 더버빌 부인이란 부자 마나님이 계시는 걸 아니? 그분께 가거라, 테스. 그리고 친척이라고 하면서 우리 형편을 좀 도와달라고 해보렴."

"그보다는 거기서 일자리를 얻어볼게요. 저 때문에 말이 죽었으니 제가 뭐라도 해야죠. 그분을 만나러 가는 건 상관없지만 무조건 도움을 받을지 말지는 생각해봐야겠어요."

다음날 아침 일찍부터 길을 나선 테스는 샤스톤까지는 걸었고, 거기서부터 문제의 더버빌 부인이 산다는 트랜트리지까지는 마차를 탔다. 테스는 말롯 마을 바깥의 다른 곳은 잘 알지 못했고 블랙무어 계곡에서 멀리 벗어나 본 적도 없었다. 그녀가 아는 것은 두 해 전까지 다니던 마을학교에서 배운 것이 다였다.

P. 30 그 이후에는 적은 품삯이라도 벌기 위해 이웃농장들에서 건초를 만들거나 우유를 짜거나 버터를 만드는 일을 해왔다.

테스는 트랜트리지 교차로에서 마차를 내려 더버빌 부인의 집이 있는 언덕 위로 올라갔다. 집앞에 다다르자 놀라 입이 딱 벌어졌다. 주위의 초록색 나무와 대조되는 화려해 보이는 붉은 벽돌로 지은 새집이었다. 체이스라고 불리는 오래된 숲이 집너머 멀리 뻗어있었다. '오래된 집안인 줄 알았더니, 집은 아주 새집이네.' 라고 테스가 생각했다. 이곳에 오지 말고 집 근처에서 도움을 구해볼걸 하는 생각이 들었다.

테스는 이 넓디넓은 저택에 사는 사람들이 진짜 더버빌 가문이 아니라는 것을 알지 못하고 있었다. 그 집 사람들의 진짜 성은 스톡스이고 북부지방에서 장사를 하던 사람들이었다. 더버빌이라는 유서 깊은 귀족의 성을 붙인 것은 그들이 남쪽으로 이사 오면서부터였다. 처음에는 스스로를 스톡스-더버빌이라고 부르다가 얼마 후 진짜 이름은 아예 떼어버린 것이었다. 그들보다는 차라리 테스가 진짜 더버빌에 가까웠다. 물론 테스는 이 사실을 모르고 있었다.

테스가 잔디밭 가장자리에서 망설이고 있을 때 한 청년이 정원을 거닐고 있는 것이 보였다.

P. 31 키가 크고 검은 머리에 두툼한 입술을 하고 끝이 말려 올라간 검은 콧수염을 기르고 있었다. 많아야 스물 셋이나 넷쯤 되어 보였다. 테스가 있는 것을 보자 청년은 잔디밭을 가로질러 그녀가 있는 곳으로 왔다.

"이런, 예쁜 아가씨, 무슨 일로 오셨나요?" 흥미로운 눈으로 쳐다보며 그가 말을 건넸다. "나는 알렉 더버빌이오. 나를 보러온 건가요, 어머니를 뵈러 온 건가요?"

"어머님을 뵈러 왔습니다." 테스가 말했다.

"안타깝게도 어머니는 병중이셔서 뵐 수가 없겠는데요. 어떻게 해드릴까요? 무슨 일로 어머니를 뵈려고 하시는지?"

"사실은… 제가… 바보처럼 들리겠지만… 말 못하겠어요!"

"걱정 말아요, 아가씨. 난 바보 같은 일을 아주 좋아하죠. 말해봐요." 남자가 친절한 목소리로 말했다.

"사실은 저희가 이 댁과 같은 집안이라는 걸 말씀드리러 왔어요."

"아하! 가난한 친척?"

P. 32 "네."

"스톡스?"

"아니요. 저희는 더버빌인데요."

"아, 그렇지. 물론이죠. 내 말은 더버빌이냐는 뜻이었소."

"우리가 더버빌이라는 증거도 있어요. 우리 집에 오래된 은 도장과 은 숟가락이 있어요. 둘 다 사자랑 성 그림이 있어요. 숟가락은 너무 낡아서 어머니가 국을 젓는데 사용하시지만요. 저희 어머니께서 우리가 친척이고 또 우리 집이 가문의 종가(宗家)라고 전하라고 하셨어요. 그리고 사고로 그만 집에 있던 말을 잃었어요."

"어머님께서 아주 친절한 분이시군요." 알렉 더버빌이 감탄하는 눈빛으로 테스를 쳐다보며 말했다. "그래서, 우리 귀여운 아가씨께서 안부인사를 하러 오신 게로군요? 사는 곳이 어디신가요? 가족에 대해 말해봐요."

테스는 자신의 가족이 사는 곳을 설명해주고 부모님과 동생들 얘기도 조금 했다. 그리고 올 때 타고온 마차편에 다시 집으로 돌아가겠다고 했다.

"마차가 여기를 다시 지나려면 한참을 기다려야 할거요. 그동안 이곳이나 한 바퀴 돌아보는 것이 어때요?" 알렉이 말했다.

테스는 가능한 빨리 그곳을 떠나고 싶었지만 알렉은 더 있다가 가라고 그녀를 잡았다. 그는 테스에게 정원과 과실수를 구경시켜주고 나서 온실로 데려갔다.

P. 33 "딸기 좋아해요?" 알렉은 크고 잘 익은 딸기를 하나 따서 줄기 쪽을 잡고 테스의 입에 갖다댔다.

"아, 아니에요. 제가 먹을게요." 테스가 서둘러 말했다.

"자, 괜히 그러지 말고!"

테스는 당황했다. 하지만 남자는 계속 딸기를 받아먹으라고 우겼고 결국 테스는 얼굴을 붉히며 입을 벌렸다. 알렉 더버빌은 그다음엔 꽃을 따서 테스의 바구니에 넣어주었다. 그런 알렉을 쳐다보며 그저 순진하게 웃을 뿐이었던 테스는 그가 앞으로 자신이 겪을 모든 슬픔의 원인이 될 줄은 상상도 하지 못했다.

"참, 이름을 묻는 것을 잊었군요." 다시 길로 나설 때 그가 말했다.

"테스 더비필드예요."

"테스, 당신이 이곳에서 할 일이 있을지 내가 어머니께 여쭤볼게요."

둘은 작별인사를 했고 테스는 마차에 올라탔다.

P. 34 집 쪽으로 다시 걸어가는 알렉 더버빌의 얼굴에 만족한 미소가 서려 있었다. 그러더니 그는 요란한 웃음을 터뜨렸다.

P. 35 "정말 죽겠군! 고것 참 재미있는데! 하하하! 매력만점의 아가씨란 말이야!"

3장

마차는 샤스톤까지만 갔고 거기서부터 말롯까지 몇 마일이나 걸어가야 했다. 테스의 어머니가 미리, 딸이 샤스톤의 아는 사람 집에서 묵어갈 수 있도록 말을 해놓았다. 테스는 다음날 아침 일찍 일어나 집으로 걷기 시작해서 오후에 도착했다. 오두막집에 들어섰을 때 어머니는 이미 더버빌 부인으로부터 온 편지를 받아들고 있었다. 테스에게 닭을 돌보는 일자리를 마련해 놓았다는 내용이었다. 어머니는 신이 났다.

"네 희망을 너무 부풀리지 않고 조용히 불러들이기 위해 일부러 이러시는 건가 보다. 하지만 곧 친척간인 것을 아시겠지."

P. 36 "하지만 저는 부인을 뵙지도 못했는데요. 그 아들만 만났어요." 테스는 창밖을 내다보며 덧붙였다. "저는 그냥 여기 어머니 아버지와 있을래요."

"아니, 왜?"

"이유는 없어요, 어머니. 그냥 그래요."

일주일 후 어느 저녁, 여름 동안 일을 해서 말을 살 돈을 벌어보려고 계곡에서 일자리를 찾아보다 집에 돌아온 테스에게 동생들이 달려왔다. "그 신사분이 여기 왔었어!" 동생들이 소리질렀다. 테스 어머니 말이, 더버빌 부인의 아들이 그날 오후 집으로 찾아왔다는 것이다. 그는 테스가 자기 어머니의 닭농장을 맡을 수 있는지 없는지 알고 싶어했다고 했다.

"그 더버빌 청년이 너에게 관심이 많은 모양이더라. 그리고 생긴 것도 아주 잘생겼던데." 테스의 어머니가 말했다.

"그런 건 아닐 거예요. 하지만 부인이 주시겠다는 일자리는 한번 생각해볼게요." 테스는 무뚝뚝하게 대답하고 방으로 들어가버렸다.

"아무래도 벌써 우리 애한테 반한 것 같아요. 그걸 잘 이용하지 못한다면 얘가 정말 바보인 거죠. 그 사람이 우리 테스랑 결혼을 해서 우리 애를 귀부인으로 만들어만 준다면, 귀족이었다던 우리 조상 저리 가라 아니겠어요?" 더비필드 부인이 남편에게 말했다.

P. 37 "그게 바로 그 젊은 더버빌 양반이 원하는 걸 거요. 게다가 우리 같은 종갓집과 결혼하면 자기 집안에도 덕이 된다는 걸 아는 게지." 존 더비필드가 대답했다.

테스가 방에 들어오자 어머니는 마음을 정했느냐고 물었다.

"밑에서 일하고 싶은 사람인지 아닌지 더버빌 부인을 직접 만나봤다면 좋았을 걸 그랬어요. 모르겠어요. 어머니 아버지가 하라는 대로 할게요. 말을 죽게 만든 건 저니까 새 말을 살 수 있도록 제가 뭔가 해야겠지요. 하지만 거기 더버빌 씨는 맘에 안 들어요!"

더비필드 부인과 아이들은 테스의 말에 불평을 해대고 억지를 부리는 한편 그녀를 설득하고 달랬다. 결국 테스는 가겠다고 했다. 다음날 아침 그녀는 더버빌 부인에게 편지로 부인의 닭농장일을 맡겠다고 전했다. 다음날 도착한 답장에는 더버빌 부인이 테스를 위해 마련해놓은 여행일정이 설명되어 있었다.

P. 38 다음날 오후 계곡길 꼭대기에 그녀가 타고 갈 마차가 기다리고 있을 것이라는 내용이었다. 테스가 보기에는 더버빌 부인의 필체가 좀 남자 글씨 같았다.

다음날 아침 테스는 일찍 잠에서 깼다. 하지만 아침 먹을 때가 다 되도록 위층에서 짐을 싸며 시간을 보내다가 매일 입던 옷을 입고 내려왔다.

"아니, 그런 옷을 입고 친척을 만나러 가겠다는 거냐?" 어머니가 말했다.

"저는 거기 일하러 가는 거라고요! 사교방문을 하러 가는 것이 아니에요."

"그렇긴 하다만, 오늘만큼은 가장 좋은 옷을 입고 가는 게 낫겠다."

어머니를 만족시켜드리기 위해 테스는 그러기로 했다. 그녀는 머리카락에서 빛이 날 때까지 머리를 빗고 자신이 가장 아끼는 하얀색 드레스로 갈아입었다.

테스의 어머니는 아이들과 마을 끝까지 테스를 배웅한 후 딸이 언덕을 올라가는 것을 바라보았다. 작고 멋진 마차 한 대가 계곡길 꼭대기에 나타났다. 젊은 더버빌이 몰고 있었다. 처음엔 테스가 타기를 꺼려하는 듯이 보였다. 딸은 마차에 올라 알렉 더버빌의 옆에 앉기 전 언덕 아래 가족들을 바라보았다. 마차는 곧 산등성이 너머로 사라졌다.

P. 39 집으로 돌아가려고 돌아서는 조운 더비필드의 눈에 눈물이 어렸다. 처음으로 그녀는 자신의 딸을 보낸 것이 과연 잘한 일일까 하는 생각을 해보았다. 집에 와서 남편에게 테스가 걱정된다고 했다. "그 더버빌 청년에 대해 더 알아봤어야 했나 봐요. 그 사람이 우리 애를 어떻게 생각하는지도 말이에요."

"그래, 그럴 걸 그랬네." 존 더비필드가 말했다.

"뭐, 조만간 우리 애와 결혼하겠죠. 누가 봐도 우리 애에게 푹 빠졌다니까요." 조운 더비필드가 말했다.

테스가 옆에 앉기가 무섭게 알렉 더버빌은 마차를 언덕 아래로 속력을 내어 몰았다. 테스가 천천히 가달라고 말했지만 들은 척도 하지 않았다.

"왜 그러지, 테스? 난 언덕을 내려갈 때는 언제나 전속력으로 모는데."

P. 40 그들은 언덕 아래로 쏜살같이 내려갔다. 바람 때문에 테스의 하얀 모슬린 드레스가 펄럭였고 그녀의 머리가 뒤로 휘날렸다. 테스는 무서워하는 것처럼 보이고 싶지는 않았지만 알렉의 팔을 잡을 수밖에 없었다.

"팔을 잡으면 우리 둘 다 날아가요! 내 허리를 안아요!" 그가 소리쳤다. 그녀는 언덕 아래에 다다를 때까지 팔을 그의 허리에 두르고 있었다. 내리막길이 끝나자 테스는 곧 그의 허리를 놓고 가능한 한 그와 멀리 떨어져 의자 가장자리에 앉았다. 마차가 다시 맞은편 언덕을 달려 올라가기 시작하자 알렉이 그녀를 보며 말했다. "자, 이제 아까처럼 팔을 다시 내 허리에 감아요, 예쁜 아가씨."

"싫어요!" 테스는 마차 가장자리를 꽉 붙잡았다.

"내가 키스하게 해주면 천천히 몰지. 약속할게!"

"다른 건 안 돼요?" 테스가 울음 섞인 목소리로 물었다.

"다른 건 안 돼, 테스."

"좋아요, 그럼!" 테스가 할 수 없이 말했다.

알렉은 말의 속도를 늦추었다. 그가 테스에게 막 키스하려고 할 때 그녀는 갑자기 옆으로 몸을 틀었다. 그는 거의 마차 밖으로 굴러 떨어질 뻔했다.

"젠장, 떨어지기라도 하면 우리 둘 다 죽을 줄 알아!" 그가 욕설을 내뱉었다. "약속을 지킬 줄 모르는 아가씨로군?"

P. 41 "난 아무에게도 키스 받고 싶지 않아요!" 테스의 얼굴에 굵은 눈물이 굴러 떨어졌다. "우리가 서로 친척이니까 당신이 절 보호해줄 줄 알았어요. 당신이 이럴 줄 알았다면 애초에 오지도 않았을 거예요."

알렉은 그녀가 울건 말건 신경도 쓰지 않고 계속 키스하겠다고 우겼다. 테스는 그가 키스하자마자 자기 뺨을 손수건으로 문질러 닦았다. 알렉은 그걸 보고 화를 냈다. "오두막집에 사는 아가씨치고는 꽤나 고상한 척하시는군!"

테스는 그의 말에 대꾸도 하지 않고 그가 말을 모는 대로 앞만 쳐다보았다. 그러다 그녀의 모자가 바람에 날려 길에 떨어졌다. 알렉이 마차를 세우고 모자를 주워오겠다고 했지만 테스는 자기가 먼저 재빨리 뛰어내렸다. 그녀는 오던 길을 조금 걸어가 모자를 주웠다.

"모자 안 쓴 게 훨씬 더 예쁘니까 가능하면 쓰지 마. 자, 그럼, 어서 다시 올라타!"

하지만 테스는 마차 옆에 버티고 서서 움직이지 않았다. "싫어요. 여기서부터는 걸어서 가겠어요."

P. 42 "하지만 여기서 트랜트리지까지는 오륙 마일이나 남았는데?"

"상관없어요. 당신과 같이 타고 가지 않겠어요."

"일부러 모자를 떨어뜨렸군, 그렇지?"

테스는 대답하지 않았다. 알렉은 그녀에게 욕설을 퍼부었다. 그러더니 말을 돌려 그녀를 마차와 울타리 사이에 몰아넣고 꼼짝 못하게 만들려고 했다. 테스는 그에게서 벗어나기 위해 울타리를 타고 올라갔다.

"그런 못된 말을 하다니 창피한 줄 아세요! 당신은 나쁜 사람이에요! 저는 다시 어머니에게 돌아가겠어요!" 테스가 울며 소리쳤다.

알렉은 그녀의 화난 모습을 보고 웃음을 터뜨렸다. "당신이 점점 더 좋아지는데. 다신 안 그러겠다고 약속할게. 마차에 타요."

하지만 테스는 마차에 타기를 거부하고 트랜트리지 마을 방향으로 걸어가기 시작했다. 더버빌은 마차를 그녀 옆에 붙이고 길을 따라 천천히 몰았다. 그들이 더버빌 저택에 도착했을 때는 이미 저녁 무렵이 되어있었다.

4장

P. 43 테스가 돌보는 닭들은 더버빌 집안 소유지에 있는 낡은 초가집 마당에서 키우고 있었다. 초가집은 담장에 둘러싸여 있어서 문을 통해서만 들어올 수 있었다. 도착 첫날 오후 테스는 닭들을 더버빌 부인에게 가져다 보여주어야 했다. 테스를 데리러 온 하녀 말에 따르면 더버빌 부인은 나이가 들어서 앞을 못 본다고 했다.

저택에 이르러 테스는 하녀를 따라 더버빌 부인이 기다리고 있는 응접실로 들어갔다.

"네가 내 닭들을 돌보러 온 아이냐?" 낯선 발걸음 소리를 듣고 더버빌 부인이 물었다. "닭들을 잘 돌봐야 한다."

테스와 하녀는 가져온 닭들을 노부인의 무릎 위에 한 마리씩 차례대로 내려놓았다. 부인은 닭을 들고 건강상태가 좋은지 머리부터 꼬리까지 찬찬히 만져보았다.

P. 44 첫 네 마리의 검사가 끝나자 테스와 하녀는 닭들을 다시 초가집에 가져다 놓았다. 그들은 다른 네 마리를 잡아 부인에게 가져갔다. 부인이 모든 닭을 다 검사할 때까지 이 일을 반복했다. 그러고 나서 더버빌 부인이 테스에게 물었다. "휘파람을 불 줄 아느냐?"

"휘파람이요, 부인?"

"그래, 휘파람으로 노래 부를 줄 아느냐고."

"네, 부인. 할 줄 압니다."

"그럼, 닭을 돌보고 그리고 저기 새장의 내 피리새들에게 매일 휘파람을 불어줘야겠다. 이만 가봐라."

더버빌 부인의 차가운 태도에 테스는 조금도 놀라지 않았다. 그녀는 단지 가난한 친척일 뿐이었고 하인보다 나은 취급을 받을 거라는 생각은 아예 하지도 않았다. 자신이 친척이라는 말은 노부인이 전해들은 적도 없을 거라는 생각은 조금도 하지 못했다.

다음날 초가집 마당에 혼자 있을 때 테스는 앉아서 휘파람을 연습해보았다. 입술을 내밀고 휘파람을 불려고 했지만 아무 소리로 나오지 않자 그녀는 몹시 당황했다. 아무리 애를 써도 휘파람이 나오지 않았다. 계속 노력해보았지만 휘파람 부는 것을 완전히 잊어버린 듯 했다. 얼마 후 마당 담 근처 나무들 뒤에서 누군가 움직이는 것이 보였다.

P. 45 알렉 더버빌이었다.

"내 사촌누이 테스 아니신가? 너는 정말 내가 보던 중 가장 예쁜 여자야. 그 예쁜 빨간 입술로 휘파람을 불려고 하는걸 계속 보고 있었지. 마음대로 되지 않으니 슬슬 화가 나는 모양이지? 내가 가르쳐 줄 수도 있는데."

"아뇨! 싫어요!" 테스가 초가집 문쪽으로 도망치려고 했다.

"걱정 말아요. 손끝 하나 안 댈게. 그냥 내가 하는걸 잘 보라고…"

알렉 더버빌이 가르쳐준 대로 몇 번 더 시도한 결과 테스는 다시 휘파람을 불 수 있게 되었다. 그날부터 그녀는 더버빌 부인이 원하는 대로 새들에게 휘파람을 불어주었다. 그렇게 몇 주가 지났고 알렉 더버빌을 자주 보다 보니 그에 대한 경계심도 점점 줄었다.

점차 테스는 새로 얻은 일과 시골생활의 자유를 즐기게 되었다. 토요일 밤마다 농장의 다른 일꾼들은 이삼 마일 떨어진 장이 서는 마을로 춤을 추거나 술을 마시러 갔다.

P. 46 그리고는 다음날 새벽이 되어서야 돌아와 일요일 늦게까지 잠을 잤다. 얼마가 지나자 몇몇 여자들이 테스에게도 함께 가자고 했다. 테스는 마을에서 즐거운 시간을 보냈고 곧 매주 놀러 가기 시작했다. 가끔씩 혼자서 마을에 갈 때도 있었지만 돌아올 때는 다른 사람들과 여럿이 어울려 왔다.

구월의 어느 토요일 밤, 테스가 마을의 어느 술집 밖에서 친구들을 기다리고 있었다. 늦은 시간이었다. 농장일꾼들은 술집 안에서 아직도 술을 마시고 있었다. 테스는 피곤했지만 혼자서 어두운 시골길을 걸어 집에 가기가 무서웠다.

갑자기 어둠 속에서 빨갛게 빛나는 작은 불빛이 보였다. 시가를 피우는 알렉 더버빌이었다. 그는 테스 쪽으로 걸어왔다.

"이렇게 늦은 시간에 여기서 뭘 하고 계신가, 우리 예쁜 아가씨?" 그가 웃으며 물었다.

"친구들을 기다리고 있어요."

"내가 농장까지 데려다 줄까?"

"아뇨, 괜찮아요. 친구들을 기다렸다가 같이 걸어갈래요."

"알았어." 이 말과 함께 알렉은 사라졌다.

드디어 테스의 친구들이 술집에서 나왔다. 그들은 하나같이 모두 취해 제대로 걷지도 못했다.

P. 47 테스는 일꾼들과 함께 농장을 향해 걷기 시작했다. 하지만 얼마 안 가 일행들은 서로 소리지르며 싸우기 시작했다. 테스는 그 사람들로부터 벗어나고 싶었다.

그녀가 혼자 앞서가려고 할 때 알렉 더버빌이 말을 타고 다가왔다. 그는 집까지 말을 태워주겠다고 했다. 잠시 망설이다가 그녀는 그의 제안을 받아들였다. 일행이었던 여자 몇 명이 두 사람이 탄 말이 길모퉁이를 돌아 사라지는 것을 지켜보고 서있었다.

"뭘 그렇게 쳐다보고 있어?" 테스가 떠나는 것을 보지 못한 남자 한 명이 물었다.

"하하하!" 여자가 웃었다.

"하하! 세상에. 저 애가 호미로 막을 것을 가래로 막게 생겼네." 다른 여자도 웃었다.

테스와 알렉은 한동안 잠자코 달리기만 했다. 테스는 집으로 가는 방법을 얻게 되어 기쁘긴 했지만 알렉 더버빌을 완전히 신뢰할 수 없었기에 걱정이 되기도 했다. 하지만 너무나 피곤했던 테스는 트랜트리지로 가는 길을 지나친 것을 눈치채지 못했다. 그녀가 알렉의 어깨에 머리를 떨구고 잠이 든 것은 밤 한 시가 다 된 시간이었다.

P. 48 테스가 놀라 갑자기 잠에서 깼을 때 그들이 있는 곳은 더는 길 위가 아니었다. 그들은 숲 속 오솔길에 있었다.

"아니, 여기가 어디에요?" 테스가 놀라 소리쳤다.

"체이스 숲이지. 정취 있는 밤이잖아? 숲에서 함께 말을 좀 타는 것도 좋을 것 같아서 말이야."

"당신을 믿지 말았어야 했어요!" 테스가 외쳤다. "제발 내려줘요. 걸어서 갈래요."

"트랜트리지에서 벌써 몇 마일이나 멀어졌기 때문에 걸어서 갈 수는 없어. 그리고 사실대로 말하자면 안개 때문에 길을 잃었어. 그러지 말고 말 옆에서 기다려. 내가 가서 우리가 있는 곳이 어딘지 보고 올게. 내가 돌아오면 그때 혼자 걸어서 가든지 아니면 나와 말을 타고 가든지 하라고."

테스는 알았다고 말하며 말에서 내렸다. 알렉은 미처 말릴 새도 없이 테스의 뺨에 입을 맞추었다.

"그건 그렇고 테스, 오늘 네 아버지가 새 말을 사셨어. 아이들도 새 장난감이 생겼고."

"당신이 그런 걸 보낸 줄 몰랐어요. 그럴 필요는 없었는데 그랬어요."

P. 49 "이봐, 테스, 이제 날 좀 사랑해보라고."

"가족을 위해 한 일은 감사드려요. 하지만 당신을 사랑할 수는 없어요."

테스는 울음을 터뜨렸다.

"울지마, 우리 아가씨! 여기 앉아서 날 기다려."

알렉은 마른 잎을 모아다 그녀가 앉을 자리를 마련해 주었다. 그리고 자신의 외투를 벗어 그녀에게 둘러주었다.

"여기서 쉬고 있어. 곧 돌아올게."

그가 돌아왔을 때 테스는 잠들어있었다.

P. 50 "테스!" 그가 속삭였다.

대답이 없었다. 사방은 고요와 어둠에 잠겨있었다. 그는 그녀를 내려다보았다. 잠이 든 그녀의 모습은 아름다웠다. 그들 머리 위 체이스 숲의 거목들 사이에 새들도 잠들어있었다.

"테스." 더버빌이 다시 한번 그녀의 이름을 불렀다. 그는 그녀 옆에 앉아 그녀를 품에 안았다. 테스는 조용한 숨소리를 내며 잠들어있었다. 그녀의 길고 검은 속눈썹 위에는 눈물이 어려있었다.

테스의 순결을 지켜주어야 했던 그녀의 수호천사는 무엇을 하고 있었던

가? 이런 일들은 항상 일어났고 또 앞으로도 일어날 것이다. 테스가 살던 마을 사람들이 말하듯이 '그것은 이미 정해진 일이었다.' 그것이 그녀의 운명이었다. 이 순간부터 테스의 삶은 완전히 바뀌어버리고 말았다.

5장

말을 타고 숲으로 갔던 날 밤으로부터 몇 주 후 시월 하순의 어느 일요일 아침이었다. 무거운 바구니와 큰 보따리를 들고 테스가 말롯의 고향마을을 향해 걸어가고 있었다.

P. 51 그녀는 이따금 문이나 말뚝 근처에 멈춰 서서 쉬었다가 다시 걷기를 반복했다. 블랙무어 계곡에 이르는 언덕길을 올라갈 때쯤에 해가 뜨기 시작했다. 테스가 언덕 꼭대기에 다다랐을 때 눈에 익은 푸른 계곡이 내려다 보였다. 여기서 보는 마을은 언제나 아름다웠다. 하지만 그녀는 차마 오래 바라보고 있을 수가 없었다. 그녀가 이곳을 마지막으로 본 이후 세상에는 아름다움뿐만이 아니라 악도 존재한다는 것을 알고 말았기 때문이었다.

뒤를 돌아다보던 테스는 마차 한 대가 언덕을 올라오는 것을 보았다. 한 남자가 마차에서 내려 걷다가 그녀의 시선을 끌려고 손을 들었다. 테스가 잠시 기다리자 남자가 그녀 곁으로 와서 섰다.

"왜 그렇게 몰래 가버린 거야?" 알렉 더버빌이 입을 열었다. "우연히 알았잖아. 너를 뒤따라 잡으려고 미친 듯이 말을 몰아서 왔어. 저 말 헐떡이는 것 좀 보라고! 말을 하고 떠났어도 강제로 잡는 사람이 없었을 텐데. 나와 돌아가기 싫다면 남은 길이라도 데려다 줄게."

P. 52 "난 돌아가지 않아요."

"그럴 줄 알았어! 그럼, 바구니나 줘. 도와줄게."

테스는 바구니와 보따리를 마차에 올려놓고 그의 옆에 올라탔다. 이제는 그가 전혀 두렵지 않았다. 말롯 마을이 가까워지면서 테스의 뺨을 타고 눈물이 흘렀다.

"왜 우는 거지?" 그가 냉담하게 물었다.

"내가 저기서 태어났다는 생각을 하고 있을 뿐이에요. 이제는 아예 태어난 걸 후회해요. 저기서건 다른 어느 곳에서건이요." 테스가 말했다.

"네가 원하지 않았다면 애초에 트랜트리지엔 왜 온 거야? 내가 좋아서 온 건 아니었잖아, 안 그래?"

"물론 아니에요. 내가 당신을 좋아했다면 지금처럼 제 나약함을 원망하고 있지도 않겠죠. 하지만 당신이 내게 원하는 것이 뭔지 알았을 때는 이미 모든 것이 늦고 말았죠." 테스가 조용히 말했다.

"여자들은 항상 그렇게 얘기하지! 상처를 줘서 미안해. 그리고 보상할 마음도 있어. 이제 농장일 같은 건 하지 않아도 되도록 해줄 수 있다고."

"당신한테는 더 이상 아무것도 받지 않겠다고 말했잖아요. 그럴 수 없어요! 그랬다가는 당신이 마치 나를 소유하기라도 한 듯이 굴 것 아니에요? 나는 누구의 소유물도 아니에요!" 테스가 화난 목소리로 말했다.

P. 53 "진짜 더버빌 후손 정도가 아니라 공주라도 되는 것처럼 구는군. 그래, 나는 나쁜 놈이야. 내가 생각해도 그래. 날 때부터 나쁜 놈이었고 앞으로도 그럴 거야. 하지만 너에게는 다시는 못되게 굴지 않을게, 테스. 그리고 만약 무슨 일이 생기거나 어려운 일이 있으면 나한테 편지 쓰라고. 원하는 건 뭐든지 해줄게. 내 말이 무슨 뜻인지 알 거야."

테스는 마차에서 내렸다. 알렉이 그녀의 짐을 마차에서 내려 그녀 옆 길가에 내려놓았다. 테스가 보따리를 집어들고 몸을 돌려 떠나려는 순간 그가 그녀를 잡고 작별키스를 하자고 했다. 그녀는 얼굴을 대긴 했지만 그가 자신의 양 볼에 키스할 때 먼 곳을 바라보고 있었다.

"절대 입술에 키스하게 하지는 않는군. 키스를 해주는 법도 없고. 너는 나를 절대 사랑하지 않겠지, 테스?"

"전에도 말했잖아요. 사실이에요. 나는 당신을 한 번도 사랑한 적이 없고 앞으로도 절대 그럴 수 없을 거예요.

P. 54 당신을 사랑한다고 거짓말을 하고 편히 살 수도 있겠지만 난 그렇게는 못해요. 내가 당신을 사랑한다면 당연히 그렇다고 말하겠지만, 그렇지 않으니 그렇지 않다고 할밖에요."

"그렇게 비통해할 것 없어. 너는 아직도 이 근방에선 가장 아름다운 여자니까 말이야." 알렉이 말을 이었다. "나에게 돌아와주지 않을래? 너를 이렇게 보내는 것이 영 마음에 걸리는데 말이야!"

"절대로! 절대로! 이미 결심했어요. 절대 돌아가지 않아요."

"그래, 그럼 잘 가라고!" 이 말과 함께 그는 마차에 올라타고 사라졌다.

그녀는 그가 떠나는 것은 보지도 않고 구불구불한 길을 따라 천천히 걷기 시작했다. 이른 시간이었고 햇살은 아직 따뜻하지 않았다. 그녀 외에는 길이나 들에 아무도 없었다. 그녀는 추웠고 슬프고 외로웠다.

테스의 눈에 고향집의 굴뚝에서 연기가 피어오르는 것이 보였다. 그걸 본 그녀의 마음이 아파왔다. 오두막집에 들어서니, 예전보다 하나도 나아진 것이 없어 보이는 살림에 가슴이 미어졌다. 그녀의 어머니가 벽난로에 불을 지피고 있었다. "아니, 이런 테스 아니냐!" 어머니는 기뻐 뛰어오면서 딸에게 키스했다. "잘 있었니? 결혼식을 올리러 온 거냐?"

P. 55 "아뇨. 그런 게 아니에요, 어머니."

"네 사촌이 결혼하자고 하지 않던?"

"그 사람은 제 사촌이 아니에요. 그리고 저와 결혼하지도 않을 거고요."

어머니가 그녀를 쳐다보았다. "이리 와라. 뭔가 숨기는 것이 있구나."

테스는 어머니 곁으로 가서 어머니 어깨에 머리를 기대고 있었던 일을 모두 이야기했다.

"아니, 그러고도 청혼을 못 받았단 말이냐!" 어머니가 탄식의 소리를 질렀다. "너와 그 사람을 두고 그렇게 온갖 소문이 다 돌고 나서 일이 이렇게 끝날 줄 누가 알았단 말이냐? 너 하나만 생각할 게 아니라 조금이라도 집안에 도움이 되도록 행동할 생각은 하지도 않았니? 그가 우리에게 준 것을 봐라! 우리가 친척이기 때문에 그런 줄로만 알았다. 하지만 우리와 친척이 아닌데도 그런 것이라면 너에게 반해서 그런 게 틀림 없다. 그러고도 결혼약속을 못 받아내다니."

알렉 더버빌과 결혼을 하다니! 그는 한 번도 결혼 이야기를 꺼낸 적이 없었다. 그녀도 그를 좋아한 적이 없었다.

P. 56 체면을 지키기 위해 그와 결혼할 수는 없었다.

"그 사람과 결혼할 마음이 없었다면 몸가짐을 더 조심했어야지!" 어머니가 탄식했다.

"오, 어머니!" 테스는 가슴이 무너져내리는 것만 같았다. "제가 이렇게 될 줄 어떻게 알았겠어요? 넉 달 전 집을 떠날 때 저는 어린애나 다름 없었어요. 남자를 조심하라고 어머니는 그때 왜 말해주지 않으셨어요?"

어머니는 좀 진정하고 나서 말했다. “어쨌든 이왕 벌어진 일이니 잘 이용해야 한다. 그런 것이 인지상정이고 또 주님의 뜻이다.”

그날 오후 테스의 마을친구들이 그녀를 보러 왔다. 그들도 그녀의 사촌 얘기를 들어 알고 있었다. 더버빌 씨가 그녀와 사랑에 빠져 결혼할 것이 확실시된다는 소문이었다. 테스가 그들의 생각을 알았더라면 틀린 생각이라고 말해줬을 것이다. 그러나 그녀는 친구들이 그런 생각을 하고 있는지 꿈에도 몰랐고 그들과 어울려 웃고 수다 떨었다. 그리고 그동안만큼은 자신의 창피한 과거를 잊었다. 그 후 몇 주 동안 테스는 점차 활기를 되찾았다.

어느 일요일 아침 테스는 교회에 갔다. 귀에 익은 찬송가를 듣고 있는 것이 좋았고 그녀도 함께 따라불렀다. 눈에 띄지 않는 구석에 예배를 보며 앉아있던 그녀에게 마을 사람들이 수군거리는 모습이 보였다. 그들이 무슨 이야기를 하는지 그녀도 알 것 같았다.

P. 57 다시 수치심이 밀려왔고 다시는 교회에도 올 수 없는 처지임을 깨달았다.

그 후 그녀는 대부분의 시간을 동생들과 함께 쓰는 방에 틀어박혀서 보냈다. 방안에서 계절이 차례로 바뀌는 것을 보았다. 절대 마을에 나가지 않았고 사람들은 그녀가 다시 떠나버렸다고 생각하기 시작했다. 테스가 바깥출입을 하는 유일한 때는 한밤중에 숲이나 들을 거닐 때였다. 그녀는 어둠이나 그림자가 두렵지 않았다. 그녀를 불안하게 하는 것은 마을 사람들의 수군거림과 시선뿐이었다.

6장

안개가 자욱한 팔월의 어느 날 해 뜰 무렵이었다. 밭에는 옥수수 추수를 위한 수확기계가 준비되어 있었고 한 무리의 남자들과 또 다른 무리의 여자들이 작업을 준비하고 있었다. 수확기계가 옥수수를 베면 거둬들이는 일이 그들 몫이었다.

P. 58 곧 그들 귀에 기계 날이 돌아가기 시작하는 소리가 들렸다. 세 마리의 말이 기계를 끌면서 밭을 천천히 돌아다녔다. 기계가 지나가면서 옥수수대를 베어 수북하게 뒤에 남겨두고는 다시 앞서나갔다. 여자들은 기계를 따

라가면서 넘어진 옥수수를 다발로 묶었다. 점점 옥수수가 서 있는 면적이 줄어들었고 마침내 밭 전체가 벌거숭이가 되었다.

여자들은 면으로 만든 큼지막한 모자를 쓰고 또 손을 다치지 않도록 장갑을 끼고 있었다. 일하는 내내 테스는 다른 일꾼들이 그러는 것처럼 가끔씩 몸을 펴고 쉬는 법이 없었다. 마치 스스로 기계가 된 것처럼 밭을 왔다갔다 하면서 옥수수 다발을 집어서 묶었다. 하지만 아침시간이 지나감에 따라 일손은 멈추지 않으면서도 자꾸만 눈길을 돌려 언덕 쪽을 바라보았다. 열한 시에 한 무리의 아이들이 언덕을 넘어 밭쪽으로 왔다. 그중 가장 나이가 많아 보이는 여자아이가 어린 아기를 긴 숄에 싸서 안고 있었다. 다른 아이 하나는 점심을 들고 왔다. 추수하던 사람들이 모두 하던 일을 멈추고 앉아서 점심을 꺼내어 먹기 시작했다.

테스가 맨 마지막으로 일손을 놓았다. 그녀는 다른 일꾼들과 멀리 떨어져 앉았다.

P. 59 테스는 동생을 불러 아기를 받아 안았다. 그리고는 부끄러워 얼굴을 붉히면서 옷깃을 풀고 자신의 아기에게 젖을 먹였다. 남자들은 고개를 돌리고 담배를 피워물었다. 여자들은 자기들끼리 얘기를 하면서 머리 매무새를 다듬었다. 아기가 젖을 다 먹자 테스는 무릎에 내려놓고 별 애정을 보이지는 않으면서 아이를 얼렀다. 그러다 갑자기 아기에게 연거푸 키스를 해대기 시작했다. 결국 아기가 울음을 터뜨렸다.

“자기 아들이 싫다고 하고, 또 둘이 함께 죽어버렸으면 좋겠다고 하면서도 결국은 자기애를 끔찍이 위하는구먼.” 여자 중 한 명이 말했다.

“곧 그런 말은 하지 않을 거예요. 아기에게 정이 들면요. 여자들이 다 그렇지요 뭐.” 다른 여자가 말을 받았다.

“애를 가진 게 저 애 잘못은 아니지. 작년 어느 밤엔가 숲 속에서 강제로 당하는 바람에 저렇게 됐지. 저 애가 우는 소리를 들은 사람들도 있다고 하던데. 그 남자는 벌을 받아 마땅했는데 말이야.

P. 60 누군가 지나가다가 본 사람이라도 있었다면 그렇게 되었을 텐데.” 먼저의 여자가 말했다.

“다른 애도 아니고 저 애에게 그런 일이 생길게 뭐람. 하긴 그런 일은 항상 제일 예쁜 애들에게 생기지! 그저 그렇게 생긴 애들은 걱정할 일이 없잖아요, 안 그래요?" 두 번째 여자가 말했다.

테스는 여자들과 떨어져 앉아있었기 때문에 그들이 하는 말은 듣지 못했다. 사실 이번 주에 밭으로 일하러 나오게 된 것은 자신도 놀랄 일이었다. 그녀는 지난 몇 달을, 자신에게 일어난 일을 생각하며 울면서 집에만 틀어박혀 지냈다. 그러던 어느 날 지나간 일은 지나간 일이고 계속 그렇게 있을 수는 없다는 생각이 들었다.

P. 61 몇 년 지나면 마을 사람들은 그녀에게 있었던 불미스러운 일은 잊어버릴 것이다. 그러는 동안에도 나무는 언제나처럼 푸르렀고 새들은 노래하고 해는 매일 떴다. 삶은 계속되었다. 지금은 일년 중 가장 바쁠 때였고 추수를 도우면 적은 돈이나마 벌 수 있었다.

사람들은 일어나 팔다리를 뻗고 기지개를 펴고는 다시 일하러 나섰다. 테스는 얼른 자기 밥을 먹고 나서, 아기를 받아가라고 동생을 불렀다. 그리고 일꾼들의 무리에 섞여 어두워질 때까지 일을 계속 했다. 일을 마치고 사람들은 모두 큰 수레에 올라타고 노래하고 웃으며 집으로 향했다.

테스가 집에 도착해보니 아기가 몹시 앓고 있었다. 아기가 워낙 작고 약한 것은 알았지만 병이 든 것을 알고는 충격을 받았다. 그리고는 아이가 아직 기독교 세례를 받지 못했다는 사실을 깨달았다. 영세도 받지 못하고 죽으면 아이의 영혼은 지옥에 갈 것이었다. 그녀는 아래층으로 내려가 아버지에게 신부님을 불러달라고 부탁했다. 아버지는 거절했다. 그는 딸이 자신의 고결한 가문의 이름에 먹칠한 것에 아직도 화가 나 있었다.

P. 62 그는 문을 걸어잠그고 열쇠를 자기 주머니에 넣어버렸다.

가족은 모두 잠자리에 들었지만 테스는 잠들지 못했다. 아기는 갈수록 가쁜 숨소리를 냈다. 금방이라도 숨이 끊어질 것 같았다. 어쩔 줄 모르고 방안을 서성이던 테스에게 한 가지 생각이 떠올랐다. 그녀는 촛불을 켜고 동생들을 깨웠다. 그리고 그릇에 물을 붓고 교회에서 하는 것처럼 동생들에게 무릎을 꿇으라고 했다. 동생들은 눈이 휘둥그래져서 테스가 아기를 들어올리는 것을 보고 있었다. 테스는 아기를 안고 물그릇 옆에 섰고 리자 루가 기도서를 펴 들었다.

"진짜로 아기에게 세례를 줄 거야, 언니?" 동생 중 하나가 물었다. "아기 이름은 뭐라고 할 건데?"

테스가 따로 생각해둔 이름은 없었지만 성경이야기 하나가 머리에 떠올랐다. 하느님이 죄를 지은 아담과 이브에게 그 벌로 평생 동안 슬픔 속에 살게 될 거라고 말씀하시는 대목이었다. 테스는 망설임 없이 아이의 이름을 정했다. “소로우, 이제 성부와, 성자와, 성신의 이름으로 너에게 세례를 주노라.” 그리고 아기에게 물을 뿌렸다. 잠시 침묵이 흘렀다. “아멘하고 말해, 얘들아.” 테스가 말했다.

P. 63 “아멘!” 아이들이 합창했다.

테스는 그릇 안에 손을 담갔다가 검지로 아기의 이마에 십자를 그었다. 교회 세례식에서 들었던 말들을 써가며 테스는 계속 세례식을 진행했다. 테스의 말이 끝나자 아이들은 다시 “아멘!”하고 외쳤고 세례식은 끝났다.

이른 아침 테스의 아기 소로우는 결국 숨을 거두었다.

세월이 흘렀다. 테스는 겨울철에는 집에서 지내면서 어머니를 도와 집안일을 했다. 봄과 여름, 가을철에는 근처의 농장에서 일을 하며 적은 돈이나마 벌었다.

얼마가 지나자 테스의 일은 말롯 마을에서 잊혀갔다. 하지만 정작 그녀 자신은 말롯에 사는 한 그 일을 절대로 잊을 수 없을 것 같았다. 아무도 아는 사람이 없는 낯선 곳으로 가서 산다면 행복할 수 있을 것 같았다.

오월 초 어느 날 더비필드 부인 앞으로 편지가 한 통 왔다. 아는 사람이 보낸 편지였는데 어떤 목장에서 여름 동안 일할 경험 있는 여자일꾼을 찾는다는 소식이 들어있었다.

P. 64 그 목장은 남쪽으로 몇 마일 떨어진 곳에 있었다. 옛 더버빌 가문의 영지가 있었던 곳에서 멀지 않은 계곡에 자리잡고 있었다.

일주일 후 트랜트리지에서 고향으로 돌아온 지 이 년 반 만에 테스는 다시 집을 떠났다. 웨더베리까지 마차를 타고 가서 그곳에서 점심을 먹었다. 그리고는 손에는 바구니를 들고 목적지까지 걷기 시작했다. 두 시간이 지나서 테스는 탈보데이즈 목장이 있는 계곡이 내려다보이는 언덕 꼭대기에 이르렀다.

P. 65 말롯 마을을 둘러싸고 있는 계곡보다 훨씬 더 아름다웠다. 언덕을 내려가면서 테스는 기분이 좋아졌고 새로운 희망이 솟아올랐다. 갑자기 여러 마리의 개가 일제히 짖었다. 우유를 짜는 시간이었고 계곡에 있는 목장일꾼

들이 소를 몰아넣고 있었다. 테스는 한동안 이 광경을 구경하다가 얼룩덜룩 한 소떼를 따라, 열려있는 목장 문 안으로 천천히 발을 옮겼다.

7장

P. 68 테스는 한 무리의 남녀일꾼들이 소젖을 짜기 위해 목초지에 모여 기다리고 있는 것을 보았다. 그녀가 다가가자 건장하게 생긴 중년남자가 고개를 들어 쳐다보았다. 그의 이름은 리차드 크릭이었고 그녀가 찾고 있던 목장주인이었다. 그는 테스를 친절하게 맞아주었고 가족의 안부도 물었다. 그러더니 그녀를 아래위로 훑어보았다. 주로 집안에만 머물러있었던 테스의 안색은 창백했다.

"우유 짜는 일에 익숙했으면 좋겠군요. 소젖이 마르는 일이 있어서는 안 되니까." 그가 말하고는 걱정스러운 듯이 물었다. "일할 힘이 있긴 한 거죠? 시골사람들에게야 이곳 생활이 편안할지 몰라도 워낙 고된 일이 돼놔서 말이에요."

"그럼요. 저는 힘도 세고 힘든 일에도 익숙해요." 테스가 대답했다.

"자, 그럼, 얘기는 다 된 겁니다. 가서 차도 마시고 뭘 좀 먹어요. 말롯에서 여기까지는 먼 길이었을 텐데." 크릭 씨가 말했다.

"아뇨, 그냥 곧바로 우유 짜는 일을 시작할게요."

테스는 곧장 소 한 마리 옆에 앉아 젖을 짜기 시작했다. 우유가 자신의 손가락 사이로 쏟아져나와 우유통에 떨어지는 것을 보면서 그녀는 비로소 새로운 삶이 시작되었다는 걸 느낄 수 있었다.

P. 69 한동안 일꾼들은 서로 말이 없었다. 움직이는 것이라고는 아래위로 왔다갔다 하는 우유 짜는 손들과 좌우로 흔들리는 소꼬리들뿐이었다.

갑자기 크릭 씨가 입을 열었다. "오늘은 다른 날만큼 우유가 잘 나오지 않는데. 새로 온 아가씨에게 낯을 가리나? 소들에게 노래라도 불러줘야겠는데."

소들이 젖을 더 많이 내도록 일꾼들이 노래를 부르기 시작했다.

그들 중에 다른 일꾼들보다 일하는 속도가 느린 사람이 있었다. 그 남자는 세 마리를 짜고도 남을 시간 동안 계속 소 한 마리 옆에 머물러있었다.

"우유를 짜는 일은 손가락이 참 아프단 말이야." 남자는 이렇게 말하더니 결국 일어나서 팔을 들고 기지개를 켰다. 목장에서 일하는 사람 같은 차림새였지만 다른 사람과는 뭔가 달라 보였다. 교육을 많이 받은 사람 같았고 눈에는 어딘지 슬픈 느낌이 서려있었다. 그러다 언젠가 본 적이 있는 사람이라는 것을 알았다. 언젠가 말롯 마을의 오월제 댄스 때 마을 여자들과 함께 춤을 추었던 외지사람이었다.

P. 70 그녀는 잠깐이나마 그 사람이 자신을 알아보지나 않을까, 또 자신의 과거를 들어 알고 있지나 않을까 하는 걱정이 스쳤다. 하지만 그는 그녀를 전혀 알아보지 못하는 듯했다. 말롯 마을에서 보았던 때보다 많이 변한 모습이었다. 생각에 잠긴 듯한 표정이 전보다 강해졌고 또 지금은 수염을 기르고 있었다.

그날 저녁 우유 짜는 일이 끝나자 사람들은 집안으로 들어갔다. 아까의 그 젊은 남자는 저녁 내내 눈에 띄지 않았고 그녀도 다른 일꾼들에게 그 사람에 대해서 물어보지 않았다. 우유작업장 위에 있는, 여자일꾼 세 명이 함께 자는 큰 방에 테스의 침대가 마련되었다. 몹시 피곤했던 테스는 잠자리에 들자마자 잠이 들었다. 하지만 여자 중의 한 명이 그녀를 깨우더니 목장에서 일하는 사람들 이야기를 해주겠다고 했다. 잠이 반쯤 든 테스 귀에는 여자의 속삭이는 목소리가 마치 머리 위 허공을 맴도는 것처럼 느껴졌다.

"에인젤 클레어 씨는 우유 짜는 일을 배우고 있어요. 그리고 하프도 켤 줄 알아요." 여자가 말했다. 그리고 계속 말을 이었다. "신부님 아들인데 머리 속에 생각이 많아서 여자들은 안중에도 없어요. 우리들에게는 말도 잘 걸지 않고요. 그 사람 아버지가 에민스터의 클레어 신부님이에요. 여기서 좀 멀죠. 여기 클레어 씨를 빼고 다른 아들들은 모두 다 신부가 될 거래요."

P. 71 테스는 너무나 피곤한 나머지 왜 클레어 씨는 신부가 되지 않느냐고 물어보지도 못했다. 더 이상 눈을 뜨고 있을 수가 없었고 점점 다시 잠에 빠져들었다.

가난한 신부의 막내아들인 에인젤 클레어는 형제 중 가장 똑똑했다. 하지만 형제 중 유일하게 대학을 다니지 않았다. 그는 이 목장에서 반년 동안 견습생으로 일하고 있는 중이었다. 여러 가지 농장일을 배우기 위해 여기 오기 전 다른 농장들에서도 일했다. 나중에 목장을 경영하거나 해외의 식민지로 가서 자기 땅을 갖겠다는 희망을 갖고 있었다.

몇 년 전 그의 아버지는 에인젤이 철학책 한 권을 주문한 사실을 알았다. 그 책은 교회의 가르침에 대해 의문을 제기하는 내용을 담고 있었기 때문에 아버지가 받은 충격은 컸다. 에인젤은 아버지에게 자신은 형들처럼 신부가 되고 싶은 생각이 없다고 말했다. 교회의 시각은 너무 편협해서 사고의 자유를 허용하지 않는다고 믿었다. 클레어 신부는 상상력도 없고 고정관념에 가득한 사람이었다.

P. 72 대학에 가는 유일한 이유는 성직자가 되기 위한 것이라고 생각한 그는 아들 에인젤을 다른 아들들처럼 케임브리지 대학에 보내지 않기로 했다.

"꼭 케임브리지에 안 가도 됩니다." 에인젤의 대답이었다.

하지만 그는 뭔가 해야 했다. 집에서 독학으로 몇 년을 공부한 뒤 농장을 해보기로 결심했다. 그래서 스물 여섯의 나이에 에인젤 클레어는 탈보데이즈 목장의 견습생이 되었다. 그는 목장건물의 맨 위층에서 지냈다. 방 한쪽 끝에 커튼이 쳐져 있고 커튼 뒤에 그의 침대가 있었다. 방의 나머지는 쓸만한 거실로 꾸며져 있었다. 처음에는 그곳에서 혼자 책을 읽거나 하프를 연주하며 많은 시간을 보냈다. 하지만 얼마 안 가 크릭 씨와 그의 아내 그리고 다른 일꾼들과 함께 어울려 식사를 하기 시작했다. 시간이 지남에 따라 그는 시골사람들이 좋아졌다. 자신과 별반 다를 것이 없는 사람들이었다. 그리고 바깥에서 일하는 것도 즐거워지기 시작했다.

테스가 도착한 지 며칠이 됐지만 에인젤은 그녀의 존재를 알지 못했다. 그러다 어느 날 아침, 아침을 먹으러 가다가 처음 들어보는 목소리가 있는 것을 깨달았다. 그는 '아가씨들 중 누군가 목소리가 정말 예쁘군! 새로 온 아가씨인가보다.' 라고 생각했다.

P. 73 에인젤은 주위를 둘러보고는 다른 사람들과 함께 앉아있는 그녀를 보았다.

'순수하고 때묻지 않은 자연의 모습 그 자체로군!' 이런 생각을 하다가 어디선가 본 적이 있는 얼굴이라는 생각이 들었다. 어디서 본 얼굴인지는 기억이 나지 않았지만 지난날 한 번 본 적이 있는 아가씨라고만 생각했다. 사실 상관없었다. 그녀를 보고 있노라면 기분이 좋아져서 자꾸만 쳐다보게 되었다.

우유 짜는 일이 끝나고 테스는 혼자 마당을 걷고 있었다. 전형적인 유월의 여름 저녁이었다. 바람 한 점 없었고 사방은 고요했다. 어디선가 하프소리가 들렸다. 귀를 기울이면서 테스는 소리가 나는 쪽으로 갔다.

에인젤이 울타리 근처에 앉아 하프 줄을 튕기고 있는 것이 보였다. 음악소리가 끊겼고, 테스는 더 들을 수 있을까 해서 기다리고 서있었다. 연주에 싫증이 난 에인젤은 일어서다가 테스가 있는 것을 보았다. 테스는 얼굴을 붉히면서 자리를 떴다.

P. 74 "왜 가는 거예요, 테스? 무서운 거라도 있어요?" 에인젤이 물었다.

"아뇨. 제가 보고 또 아는 것들은 무서울 게 없어요."

"하지만 두려운 것이 있는 건 사실이군요?"

"네."

"나도 그래요. 자주 그러죠. 살아있다는 것 자체가 쉬운 일이 아닌 것 같아요. 그렇게 생각지 않아요? 하지만 당신 같은 어린 아가씨도 그렇게 느끼는지는 몰랐는데요. 왜 그렇죠?"

"제가 모르는 사실들이 두려워요. 미래의 일들이요. 앞에 차례대로 놓여있는 수많은 내일들이 보여요. 모두 사납고 잔인해 보여요."

에인젤은 젊은 여자가 그런 슬픈 생각을 가지고 있는 것을 보고 놀랐다. 테스 입장에서는 에인젤처럼 좋은 집안에 나서 교육도 많이 받은 사람이 왜 사는 것을 두려워하는지 알 수가 없었다. 상대에게 느낀 의아스러움 때문에 두 사람은 서로에 대해 더 알고 싶은 마음이 들었다. 둘은 일과가 끝나면 함께 보내는 시간이 많아졌다.

테스는 처음에는 자기 자신이 에인젤과 비교되어 우울했다. 그는 모든 면에서 그녀보다 아는 것이 훨씬 많았다. 그녀가 자신의 마음을 말하자 그는 그녀에게 공부를 도와주겠다고 말했다. 하지만 그녀는 싫다고 했다. "단지 제가 알고 싶은 것은 왜 햇살이 좋은 사람에게나 나쁜 사람에게나 공평하게 비추는가 하는 거예요.

P. 75 거기에는 아무도 대답하지 못하잖아요."

"오, 테스, 그렇게 비관적인 생각 말아요." 그는 테스의 맑고 순수한 얼굴을 바라보면서 그녀의 과거에는 죄나 잘못이란 있을 수 없을 거라는 생각을 했다.

그가 가고 혼자 남았을 때 테스는 자신이 얼마나 바보처럼 보였을까 하는 생각이 들었다. 만약 자신이 더버빌 가문 사람이라고 말하면 에인젤이 자신을 존경해주지 않을까 생각해보았다. 그녀는 크릭 씨에게 에인젤이 혹시 재산이나 영지를 모두 잃어버린 유서 깊은 가문들에 관심을 가지고 있는지 물어보았다.

"클레어 씨는 일종의 반항아에요. 자기 가족과는 아주 다른 사람이죠. 그가 싫어하는 것이 있다면 바로 귀족가문일 겁니다. 언젠가 사내애 하나가 일자리를 구하러 여기 와서는 자기 이름이 매트라고 합디다. 우리가 성은 뭐냐고 하니까 자기에게 성이 있다는 말은 들어본 적이 없다고 하데요. 그래서 우리가 이유를 물으니 하는 말이, 자기 집안은 성을 가질 만큼 그다지 오래된 것 같지 않다나요. 그때 클레어 씨가 아이 손을 잡고 악수하면서 동전 한 닢을 쥐여줬다니까요.

P. 76 그럼요! 그 양반은 유서 있는 가문 따위에는 질색합니다."

이 말을 들은 테스는 자신이 미처 가문 이야기를 꺼내지 않은 것이 다행이라는 생각이 들었다. 그래서 조상들 이야기나 자신의 시조라는 그 기사에 대해서는 함구하기로 했다.

8장

더운 여름 날이 계속되었다. 테스는 그 어느 때보다도 행복했다. 그녀와 에인젤은 서서히 서로에 대해 많은 것을 알게 되었다. 두 사람은 서로에게 사랑의 감정을 느끼기 시작했다. 함께 일하는 사이였기 때문에 자주 만날 수 있었고 또 만남을 멈출 수가 없었다. 우유 짜는 일은 아침 일찍부터 시작되었다. 테스가 옷을 입을 때쯤 에인젤은 이미 아래로 내려와 따뜻하고 습한 아침 공기 속에 서 있었다. 다른 일꾼들은 십오 분이나 지나서야 내려오곤 했다. 에인젤에게 테스가 가장 아름다워 보일 때는 바로 이런 어스름이 남아있는 새벽 시간이었다. 이때의 테스는 그저 목장일꾼이 아니라 너무나 완벽한 여자로 보였다.

P. 77 어느 날 사람들이 아침을 먹은 후 우유작업장에서 일하고 있었다. 여느 때처럼 우유가 교유기(攪乳機) 안에서 돌아가고 있었지만 쉽게 버터로

굳어지지 않았다. 크릭 씨는 걱정스런 얼굴이었다.

"아무래도 이 집에 사는 사람 중 누군가 사랑에 빠졌나 봐요." 크릭 씨 부인이 말을 꺼냈다. "가끔 그게 원인이 된다는 말이 있죠. 몇 년 전에 있었던 그 여자일꾼을 생각해봐요. 그때 버터 때문에 얼마나 애를 먹었는지…"

"아, 그래, 기억나! 하지만 그 아가씨가 사랑에 빠진 것하고는 아무 상관이 없었잖아. 교유기가 망가진 거였지." 이렇게 말하고 크릭 씨가 에인젤 쪽을 보며 말했다. "잭 돌롭이라고, 여기 있던 일꾼 중 한 명이었는데 아가씨 하나를 그만 곤란하게 만들었지요. 어느 날 그 아가씨 어머니가 커다란 놋쇠 우산을 집어들고 남자를 찾으러 오지 않았겠어요? 뒤에는 그 아가씨가 슬피 울며 따라오고 있었고요. 그 어머니가 우유작업장으로 들어오니까 잭은 교유기 안에 숨었죠. 아가씨 어머니는 샅샅이 뒤져 끝내 찾아냈죠. 그러고는 잭이 딸과 결혼하겠다고 말할 때까지 계속 교유기를 돌렸어요. 남자는 결국 그러겠다고 했죠."

P. 78 사람들이 웃으며 이 이야기를 듣고 있을 때 뒤쪽에서 누가 갑자기 움직였다. 뒤돌아본 사람들은 파랗게 질린 테스가 작업장을 나가고 있는 것을 보았다. 사람들이 테스를 두고 엉뚱한 오해를 하기 전에 다행히도 곧 교유기 안에서 우유 돌아가는 소리가 달라지기 시작했다. 버터가 굳기 시작한 것이었다. 그날 오후 내내 테스는 침울한 기분이었다. 다른 사람들은 크릭 씨의 이야기를 듣고 웃었지만 그녀에게는 슬픈 이야기로만 들렸다. 자신의 과거를 떠올리게 하기 때문이었다.

그날 밤 테스는 가장 먼저 잠자리에 들었고 다른 여자들이 들어올 때쯤에는 이미 잠이 든 상태였다. 여자들의 말소리에 잠이 깨어 조용히 그들을 쳐다보았다. 여자들은 창가에 서서 마당에 있는 누군가를 유심히 보고 있었다.

"밀지 마! 언니도 잘 보이잖아." 그중 가장 나이 어린 적갈색 머리의 레티가 말했다.

"우리가 아무리 저 사람을 좋아해봤자 소용없어, 레티 프리들." 이번에는 가장 나이가 많은 마리안이 말했다. "저이는 다른 사람만 생각한다고."

"다시 온다!" 물에 젖은 검은 머리를 창백한 얼굴에서 걷어내며 이즈 휴엣이 말했다.

"만약 청혼하면 난 내일이라도 당장 저 사람과 결혼하고 말겠어." 마리안이 말했다.

"나도." 이즈가 말했다.

P. 79 "나도." 레티가 속삭였다.

"하지만 불가능한 일이야." 이즈였다.

"그래, 우린 안 돼. 왜냐면 테스 더비필드를 제일 좋아하거든. 난 매일 저 사람이 테스를 쳐다보는 눈을 봤어." 마리안이 낮은 소리로 말했다.

잠시 아무도 말이 없었다.

"바보 같기는! 우리가 됐건 테스가 됐건 저 사람이 우리 같은 여자와 결혼할 리가 없잖아. 우리와는 신분이 다르잖아. 나중에 부자 지주나 외국에서 목장주인이 될 사람이야. 우리에게는 일꾼으로나 오라고 하겠지!" 이즈가 말했다.

그들은 마지막으로 창밖을 내다보고 한숨을 쉬고 나서는 하나 둘 잠자리에 들었다. 테스는 더 이상 잠이 오지 않아 생각에 깊이 잠긴 채 누워있었다. 에인젤이 다른 여자들보다 자신을 더 좋아하는 것은 테스 자신도 알고 있었다. 그녀는 다른 여자들에 비하면 더 예쁘고 학교도 더 오래 다녔다. 경험 많은 목장일꾼이야말로 그에게 딱 맞는 신붓감이라는 생각이 들기도 했다. 하지만 자신은 절대로 결혼하거나 결혼할 생각도 하지 않기로 이미 결심한 후였다. 에인젤이 계속 자신에게 관심을 갖도록 할 수는 있겠지만 그것이 옳은 일인지는 알 수 없었다.

P. 80 다른 여자들에게 그의 관심을 얻을 기회를 주는 것이 옳은 일인지도 몰랐다.

다음날 아침을 먹으러 가보니 크릭 씨가 발을 구르며 집안을 왔다갔다하고 있었다. 그 앞으로 편지가 배달되어왔는데 고객으로부터 온 항의편지였다. 버터에서 이상한 맛이 난다는 것이었다.

"사실이야! 내가 맛을 보니 마늘냄새가 나더라고! 목초지에서 이상한 풀이 자라고 있는 것이 틀림없어. 찾아내서 뽑아버려야 돼."

아침을 먹고 나서 사람들이 모두 목초지로 나가 야생마늘을 찾았다. 소 한 마리라도 마늘을 먹는다면 그날 버터 전체를 망쳐놓기에 충분한 일이었다. 에인젤도 따라나왔는데 일부러 테스의 옆에 서서 걸었다.

"오늘 기분 어때요?"

"아주 좋아요, 감사합니다." 대답하고 나서 테스가 물었다. "오늘따라 예뻐 보이지 않나요?"

"누구를 말하는 거죠?"

"이즈 휴엣과 레티 말이에요." 테스는 두 사람 모두 농장주인의 아내감으로 훌륭하다고 생각했다. 지난밤 여자들의 이야기를 엿들은 다음부터 그에게 다른 여자들을 추천해줘야겠다고 마음먹었던 것이다.

P. 81 "예뻐요? 네, 모두 예쁘죠. 항상 그렇게 생각하고 있어요."

"거기다 아주 훌륭한 일꾼들이에요."

"네, 하지만 당신보다는 못하죠." 에인젤은 이렇게 말하면서 그 두 여자들 쪽을 쳐다보았다. 여자들은 그가 자신들 쪽을 쳐다보는 것을 알고 있었다.

"레티 얼굴이 빨개지네요. 당신이 쳐다봐서 그래요."

테스는 더 이상 아무 말도 하지 않고 에인젤 곁을 떠나 크릭 씨와 함께 걸었다. 에인젤에게 차마 둘 중 한 사람과 결혼하는 것이 어떠냐는 말은 할 수가 없었다. 하지만 그날 이후 그를 피하기 시작했다. 우연히 만나게 돼도 더 이상 함께 어울리지 않았다. 그리고 항상 다른 세 명의 여자들에게 그의 관심을 끌 기회를 양보했다.

9장

P. 82 칠월의 무더운 일요일 아침이었다. 우유 짜는 일이 막 끝난 때였다. 천둥이 치며 폭우가 내렸던 전날과 달리 이날은 해가 쏟아지는 맑고 청명한 날씨였다. 테스와 다른 세 명의 여자들은 가장 좋은 옷으로 갈아입었다. 목장건물에서 삼사 마일 떨어진 곳에 있는 멜스톡 교회에 갈 계획이었다.

아가씨들이 멜스톡으로 가는 비탈길을 다 내려왔을 때 길이 물에 잠겨있는 것을 보았다. 평소 같았으면 그냥 물속을 걸어서 갔겠지만 지금 그랬다가는 좋은 구두와 흰 드레스를 모두 망칠 판이었다. 멀리서 교회종 소리가 들렸다. 아직 가야 할 길이 일 마일 정도 남아있었다.

어떻게 할지 궁리하고 있을 때 비탈길을 따라 에인젤이 내려오고 있는 것이 보였다. 여자들을 보고 일부러 도와주려고 온 것이었다.

"안아서 웅덩이를 건네드릴게요. 자, 마리안, 팔을 제 어깨에 걸치세요.

자요! 잡아요. 됐습니다."

P. 83 마리안은 그가 시킨 대로 했고 에인젤은 그녀를 안고 건넜다. 둘은 길이 구부러진 곳에서 사라졌다. 몇 분 후 그가 다시 나타났다. 이즈가 다음 차례였다.

"저기 온다." 그녀가 말했다. 이즈의 입술은 흥분으로 바짝 타 있었다. "그 사람 목에 내 팔을 두르고 마리안이 그런 것처럼 그의 얼굴을 들여다본다 이거야."

에인젤이 이즈에게 왔다. 그녀는 조용히 그리고 꿈을 꾸듯이 몸을 숙여 그의 품에 안겼다. 그는 이즈를 안고 다시 걸어갔다. 다음은 레티 차례였는데 에인젤은 그녀를 안아 올리며 테스를 쳐다보았다. 그녀는 그가 무슨 생각을 하는지 알 수 있었다. 그의 얼굴은 '이제 곧 당신과 나요.' 라고 말하고 있었다.

이제 테스의 순서가 되었다. 그는 그녀를 들어올렸고 테스는 그와 가깝게 접촉하게 되자 가슴이 두근거리는 자신이 부끄러웠다.

"평범한 세 명 끝에 미인을 얻는군." 그가 속삭였다.

"모두 저보다 나은 사람들이에요."

"나에겐 아니오." 에인젤은 말없이 자기 뺨을 그녀의 뺨에 댔다.

P. 84 "오, 테스!" 그의 말에 테스는 얼굴이 붉어졌고 그의 눈을 똑바로 쳐다볼 수가 없었다. 에인젤은 자신이 그녀를 당황스럽게 만든다는 걸 알고 더 이상은 어떤 행동도 하지 않았다. 사랑의 속삭임이 오고 간 것은 아니었다. 하지만 그는 최대한 오래 그녀를 안고 있기 위해 되도록 천천히 걸어갔다. 하지만 곧 모퉁이에 도착했고 다른 여자들은 두 사람이 마른 땅으로 걸어오는 것을 지켜보고 있었다. 에인젤은 테스를 내려놓고 작별인사를 한 후 오던 길로 다시 돌아갔다.

네 명의 아가씨들은 말없이 걸었다. 마리안이 입을 떼었다.

"그래, 우리에겐 얘를 이길 희망이 없어!" 이렇게 말하고 마리안은 서글픈 눈으로 테스를 쳐다보았다.

"무슨 말이야?" 테스가 물었다.

"너를 제일 좋아하잖아! 보면 알 수 있어. 네가 조금만 부추겼어도 너에게 키스했을 거야." 마리안이 말했다.

"아니야. 그렇지 않아." 테스가 말했다.

아가씨들은 더 이상 명랑한 기분도 아니었지만 그렇다고 테스를 질투하는 것도 아니었다. 그들은 인심 좋은 시골 처녀들이었고 테스를 욕하는 사람은 없었다. 테스는 마음이 아팠다. 자신도 에인젤을 사랑하고 있었지만 친구들에게 미안한 마음이었다.

"내가 너희들에게 방해되는 일은 절대 없을 거야." 그날 밤 침실에서 테스가 여자들에게 말했다.

P. 86 "그 사람이 나와 결혼하고 싶어할 거라고 생각하진 않지만 만약 그렇다 해도 난 거절할 거야. 어떤 남자라도 다 거절할 거야."

"왜?" 레티가 물었다.

"난 결혼 못해. 하지만 그렇다고 너희들 중 한 명을 고를 것 같지도 않아." 테스는 울음을 터뜨렸다.

그녀들의 우정은 변하지 않았다. 그들은 마음에 품은 생각들과 에인젤에 대한 서로의 감정을 털어놓았다. 테스는 이제 에인젤이 자신에게 보이는 관심을 전처럼 심각하게 생각하지 않았다. 그건 어느 여름 한 철의 풋사랑일 뿐이었다. 그뿐이었다.

칠월의 날씨는 점점 더 뜨거워졌다. 우기도 지났고 들은 바짝 말랐다. 일꾼들은 이제 목초지에 나가 우유를 짰다. 그편이 더 시원하고 편했다. 어느 날 오후 테스와 에인젤이 서로 멀지 않은 곳에서 우유를 짜고 있었다. 테스는 젖을 짜면서 뺨을 소의 몸에 기댄 채 멀리 들판 끝을 멍하니 바라보고 있었다. 햇살이 그녀의 아름다운 얼굴에 비추었다. 에인젤이 어느새 자신이 있는 곳으로 와서 자신을 바라보고 있는 것을 알지 못했다.

에인젤은 테스의 얼굴을 사랑했다. 그처럼 아름다운 입술과 치아를 본 적이 없었다. 마치 백설로 가득 찬 장미와도 같았다. 그는 자기 자리에서 벌떡 일어나 재빨리 그녀에게로 갔다. 그리고 그녀 옆에 무릎을 꿇고 앉아 두 팔로 그녀를 안았다. 테스는 깜짝 놀랐지만 곧 긴장을 풀고 그의 어깨에 몸을 기댔다.

P. 87 그녀의 입술이 벌어지더니 작은 신음소리가 새어 나왔다. 그 입술이 너무 매혹적이어서 그는 그녀에게 키스하려다 겨우 참았다.

"미안해, 테스! 말없이 이러면 안 되는데. 난 너를 정말로 사랑해." 그가 속삭였다.

테스는 그에게서 몸을 빼려고 했다. 그녀의 눈에 눈물이 고였다.

"왜 우는 거야?" 그가 물었다.

"모르겠어요!" 그의 팔을 밀어내며 그녀가 말했다.

"난 결국 내 감정을 말하고 말았어, 테스. 널 끔찍이 사랑해. 하지만 여기서 잠시 멈추자고. 나도 내 감정에 놀랍기는 마찬가지야." 에인젤이 말했다.

그는 테스를 놓아주었고 잠시 후에는 두 사람 모두 다시 우유를 짜고 있었다. 몇 분 후 크릭 씨가 왔을 때는 그들 사이에 아무 일도 없었던 것처럼 보였다. 그러나 두 사람에게는 마치 세상 전체가 달라진 것과도 같은 변화였다. 그들은 서로의 사랑을 확인했고, 사랑이란 것은 사람의 인생을 바꾸기 마련이다.

P. 88 칠월의 밤은 낮만큼 더웠다. 에인젤은 잠을 이룰 수가 없었다. 그는 캄캄한 바깥으로 나가 목장 마당 동쪽에 있는 문 옆에 앉았다. 처음 이곳 목장에 왔을 때의 마음은 그저 견습생으로 계획한 기간을 보내러 왔을 뿐이었다. 하지만 시간이 갈수록 이곳이 그에게 소중한 곳이 되어갔다. 그로서도 놀라운 일이었다. 에인젤은 정직하고 사려 깊은 사람이었다. 얼마간 희롱하며 지내다 싫증이 나면 장난감처럼 버리는 상대로 테스를 생각하는 것은 아니었다. 자신에게 보이는 그녀의 감정을 진지하게 받아들여야 한다는 것을 알고 있었다.

목장에서의 견습기간은 육 개월도 남지 않았다. 다른 목장에서 또 몇 개월을 보낸 후 그는 자신의 농장을 꾸릴 준비를 해야 한다. 목장주의 아내는 목장일을 아는 사람이어야 하지 않을까? 그는 부모님을 찾아뵙고 자문을 구하기로 했다.

그는 다음날 바로 출발했다. 에민스터를 향해 말을 타고 가면서 자신의 미래를 생각해 보았다. 그는 테스를 사랑했다. 그녀와 결혼해야 할까? 그녀와 결혼하겠다고 하면 그의 어머니나 형들은 어떻게 생각할까? 결혼 후 이삼 년 지나면 스스로는 어떤 생각이 들까?

아버지의 사제관이 눈에 들어왔고 점점 가까워졌다.

P. 89 열두 살에서 열여섯 살 가량의 소녀들이 무리지어 교회 바깥에 서 있었다. 책을 들고 소녀들에게로 다가가고 있는 한 젊은 여자가 있었다. 에인

젤도 아는 여자였다. 부모님이 자신의 배필로 점찍어둔 머시 찬트라는 여자였다. 그녀는 성경공부반을 지도하고 있었고 지금도 그 모임을 갖고 있는 것 같았다. 착하고 좋은 여자이긴 했지만 결혼상대로는 전혀 끌리지 않았다.

그의 부모님은 아들을 보자 놀라면서도 반가워했다. 막 아침식사를 하려던 참이었고 에인젤도 함께 식사를 했다. 더 이상 자신의 집으로는 느껴지지는 않았지만 오랜만에 고향집에 오니 그도 기분이 좋았다.

10장

저녁이 되어 가족예배가 끝나고 나서 에인젤은 아버지와 대화를 가졌다. 잉글랜드나 해외 식민지에서 목장을 운영하겠다는 자신의 계획을 말했다.

P. 90 클레어 신부는 아들에게 줄 선물을 하나 마련해두고 있었다. 에인젤의 대학학비로 썼을 돈을 매달 모아왔던 것이다. 목장을 할 땅을 사는데 충분한 돈이었다. 아버지의 배려에 더욱 힘을 얻은 에인젤은 목장주의 아내로서 어떤 여자가 좋겠냐고 물어보았다.

"너에게 도움과 안식이 되는 신앙이 깊은 여자여야지. 그거면 충분하지. 너도 기억하지? 찬트 박사 댁 딸…" 아버지가 말했다.

"하지만 우유도 짤 줄 알고 버터나 치즈도 잘 만들 줄 아는 것이 가장 중요하지 않을까요? 양이나 소의 가치를 잘 알고 또 농장일꾼들을 부릴 수 있는 그런 여자가 필요하지 않을까요?" 에인젤이 물었다.

그의 아버지는 그런 쪽으로는 생각해본 적이 없었다. "그래, 그래, 물론이다. 하지만 너도 잘 아는 머시 찬트보다 더 덕성스럽고 참한 신붓감은 찾기 어려울 거라는 말을 하고 있는 거다."

"네, 머시는 착하고 독실한 여자죠. 알고 있어요. 하지만 아버지, 순수하기도 하면서 농장생활까지 잘 아는 여자라면 제가 더 바랄 게 없겠지요?"

P. 91 에인젤과 아버지의 대화는 쉽사리 끝나지 않았다. 클레어 신부는 머시 찬트가 이상적인 신붓감이라는 생각을 바꾸지 않았다. 결국 에인젤은 완벽한 아내가 될만한 아가씨를 만났다고 말했다. 꼬박꼬박 교회에 나가고 정직한 성품에 똑똑하고 품위까지 있으며 순수하고 또 용모도 무척 아름답다는 이야기를 했다.

"머시처럼 좋은 집안 출신이냐?" 방으로 들어온 에인젤의 어머니가 물었다.

"양갓집 아가씨라고 부를 만한 배경은 아니에요. 가난한 농부의 딸이거든요. 하지만 좋은 집안배경이 제게 무슨 소용이 있겠어요? 제 아내 될 사람은 거칠고 힘든 농장일을 하면서 살아야 할 텐데요. 거기다 빠듯한 돈으로 살림을 꾸려야 하고요." 에인젤이 말했다.

"머시는 교육을 받은 여자다. 시도 읽고 피아노도 칠 줄 안다." 어머니가 말했다.

"제가 꾸려갈 인생에서 그런 것이 무슨 소용이 있겠어요? 그리고 읽는 건 제가 가르칠 수도 있어요. 뭐든지 빨리 배우는 사람이에요. 그 아가씨 자체가 시고, 또 시인들이 읊는 그런 삶을 살고 있는 걸요. 거기다 아주 착실한 기독교인이고요.

P. 92 그런 품성이 더 중요하다는 걸 아시리라 믿어요." 에인젤은 부모를 계속 설득했다.

오랫동안 에인젤의 부모는 아들이 아직도 신앙심을 유지하고나 있는지 걱정해왔다. 그래서 아들이 결혼하고 싶어하는 아가씨가 굳건한 신앙심을 가지고 있다는 말에 안도했다. 결국 아들에게 신중하게 행동하라고 하면서도 아가씨를 만나보고 싶다고 했다.

다음날 에인젤은 목장으로의 귀환길에 올랐다. 그의 어머니가 샌드위치를 만들어주었고 아버지는 아들을 배웅하기 위해 말을 타고 따라나섰다. 에인젤은 아버지가 교구에서 있었던 여러 가지 일들을 이야기하는 것을 들으며 갔다. 트랜트리지 근교에 사는 더버빌이라는 이름의 젊은 지방유지에 관한 일도 있었다.

"킹즈비어 등지에 살던 그 유서 깊은 더버빌 가문 사람이라고요?" 에인젤이 물었다.

"아니, 아니. 진짜 더버빌 가문은 오래전에 없어졌고, 이 남자 집안은 자기들 성을 더버빌로 바꾼 거란다. 방종한 행동거지로 근방에서 악명 높아서 내가 교회에서 그 문제를 언급한 적이 있다. 그랬더니 설교가 끝나고 나서 사람들이 보는 자리에서 나에게 욕을 하더구나."

이야기를 들은 에인젤은 화가 났다. "아버지, 그런 식으로 사람들이 아버지를 모욕하도록 내버려두시면 어떻게 해요." 그가 슬픈 목소리로 말했다.
P. 93 "상관없다. 사람들이 나쁜 짓을 하면 말해주는 게 내 의무다. 적어도 나를 치지는 않더구나. 그 사람을 위해서 계속 기도하고 있다. 아마 언젠가는 내 충고가 그 못된 버릇을 고치는데 도움이 될 날이 올 거다."

아버지의 편협한 종교관은 받아들이기 어려웠지만 에인젤은 아버지를 사랑했다. 아버지는 테스가 돈이 많은지 가난한지에 대한 것은 한 번도 물은 적이 없었다. 아버지의 금전에 대한 무관심 때문에 에인젤이나 그의 형들은 언제까지나 가난하게 살지도 모른다. 하지만 돈은 중요한 것이 아니라는 아버지의 생각을 존경했다. 어떤 점에서는 자신이 아버지와 닮은 점이 있다는 생각이 들었다.

에인젤이 목장에 도착했을 때는 모두들 오후의 뜨거운 태양을 피해 건물 안에 들어가 있었다. 여름에는 일꾼들이 새벽부터 일어나기 때문에 오후 착유 시간 전에 한차례 낮잠이 필요했다. 에인젤이 건물에 들어섰을 때 시계가 세 시를 쳤다. 오후에 하는 우유크림을 걷어내는 시간이었다.
P. 94 계단에서 소리가 났고 테스가 나타났다. 그녀는 하품을 하고 기지개를 켜면서 내려오고 있었다. 미처 에인젤이 보고 있다는 걸 알지 못했다. 에인젤의 눈에는 그가 보았던 세상 어떤 것보다 더 아름다운 모습이었다. 테스가 그를 발견했다.

"클레어 씨! 놀랐잖아요… 저는…" 수줍음과 놀람이 섞인 눈으로 그녀가 말했다.

"사랑스런 테스!" 그가 그녀에게 다가가며 속삭였다. 팔로 그녀를 안으면서 자신의 얼굴을 그녀의 볼에 가져다 댔다. "앞으로는 클레어 씨라고 부르지 마. 네가 보고 싶어서 서둘러 왔어!"

그는 그녀를 안고 그녀의 눈을 들여다 보았다. 그녀도 마치 그가 세상에 존재하는 유일한 사람이라도 되는 것처럼 그를 마주보았다.

"크림 걷으러 가야 돼요. 크릭 씨 부부는 시장에 가셨고 다른 사람들도 다들 나가버렸어요."

두 사람은 함께 우유작업장으로 갔다. 사랑하는 두 연인만 함께 남아 일했으니 그날 오후에 만들어진 탈보데이즈 목장 우유는 크림이 제대로 걷어지지 않았을 가능성이 높다. 에인젤의 바로 옆에 서서 함께 일을 하니 테스는 꿈길을 걷는 것만 같았다. 한동안 잠자코 있던 에인젤이 말했다.

P. 95 "너에게 뭔가 실질적인 얘기를 할 게 있어. 지난주에 목장에서 내가 너에게 고백했을 때부터 생각해왔던 일이야." 부드러운 목소리로 그가 말을 이었다. "나는 곧 결혼을 해야 해. 나는 농부이기 때문에 농장일을 잘 아는 아내가 필요해. 네가 그 사람이 되어주겠어, 테스?"

테스는 그를 향한 자신의 사랑은 이미 피할 수 없는 것이라고 인정하긴 했지만, 청혼까지 기대하진 못했다. 무너지는 심정으로 그녀는 청혼을 거절했다.

"오, 클레어 씨! 저는 당신의 아내가 될 수 없어요. 그럴 수 없어요!" 자기 자신의 입에서 나오는 말들이 테스의 가슴을 갈래갈래 찢었다.

"하지만 테스!" 그녀의 반응에 놀란 에인젤이 소리쳤다. "어떻게 거절할 수 있지? 나를 사랑하잖아?"

"네, 네! 당신이 아니라면 이 세상 어떤 남자도 싫어요." 테스는 울음을 터뜨리고 말았다. "하지만 당신과 결혼할 수는 없어요!"

팔을 뻗어 그녀를 잡고 에인젤이 말했다. "테스, 결혼약속을 한 다른 사람이라도 있는 거야?"

"아니에요!" 테스는 서럽게 울었다.

"그럼 왜 나를 거부하는 거지?"

P. 96 "당신 아버지는 신부님이잖아요. 그리고 당신 어머니도 당신이 저 같은 여자와 결혼하는 것을 좋아하실 리가 없어요. 양갓집 아가씨와 결혼하기를 원하실 거예요."

"그렇지 않아. 이미 부모님께 말씀드렸어. 그게 내가 집에 다녀온 이유 중 하나라고." 그가 말을 이었다. "내가 너무 서둘렀나, 테스? 그럼 시간을 더 줄게. 잠시 동안 결혼얘기는 입에 올리지 않을게."

그녀는 다시 일을 시작하려 했지만 좀처럼 울음을 멈출 수가 없어서 쉽지 않았다. 자신이 왜 슬픈지 에인젤에게 차마 말할 수 없었다. 그는 그녀를 진정시키려고 이런저런 다른 화제를 꺼냈다. 그는 말을 하고 테스는 일을 시작했다. 그러다 에인젤은 자신의 아버지가 트랜트리지에 사는 젊은 남자에게 수모를 당한 이야기를 꺼냈다. 그 말을 들은 테스의 얼굴이 놀라 굳어졌지만 에인젤은 눈치채지 못했다. 우유크림을 제거하는 일이 끝났을 때 그가 다정하게 말했다. "자, 그럼 이제 대답해줘, 테스."

"안 돼요! 안 돼요!" 알렉 더버빌과 있었던 일을 쓰라리게 떠올리며 그녀가 대답했다. "그럴 수 없어요!"

테스의 거절은 예상치 못한 일이었지만 에인젤은 희망을 버리지 않았다. 언젠가는 자신의 청혼을 받아들일 거라고 굳게 믿었다. 며칠이 지난 뒤 그는 다시 물었다. "테스, 왜 나와 결혼할 수 없다는 생각이 그렇게 강한 거야?"

P. 97 "전 당신에게 자격이 없어요. 당신 가족과 친구들은 저를 무시할 거예요."

"그건 우리 부모님을 잘못 생각하는 거야. 그리고 형들이 뭐라고 하든 난 상관 안 해." 그가 말을 이었다. "진심으로 이러는 건 아니지? 당신이 내 사람이 되어주겠다는 말을 듣지 못한다면 나는 책을 읽을 수도 음악을 연주할 수도 그 어떤 것도 할 수 없어. 제발 그러겠다고 해줘, 테스."

그녀는 고개를 젓고 나서 먼 곳을 바라보았다.

"나를 남편으로 받아주지 않을 거야? 절대로?"

"절대로요. 모두 당신을 위한 거예요. 저는 당신 사람이 되어주겠다는 그런 행복한 약속을 할 자격이 없어요. 전 그러면 안 돼요."

"하지만 당신이 있어야 내가 행복하다고!"

"그건 당신 생각일 뿐이에요. 그건 모르는 일이에요."

둘 사이에 이런 대화가 있고 난 다음에는 테스는 항상 방이나 풀밭으로 가서 울었다. 그의 청혼을 받아들이고 싶은 마음이 너무나 간절해서 언젠가 그만 승낙을 하게 될까 봐 두려웠다.

P. 98 둘만 있게 될 때마다 그는 청혼했고 그녀는 거절하기를 반복했다. 테스는 그를 피해보려고 했지만 불가능한 일이었다.

치즈를 만드는 일에 에인젤과 테스 또다시 둘만 남게 되었다.

"테스, 당신이 나를 사랑한다는 사실이 눈에 보이는데 도대체 왜 내 아내가 될 마음이 없다는 거지?" 에인젤이 물었다.

"그럴 마음이 없다고 한 적은 없어요. 그런 말은 절대 안 해요. 그건 사실이 아니니까요!" 그녀는 방을 뛰쳐나갔다. 에인젤이 뒤따라 나와 복도에서 그녀를 잡았다.

"말해봐, 말해보라고!" 감정에 북받친 에인젤이 소리쳤다. "나 아닌 다른 사람이 있는 게 아니라고 말해!"

"그럼 말하죠! 제게 무슨 일이 있었는지 다 말할게요!" 그녀가 소리질렀다.

"뭐든지 말해. 하지만 제발 당신이 내게 자격이 없다는 말은 이제 그만둬."

"일요일에 이유를 말해줄게요."

그녀는 그의 손을 뿌리치고 풀밭으로 뛰쳐나가 나무들 사이에 들어가 주저앉았다. 그날 오후 그녀는 젖 짜는 시간에 나타나지 않았다. 모두들 그녀의 기분을 눈치채고 조용히 내버려두었다.

목요일이 왔다. 에인젤은 거리를 두고 그녀를 지켜보기만 했다. 다른 여자일꾼들도 테스에게 뭔가 고민이 있다는 것을 눈치챘다.

P. 99 방에서도 굳이 테스를 대화에 끼우려 하지 않았다. 금요일이 지났고 토요일이 왔다. 다음날이 약속한 날이었다.

"그러겠다고 할 거야. 그냥 결혼해버려야지. 끝까지 거절할 수는 없어!" 그날 밤 테스는 홀로 절규했다. "내가 아닌 다른 사람이 그 사람을 가지게 할 수는 없어! 하지만 이건 옳은 일이 아니야. 사실을 알게 되면 그 사람은 죽을 만큼 괴로워하겠지." 테스는 달아오른 얼굴을 베개에 묻고 울었다.

11장

"소식 하나를 들은 것이 있는데 말해줄게요." 다음날 아침을 먹으려고 다들 모였을 때 크릭 씨가 말했다. "잭 돌롭에 관한 것이에요."

테스는 옛날에 교유기에 숨었다던 남자의 이름을 기억하고 있었다.

"자기가 약속한대로 그 아가씨와 결혼했대요?" 에인젤이 읽고 있던 신문에서 고개를 들며 물었다.

P. 100 "아뇨. 일 년 수입이 오십 파운드가 되는 어떤 나이 많은 과수댁과 결혼했답니다. 결혼하고 났더니 여자가 남자에게 털어놓기를, 재혼하는 바람에 돈은 더 이상 받지 못하게 됐다고 했대요. 순전히 돈 때문에 결혼한 놈 기분이 어땠겠어요! 지금은 매일 싸움만 하고 산다는군요." 크릭 씨가 말했다.

"결혼 전에 남자에게 말을 했어야지요." 마리안이 소리쳤다. 다른 여자들도 모두 맞장구를 쳤다.

"자기는 어떻게 생각해?" 에인젤이 테스에게 물었다.

“사실을 미리 말했거나 아니면 결혼하지 말았어야 했다고 생각해요. 잘 모르겠어요.” 음식이 좀처럼 목으로 넘어가지 않았다. 테스는 곧 식탁을 떠나 밖으로 나갔다. 시냇가에 다다를 때까지 걸었다. 방금 들은 이야기에 기분이 침울해졌다. 그 여자는 결혼할 때까지 아무 말도 하지 않기로 작정했던 것이다. 지금은 그것 때문에 그녀나 그녀의 남편이나 모두 불행해졌다. 자신의 과거를 에인젤에게 말하지 않는다면 자신도 그렇게 될 것이다.

날씨는 연일 좋았지만 낮은 점점 짧아졌다. 일꾼들은 아침마다 촛불을 켜놓고 젖을 짰다.

P. 101 어느 날 아침 그녀가 막 아래층으로 내려갈 때 에인젤이 자신의 방에서 나왔다. 그는 계단에 팔을 벌리고 서서 통로를 막았다.

“자, 우리 바람둥이 아가씨. 내가 청혼한 지 두 주나 지났어요. 더 이상은 못 기다리겠어. 자, 이제 승낙할 거지?” 그가 엄한 말투를 써가며 말했다.

“바람둥이라고 부르지 말아요. 잔인하고 말도 안 되는 말이에요. 이제 심각하게 생각해볼게요. 내려가게 해줘요!”

“그럼 에인젤이라고 불러봐. 클레어 씨라고 하지 말고. 아니면 아예 내 사랑 에인젤이라고 해봐.”

“그래요, 그럼. 에인젤 내 사랑.” 테스는 미소를 지은 채 낮은 소리로 말했다. 에인젤은 그녀의 달아오른 볼에 키스를 하지 않고는 견딜 수가 없었다.

우유 짜기와 크림 제거가 모두 끝나자 모두들 상쾌한 공기를 쐬러 밖으로 나갔다. 테스는 다시 한번 에인젤이 다른 아가씨들에게 관심을 갖도록 하려고 시도했다.

“저들 중 아무라도 저보다 더 좋은 신붓감이 될 거예요. 그리고 저만큼 당신을 사랑해요. 저만큼은 아니어도 거의 저만큼요.”

P. 102 “테스, 제발!” 그가 더 이상 못 참겠다는 듯이 말했다. 그의 반응을 보자 내심 마음이 놓이는 것을 어쩔 수 없었다. 이제 그녀는 다시는 그가 다른 사람을 선택하도록 유도하지 않기로 했다.

오후에 에인젤이 우유통을 역으로 옮겨가는 일에 자원했다. 그리고 테스에게 함께 가자고 했다. 햇살을 받으며 수레를 타고 가면서 두 사람은 한동안 말이 없었다. 그러다 빗방울이 떨어지기 시작했다. 곧 테스의 얼굴과 긴 머리가 비에 젖었다. 그녀는 에인젤 곁으로 바짝 다가앉았고 그는 커다란 범포를 그녀 곁에 둘러주었다. 테스는 두 사람 모두 비를 피할 수 있도록 범포를 손으로 받쳤다.

"자, 이제, 대답을 해줘. 약속한 것 잊지 않았지?" 에인젤이 말했다.

"네, 오늘 목장으로 돌아가기 전까지 대답할게요." 그녀가 말했다.

그는 더 이상 아무 말도 하지 않았다. 잠시 후 그들은 폐허가 된 오래된 저택 앞을 지나갔다. 옛날에 귀족집안이었던 더버빌 가문의 저택이라고 에인젤이 설명했다. "유서 있는 집안이 사라져버리는 건 슬픈 일이야." 그가 이어서 말했다.

"네, 그래요." 테스가 대답했다.

드디어 그들은 기차역에 도착했다. 테스는 우유통들이 기차에 실리는 걸 바라보다가 말했다. "내일이면 런던사람들이 우리 우유로 아침을 먹겠죠, 안 그래요?

P. 103 우리에 대해선 아무것도 모르고 말이에요. 자신들에게 제시간에 우유가 배달되도록 어떻게 우리가 비를 맞으며 달려왔는지 그런 건 생각도 하지 않겠죠."

"그건 그래. 하지만 우리에게도 여기 함께 온 이유가 있잖아, 테스. 당신 마음 속에 이미 내가 있어. 그런데 왜 결혼을 못하겠다는 거야?" 에인젤이 조바심을 내며 말했다.

"당신이 모르는 일이 있기 때문이에요. 제 과거를 말할게요. 제가 말을 하고 나면 당신은 저를 전처럼 좋아하지 않을 거예요!"

"하고 싶으면 말해봐. 내 생각에 당신은 갓 태어난 새끼양보다도 과거가 없을 것 같은데 말이지."

테스가 말을 시작했다. "제 고향은 말롯이에요. 거기서 나고 자랐어요. 학교 다닐 때는 다들 저보고 선생님을 하면 잘 할거라고 했고 또 그러려고 했었죠. 하지만 집에 문제가 있었어요. 아버지는 일에는 관심이 없고 술 드시기를 좋아했죠."

"가엾은 테스! 그런 건 이미 다 알고 있어." 에인젤은 그녀를 자신의 곁으로 끌어당겼다.

P. 104 "거기다 저에게는 예사롭지 않은 일이 하나 있어요. 제가… 제가 더비필드가 아니고 더버빌이라는 거예요. 우리가 지나왔던 그 낡은 저택에

살았던 사람들처럼 말이에요."

"더버빌이라고! 그게 바로 문제였군 그래? 그런 거야, 테스?" 에인젤이 물었다.

"네." 그녀가 기어들어가는 목소리로 대답했다. "크릭 씨 말로는 당신이 옛날 귀족가문들을 별로 좋아하지 않는다면서요. 알게 되면 당신이 절 예전만큼 좋아하지 않을 거라고 생각했어요."

에인젤이 웃음을 터뜨렸다. "그래. 귀족신분으로 태어나는 것이 중요하다는 생각을 싫어하는 건 사실이야. 하지만 무척 흥미로운 사실이긴 한데. 귀족가문 출신이라는 걸 알고 기분이 좋았어?"

"아뇨. 슬픈 일이라고 생각했어요. 특히 이곳으로 온 다음부터는요. 여기 있는 산이며 들이 예전에는 제 조상들 소유였다죠. 하지만 다른 산과 들은 레티 가족이 가지고 있었겠죠. 그리고 마리안 가족에 속했던 땅들도 있을 거고요. 그런 것들이 뭐가 중요하겠어요."

"그렇군. 상당히 놀라운 사실인데. 그런데 그게 바로 당신의 끔찍한 과거였다는 거야?"

물론 그것이 그녀의 끔찍한 과거는 아니었다. 마지막 순간 결국 그녀는 고백할 용기를 잃고 말았다.

"네. 이것이 제가 말하려던 것이에요."

P. 105 "알게 되어서 기뻐, 테스." 에인젤은 계속 웃으면서 말을 이었다. "세상 사람들은 귀족이라면 무조건 좋아해. 오히려 그것 때문에 사람들은 당신이 더 좋은 신붓감이라고들 할거야. 우리 어머니부터도 당신이 더버빌이라고 하면 좋아하실걸. 이제부터라도 그 성을 써, 테스."

"지금 이름이 더 좋아요. 그 이름은 불행을 몰고 와요!" 테스가 말했다.

"테레사 더버빌 양, 그렇다면 내 성을 쓰면 되겠네. 그러면 당신 성을 안 써도 되잖아! 영원히 내 것이 되겠다고 약속해줘." 에인젤은 이렇게 말하고 그녀를 바짝 당겨 키스했다.

"그럴게요!" 말하고 나자마자 테스는 격렬하게 흐느끼기 시작했다.

에인젤은 놀랐다. "아니 왜 우는 거야?"

"죽을 때까지 결혼하지 않기로 결심했었거든요. 오, 저 같은 사람은 아예 태어나지도 말았어야 했어요!" 테스는 슬피 울었다.

"나를 사랑하면서 어떻게 그런 말을 할 수 있어? 나를 정말 위한다면 말이야.

P. 106 어떤 방법으로든 당신의 사랑을 좀 표현해줬으면 좋겠어." 에인젤이 말했다.

"이러면 되겠어요?" 그녀는 울면서 그를 끌어안고 그의 입술에 키스했다. 난생 처음으로 에인젤은, 마음과 혼을 다해 자신을 사랑하는 여자가 해주는 키스가 어떤 것인지를 알았다.

"이제 믿겠어요?" 눈물을 훔치며 테스가 물었다.

"그래. 사실은 한 번도 의심한 적이 없었어!" 에인젤이 말했다.

두 사람은 어두운 날씨를 뚫고 범포로 몸을 감싼 채 떨어지는 비를 맞으며 수레를 달렸다.

"어머니에게 편지를 써야겠어요." 이윽고 테스가 입을 열었다.

"물론 그래야지. 어디 사시는데?"

"말롯에요. 블랙무어 계곡 끝이요."

"아, 그렇다면 이번 여름이 당신을 만난 처음이 아니었군." 에인젤이 말했다.

"맞아요. 사 년 전 오월제 댄스 때 봤죠. 그땐 저와는 춤을 추려고 하지 않았죠. 아, 그 일이 우리에게 나쁜 징조가 아니길 바래요."

바로 다음날 테스는 조운 더비필드 앞으로 급하게 편지를 썼다. 그녀는 어머니에게 자신이 곧 결혼할 예정이며 남편 될 사람에게 과거 일을 이야기해야 할지에 대해 물었다. 주말쯤 어머니로부터 답장이 왔다.

P. 107 편지에서 더비필드 부인은 딸의 결혼소식에 기뻐하면서, 알렉 더버빌과 있었던 일은 절대 이야기하면 안 된다고 일렀다. 그건 이미 오래전 일이고 테스의 잘못도 아니었기 때문에 말하는 건 바보 같은 짓이라고 썼다. 다른 여자들도 좋지 못한 과거가 있으며 남편들이 그런 것을 다 아는 것도 아니라고 했다. 어머니의 편지는 장래 사윗감에게 안부를 전해달라는 말로 끝을 맺고 있었다.

테스가 어머니의 인생관을 전적으로 받아들이는 것은 아니었지만 어쩌면 이번 일에 있어서는 어머니가 옳을지도 모른다고 생각했다. 침묵을 지키는 것이 에인젤의 행복을 위해서도 최선이라 여겼고 입을 다물기로 결심했다.

그녀는 침착을 되찾았고 가을이 다가오면서부터는 태어나서 이처럼 행복한 적이 없었다는 생각까지 들었다. 과거의 일은 마음에서 몰아냈다. 그녀와 에인젤은 서로 결혼약속을 한 시골사람들이 으레 그러는 것처럼 언제나 둘이서 붙어다녔다. 이제 그녀 인생에서 가장 중요한 것은 그에 대한 사랑뿐이었다. 그 사랑이 과거에 있었던 슬픔과 의심, 불안, 수치심을 잊게 해주었다. 하지만 그것들이 사라진 것이 아니라 덤벼들 때를 기다리는 늑대처럼 항상 어디선가 도사리고 있다는 것을 잘 알고 있었다.

P. 108 어느 날 저녁 둘이 함께 있을 때 테스가 에인젤에게 말했다. "당신이 마을에 춤추러 왔던 그때, 제가 열여섯 살이었던 그때 왜 거기 남아서 날 사랑해주지 않았어요!"

"맞아. 이럴 줄 알았다면! 하지만 후회하지 마. 후회할 일이 뭐가 있어?" 에인젤이 말했다.

"지금보다 사 년이나 더 당신과 사랑할 수 있었잖아요." 마음속에 든 생각을 감추려 애쓰며 테스가 말했다.

그날 저녁 둘은 크릭 씨와 그의 아내에게 결혼계획을 알렸다. 크릭 씨는 테스 같은 참한 아가씨를 신붓감으로 고른 것은 잘한 일이라며 에인젤에게 축하의 말을 해주었다. 저녁을 먹은 후 테스가 침실로 올라오자 레티와 이즈, 마리안이 그녀를 기다리고 있었다. 레티는 테스의 어깨에 손을 올려놓았고 다른 두 명은 팔로 그녀의 허리를 안았다.

"이것 때문에 나를 미워하는 건 아니지?" 테스가 낮은 목소리로 물었다.

"모르겠어. 미워하고 싶어. 하지만 미워하게 되지가 않아." 레티가 말했다.

"우리들도 마찬가지야." 이즈와 마리안이 한 목소리로 말했다.

P. 109 "너희들 중 한 사람과 결혼해야 하는 건데." 테스는 큰소리로 흐느끼기 시작했다. "나보다 너희가 훨씬 반듯한 여자들인데 말이야."

"아냐, 그렇지 않아, 테스." 친구들은 테스에게 키스를 해주고 그녀를 따뜻하게 안아주었다. 모두 잠자리에 들고 불이 꺼졌을 때 마리안이 속삭였다. "그의 아내가 되면 우리 생각도 해줘, 테스. 우리가 얼마나 그 사람을 좋아하는지 함께 얘기했던 거 잊지 않았지? 그리고 우리가 질투하지 않으려고 노력한 것도? 우리가 선택될 리가 없다고 생각했기 때문에 너를 미워하지 않을 수 있었던 거야."

테스는 이 말을 듣고 더욱 눈물이 났다. 어머니의 충고를 무시하고 에인젤에게 모든 이야기를 해야겠다고 결심했다. 그가 자신을 경멸하게 되더라도 또 어머니가 자신을 바보 취급하더라도 더 이상 아무 말 않고 버틸 수는 없었다.

12장

P. 110 십일월이 왔고 테스는 아직 결혼날짜를 잡지 못했다. 에인젤에게 모두 이야기하겠다고 마음은 먹었지만 아직 그럴 용기를 내지 못하고 있었다. 그의 반응이 두려워서 과거를 이야기하는 것을 자꾸만 미루고 싶었다. 그리고 말할 때까지는 결혼을 미룰 수밖에 없었다. 그녀는 현재의 상태에 행복했지만 에인젤은 점점 조바심이 났다.

늦가을과 겨울 동안은 목장일이 한가했다. 소들은 젖이 마르기 시작했고 크릭 씨에게는 지금처럼 많은 일꾼이 필요 없었다. 그는 에인젤에게 테스가 십이월에는 목장을 떠나야 한다고 말했다,

"차라리 반가운 소식이야." 에인젤이 테스에게 말했다. "어차피 결혼날짜를 잡아야 하니까 말이야. 이제 더 이상은 이렇게 미루고 있을 수 없게 되었어."

"미룰 수 있다면 좋겠어요. 저는 항상 여름과 가을뿐이었으면 좋겠어요. 당신이 언제나 저를 사랑하게요." 테스가 말했다.

"나는 항상 당신을 사랑할 거야."

P. 111 "알고 있어요! 에인젤, 그럼 지금 결정해요. 영원히 당신의 것이 되겠어요!"

두 사람은 12월 31일에 결혼하기로 결정했다. 새해 첫날에 맞춰 그들은 부부로서 새로운 삶을 시작하게 될 것이었다. 그들은 크릭 씨 부부에게 이 소식을 알리고 목장에서 결혼식을 올려도 되냐고 물었다. 되도록이면 조촐하게 결혼식을 올리고 싶었다. 테스는 다시 어머니에게 편지를 써서 과거일을 고백해야 할지 말지에 대해 물었다. 더비필드 부인은 이번엔 답장하지 않았다.

사실 에인젤은 자신이 이렇게 일찍 결혼하게 될 줄은 몰랐다. 스스로 목

장을 시작하려면 아직도 일이 년은 더 있어야 했다. 목장에서의 훈련이 끝나면 제분소에서도 얼마간 일을 할 예정이었다. 하지만 그는 테스와 함께 있고 싶었고, 그러면서 그녀에게 필요한 공부를 시키고 싶었다. 며느리를 만나보고 싶어하는 부모님께 숙녀의 교양을 갖춘 테스를 자랑스럽게 보여드리고 싶은 마음에서였다. 거기다 테스가 유서 깊은 귀족가문 출신이라는 것을 알면 부모님이 기뻐할 것이라는 생각도 들었다.

P. 112 그래서 그는 제분소로 떠나기 전에 결혼식을 올리기로 결심한 것이었다. 제분소 근처에는 그들이 살 수 있는 낡은 집이 있었다. 한때 더버빌 가문에 속했던 집이었기 때문에 테스도 좋아할 것이라고 믿었다. 제분소에서의 훈련이 끝날 때쯤 그녀를 사제관에 데려가 부모님께 보일 생각이었다.

그의 아내가 될 날이 점점 다가왔다. 크리스마스 전날 그녀와 에인젤은 시내로 물건을 사러 나갔다. 거리의 낯선 사람들이 모두 에인젤과 팔짱을 끼고 걷는 테스를 쳐다보았다. 그녀의 얼굴은 행복으로 빛나고 있었고 그 어느 때보다도 아름다웠다. 그날 저녁 테스가 말과 마차를 가지러 간 에인젤을 기다리며 길에 서 있을 때 두 명의 남자가 그녀 앞을 지나갔다. 그중 한 사람이 멈춰 서더니 놀란 눈으로 그녀를 쳐다보았다.

"예쁘게 생긴 처녈세, 그래." 다른 남자가 말했다.

"그래, 예쁘게 생겼지." 그녀를 쳐다보던 먼저의 남자가 대답했다. "하지만 내가 제대로 알아본 거라면 저 여자는 더 이상 처녀가 아닐걸."

그때 돌아온 에인젤이 이들이 하는 말을 들었다. 테스를 모욕하는 말에 화가 난 에인젤은 남자의 턱을 주먹으로 후려쳤다. 그 남자는 중심을 잃고 비틀거리며 뒷걸음질을 쳤다.

P. 113 "미안하게 됐소. 내가 사람을 잘못 본 것 같소. 여기서 사십 마일 떨어진 곳에 살던 어떤 여자로 착각했소." 맞은 남자가 에인젤에게 말했다.

에인젤은 남자의 사과를 받아들이고 얼마간의 돈을 쥐여주었다. 그리고는 테스와 함께 마차를 올라타고 그곳을 떠났다.

"잘못 본 거였어?" 두 사람이 사라지는 것을 보면서 남자의 친구가 물었다.

"절대 아니지. 하지만 저 양반의 기분을 망쳐놓고 싶진 않았어." 남자가 대답했다.

돌아오는 길에 테스는 말이 없고 시무룩해 있었다. 에인젤에게 빨리 사실대로 말해야 했지만 그의 얼굴을 마주보고는 차마 말을 꺼낼 수가 없었다. 그래서 그녀는 사 년 전에 있었던 일에 대한 자세한 편지를 썼다. 편지를 봉투에 넣고 위층으로 올라가 에인젤의 방문 밑에 밀어넣었다.

다음날 아침 그녀를 층계 밑에서 만난 그가 그녀에게 키스했다. 그녀는 그가 조금 피곤해 보인다는 생각이 들었다. 하지만 그는 주위에 다른 사람들이 없을 때도 편지에 대한 이야기는 꺼내지 않았다. 편지를 읽기는 한 걸까? 자신을 용서했다는 건가?

P. 114 매일 아침 저녁 그는 항상 전과 다름없이 다정했다. 테스는 그가 편지를 읽지 않았다는 생각이 들었다.

결혼식 날이 되었다.

테스는 결국 고백하지 못한 일이 마음에 걸렸다. 에인젤이 그녀의 편지를 읽지 않았다면 이제 그에게 말할 기회는 결혼식이 있기 전 오늘밖에 없었다. 아침식사 후 그녀는 조용히 그의 방으로 올라갔다. 그녀는 몸을 숙여 카펫 가장자리 밑을 들여다보았다. 편지는 그곳에 뜯지 않은 채로 박혀있었다. 그는 편지를 보지도 못한 것이었다. 하지만 결혼준비가 한창인 지금, 그에게 편지를 읽으라고 내밀 수는 없었다. 테스는 편지를 다시 자신의 방으로 가지고 와서 없애버렸다.

테스는 방을 나서면서 계단에서 에인젤을 만났다. "제 모든 잘못과 과오를 당신에게 고백해야 돼요!" 그녀가 말했다.

"오늘은 안 돼, 테스! 오늘만큼은 당신은 완벽해야 돼. 앞으로 그런 얘기를 할 시간은 많잖아. 앞으로 나도 내 잘못을 고백할게."

"그럼 정말 지금 고백하지 않아도 된다는 거예요?" 테스가 물었다.

"그럼, 정말이야."

그 시간 이후 테스는 그의 아내가 되고 싶은 마음과 그를 남편으로 부르고 싶은 욕망에 스스로를 맡겼다. 두 사람은 크릭 씨 부부와 함께 마차를 타고 멜스톡 교회로 갔다.

P. 116 테스는 자신이 어디쯤 가고 있는지 어떤 길을 따라 교회에 가고 있는 건지 알지 못했다. 에인젤이 곁에 있다는 것만이 중요했다.

결혼식에 온 사람은 별로 없었다. 하지만 교회 안에 천 명의 사람이 기다리고 있었다 해도 테스에겐 마찬가지였을 것이다. 결혼식 중에 그녀는 에인젤이 자신의 옆에 서 있는 것이 생시인지 그의 팔을 만져보았다.

결혼식이 끝나고 에인젤과 테스가 다시 목장에 돌아왔을 때는 비가 내리고 있었고 테스는 녹초가 되어있었다. 그녀는 이제 에인젤 클레어 부인이었다. 하지만 과연 그렇게 불릴 자격이 있을까? 사실 자신은 알렉 더버빌의 여자가 아니었던가?

그날 오후 두 사람은 목장을 떠났다. 크릭 씨 부부와 남녀 목장일꾼들이 모두 마당에 나와 두 사람을 배웅해주었다. 에인젤은 목장아가씨들에게 작별키스를 하고 크릭 씨와 악수했다. 그때 수탉이 우는 소리가 들렸다.

"좋지 않은 징조인데. 신랑 앞에서 저렇게 수탉이 울면…" 일꾼 중의 한 사람이 말했다.

크릭 씨는 아내와 집안으로 들어가며 말했다. "클레어 씨에게 대고 그놈의 수탉이 그렇게 울게 뭐람."

"날씨가 바뀌다 보니 닭들이 그러는 것뿐이에요." 그의 아내가 말했다. "당신이 생각하는 그런 게 아니고요. 설마 그런 일이 있겠어요!"

P. 117 테스와 에인젤은 그들이 살 낡은 더버빌 집에 도착했다. "당신의 조상들이 살던 집에 온 것을 환영해!" 에인젤이 마차에서 내리는 그녀의 손을 잡아주며 말했다. 밥을 짓고 청소를 하는 여자 외에 집은 비어 있었다. 그들은 집안을 둘러보고 나서 차를 마시기 위해 앉았다. 그녀를 바라보며 그는 생각했다. '내가 이 여자에게 얼마나 소중한 존재인지 언제나 기억해야겠어. 이 여자를 버리거나 상처를 주는 일은 없을 거야. 이제부터 영원히 보살펴줘야지.'

해가 저물자 날씨가 바뀌어 비가 내리기 시작했다. 그들은 탁자 위에 있는 촛불을 켰다. 문에서 노크소리가 들렸다. 목장에서 그들의 짐을 가져온 소년이었다. "가져왔습니다. 늦어서 죄송해요. 목장에 좋지 않은 일이 생겨서요. 수탉이 울던 것 기억나시죠? 그게 무슨 뜻이었는지는 몰라도 글쎄, 레티가 물에 빠져 죽으려고 했어요."

"저런! 무슨 일인데?" 에인젤이 물었다.

P. 118 "그게요, 두 분이 떠나신 다음 레티와 마리안이 외출을 했어요. 이 술집 저 술집 다니면서 술을 마셨대요. 나중에 레티가 강에서 발견됐어요. 죽은 줄로만 알았는데 살아났어요. 그리고 마리안은 들판에 취해서 누워있

는 걸 찾아냈고요." 소년이 말했다.

"그럼 이즈는?" 테스가 물었다.

"이즈는 별일 없이 집안에 있긴 한데 기분이 축 처져가지고 우울해하고 있고요."

심부름 왔던 소년이 떠난 후 테스는 슬픈 표정으로 벽난로를 쳐다보고 서 있었다. 그들은 한 남자를 사랑했지만 보상은 받지 못한 단순하고 순진한 아가씨들이었다. 값도 치르지 않고 그의 사랑을 독차지한 건 몹쓸 짓이었다. 지금이라도 에인젤에게 모든 이야기를 하고 그에게 그녀의 운명을 맡기기로 했다.

테스 곁에 앉아있던 에인젤이 그녀의 손을 잡았다. "지금 당신에게 고백할 것이 있어."

"당신도 고백할 것이 있어요?" 테스가 물었다. 얼마나 이상한 일인가. 그도 과오를 저지를 수 있다는 생각은 해본 적이 없었다. 자신의 잘못을 이해해줄지도 모른다는 생각이 들었다. 아무 말도 하지 않았지만 그녀의 가슴은 부풀어 오르는 희망으로 빠르게 뛰기 시작했다.

"당신을 잃을까 봐 미처 말하지 못했어. 내가 선함과 순결을 얼마나 소중하게 생각하는지 알지? 당신을 사랑하는 것도 그런 점 때문이야.

P. 119 하지만 내가 몇 년 전 런던에 있을 때 잘 모르는 여자와 죄를 지은 적이 있어. 이틀 동안 함께 있었어. 그 후로 다시는 그런 일이 없었어. 날 용서해주겠어?" 에인젤이 말했다.

그녀는 그의 손을 잡은 손에 힘을 주었다. "오, 에인젤, 물론이에요! 당신도 저를 용서해줄 수 있다는 생각에 오히려 기뻐요. 저도 고백할게요."

"아, 그렇지. 잊을 뻔했네. 자, 고백해봐요, 못된 아가씨." 에인젤이 미소를 지으며 말했다. "내가 저지른 죄보다 더 심각할 수 있겠어?"

"그렇진 않아요!" 그녀의 가슴이 희망으로 뛰었다. "더 심각한 건 아니에요. 이제 말할게요."

그녀는 앉았고 둘은 서로의 손을 잡았다. 벽난로의 불이 타올라 그와 그녀의 얼굴을 붉게 물들였다. 그녀는 자신의 머리를 그의 머리에 마주 댄 채 알렉 더버빌과의 만남과 그로 인해 있었던 일을 이야기했다. 용감하게 그러나 조용히 아무것도 빼놓지 않고 모두 이야기했다.

13장

P. 122 테스의 이야기가 끝났다. 목소리가 높아지거나 울음을 터뜨리는 일 없이 모든 이야기를 했다. 에인젤은 벽난로 안의 불을 휘저었다. 이윽고 자리에서 일어난 그의 얼굴은 갑작스레 늙어보였다. 그녀가 한 말을 모두 알아들은 것 같으면서도 머리가 몹시 어지러웠다.

"테스! 이걸 믿으라는 거야? 혹시 미친 것 아니야? 내 아내, 나의 테스, 미친 거 아니지?"

"전 미치지 않았어요!"

그가 그녀를 바라보았지만 그의 눈에는 그녀가 없었다. 그의 머리가 일순 멈춰버린 것만 같았다. 그는 말과 생각을 한꺼번에 할 수가 없었다. "하지만 그게 사실이라면, 왜 진작 말하지 않았어? 그래, 말을 하려고 했었지. 그런데 내가 막았지. 기억나!"

그는 그녀에게서 얼굴을 돌렸다. 테스는 그를 쳐다보았다. 울음조차 나오지 않았다. 그녀는 그의 앞에 무릎을 꿇었다.

"우리 사랑을 위해서 절 용서해주세요!" 그녀가 말라붙은 입술로 속삭였다. "저도 같은 일로 당신을 용서했잖아요!

P. 123 제가 당신을 용서한 것처럼 나도 용서해줘요, 에인젤!"

"테스, 이건 용서하고 말고 할 문제가 아냐! 당신은 내가 생각했던 사람과 전혀 다른 사람이었어. 당신을 용서한다고 그것이 달라지지는 않아!" 그는 그녀에게서 몸을 돌리고는 마치 미친 사람처럼 끔찍한 웃음소리를 냈다. 테스는 일어나서 그가 옮겨간 자리로 갔다.

"그렇게 웃지 말아요!" 그녀가 소리쳤다. "못 참겠어요. 절 사랑한다면 어떻게 이렇게 대할 수가 있어요? 당신을 행복하게 해주기 위해 노심초사했다고요! 있는 그대로 저를 사랑하는 줄 알았어요. 저는 무슨 일이 있어도 영원히 당신을 사랑해요. 당신은 당신이니까요. 그 이상 바라는 것도 없어요. 어떻게 제 남편이라는 사람이 더 이상 저를 사랑하지 않는다는 거죠?"

"다시 말하지만 내가 사랑했던 그 여자는 당신이 아니야. 당신 얼굴을 한 다른 여자라고." 에인젤이 말했다.

테스의 얼굴이 절망으로 하얗게 질렸고 그녀는 울기 시작했다. 에인젤은 말없이 그녀의 울음이 그치기를 기다렸다.

P. 124 "함께 살게 해달라고 애원하지 않을게요, 에인젤. 그럴 권리가 없으니까요. 전 너무나 나쁜 여자에요. 뭐든지 당신이 하라는 대로 할게요. 가족에게는 우리가 결혼했다고 편지하지 않을 거예요. 그리고 당신이 절 떠난다면 붙잡지도 않을 거고 저에게 다시는 말을 걸지 않는다 해도 그 이유를 묻지 않을게요."

"테스, 지금 이 방에 당신과 함께 있기가 괴롭군. 나가서 좀 걷다가 올게."

그는 조용히 방을 나갔다. 그가 문을 닫자 테스는 자리에서 일어났다. 그리고 문을 열고 그를 따라나갔다. 비는 그쳐있었고 밤하늘은 맑았다.

에인젤은 목적지 없이 천천히 걸었다. 그녀도 멀지 않은 곳에서 그의 뒤를 따라갔다. 집 밖으로 난 길은 들판을 가로지르고 있었다. 테스는 곧 에인젤을 따라잡았고 그의 옆에서 걸었지만 그는 아무런 기색도 보이지 않았다. 결국 그녀가 입을 열었다.

"제가 무슨 일을 저지른 거죠! 당신에 대한 사랑은 변함없어요. 제가 일부러 그런 거라고 생각하는 건 아니겠죠? 그 일이 있었을 때 저는 어린애에 불과했어요. 남자에 대해선 아무 것도 몰랐다고요." 그녀가 울며 말했다.

P. 125 "당신이 죄를 지었다기보다 당한 거라는 걸 알아." 에인젤이 말했다.

"그럼, 날 용서해주는 건가요?"

"당신을 용서해. 하지만 용서로 다 해결되는 건 아니야."

"저를 아직도 사랑해요, 에인젤?"

에인젤은 대답이 없었다.

두 사람은 다시 말없이 걷기만 했다. 테스는 이해가 되지는 않았지만 그의 비통한 기분을 받아들일 수 있었다. 그는 이제는 전처럼 자신을 사랑하지 않으며 그 어떤 것도 그를 되돌려 놓을 수 없었다. 결국 그녀가 다시 말을 꺼냈다. "당신을 일생 동안 슬프게 할 수는 없어요. 저기 강이 있네요. 저는 저기 가서 죽겠어요. 무섭지 않아요."

"그런 말 하지 마. 말도 안 되는 짓이야. 그런다고 해결되는 것도 없어. 집으로 돌아가서 잠을 좀 자." 그가 말했다.

테스가 집에 돌아왔을 때 벽난로의 불은 아직도 타고 있었다. 그녀는 침실로 가서 옷을 벗기 시작했다. 침대 위에 겨우살이 나뭇가지가 달려있었다. 에인젤이 나뭇가지를 매달던 때는 행복한 마음이었을 것이다. 하지만 지금은 이곳과는 너무나 동떨어진 어색한 물건으로만 보였다.

P. 126 그녀는 침대에 누웠고, 조상들의 신부들이 잠을 잤던 그 방에서 잠이 들었다.

에인젤도 나중에 집에 돌아왔다. 그는 거실의 낡은 소파로 이불을 가져다 놓고 테스가 잠들었는지 보러 위층으로 조용히 올라갔다. 곤히 자고 있는 그녀를 보니 안심이 되었다. 그는 아직도 자신이 결혼한 그 순박한 시골처녀가 그가 생각했던 것과는 전혀 다른 사람이라는 사실을 좀처럼 믿을 수가 없었다. 인생이란 알다가도 모를 일이었다. 그는 다시 아래로 내려가 소파에 누워 촛불을 껐다.

다음날 아침 그가 일어났을 때 하늘은 구름이 덮인 회색이었다. 아침을 먹기 위해 내려오는 테스의 모습은 여전히 순수 그 자체의 모습이었다. 에인젤은 믿기지 않은 눈으로 그녀를 바라보았다.

"테스! 그 이야기가 사실이 아니라고 말해줘. 사실일 리가 없어!"

"제가 한 말은 모두 사실이에요. 모두 다요."

"살아있어?"

"아기는 죽었지만 그 남자는 살아있어요."

"여기 잉글랜드에 있어?"

"네, 그래요."

에인젤의 얼굴에서 마지막 남은 희망이 걷혔다. 그는 몇 걸음 거실 안을 서성거렸다.

P. 127 "내 말을 들어봐." 그가 느닷없이 말했다. "난 교육수준도 높고 사회적 지위와 재산도 있는 여자와 결혼할 수도 있었어. 하지만 순수하고 깨끗한 시골처녀와 결혼하고 싶어서 그 모든 걸 포기한 거라고. 그런데 이제… 나는…"

테스는 그의 마음을 알 수 있었다. 그는 결국 그 어느 것도 얻지 못한 것이다. "에인젤, 당신을 옭아매는 줄 알았다면 당신과 결혼하지 않았을 거예요. 하지만 당신은 다시 자유로워질 수 있어요. 저와 이혼하면 돼요."

"세상에! 어떻게 그렇게 바보 같을 수 있어? 당신은 법을 몰라. 나는 당신과 이혼할 수 없다고!"

"제가 모든 사실을 고백했으니 가능한 일인 줄로 알았어요. 아, 제가 얼마나 못된 여자로 여겨질까요! 당신이 벗어날 수 있을 줄 알았어요. 물론 저는 그걸 바라지 않지만요. 어제 했어야 했는데 그럴 용기가 없었어요."

"무슨 용기?" 그가 물었다. 대답이 없자 그는 테스의 손을 잡았다.

P. 128 "무슨 생각을 하고 있었던 거냐고?"

"죽을 생각이요." 그녀가 속삭이는 목소리로 대답했다. "당신이 달아놓은 겨우살이 밑에서요. 줄을 꺼내서 죽으려고 했어요. 하지만 결국 못하고 말았어요! 제가 죽어서 사람들이 수군거리면서 당신을 욕할까 봐 무서웠어요."

에인젤은 그녀의 말에 충격을 받았다.

"내 말 들어. 그런 무서운 생각은 절대 하면 안 돼! 다신 그런 생각 하지 않겠다고 약속해."

"약속할게요. 나쁜 짓이라는 거 잘 알아요. 그런 생각을 한 건 이혼 없이 당신을 자유롭게 해주기 위해서였어요. 하지만 스스로 목숨을 끊는 것은 저에겐 너무 과분한 일이죠. 죽어도 당신 손에 죽어야죠. 당신이 그렇게 해준다면 당신을 더욱 사랑하게 될 것 같아요."

"그런 말은 하지도 말라니까!" 그가 소리쳤다.

결국 아침을 먹기 위해 앉았을 때 두 사람은 더 이상 서로를 쳐다보거나 말을 하지 않았다. 둘 다 밥은 먹는 둥 마는 둥 했다. 그리고 에인젤은 제분소로 나가버렸다. 테스는 방을 청소하고 점심준비를 한 다음 에인젤이 집에 돌아오기를 기다리며 앉아있었다. 그가 한 시쯤 제분소에서 돌아왔을 때는 일에 대한 의례적인 대화만이 오고 갔다. 에인젤은 오후를 다시 제분소에서 보냈고 저녁에는 책과 서류를 보면서 공부를 했다.

P. 129 그녀는 방해가 될까 봐 부엌에서 시간을 보냈다.

같은 지붕 아래 있었지만 결코 함께 있다고 할 수 없었다. 테스는 가슴이 무너져 내리는 것처럼 울었다. 누구의 마음이라도 녹일 눈물이었다. 하지만 에인젤의 마음은 녹이지 못했다. 그는 철저히 논리적인 사람이었다. 교회의 가르침을 받아들일 수 없었던 것도 바로 그런 성격 때문이었다. 그리고 이제는 같은 이유로 테스를 받아들일 수 없었다.

"당신이 더 이상 계속 저와 살 수는 없겠죠?" 그날 저녁 늦게 그녀가 물었다.

"그래. 우리는 남편과 아내로서 살 수 없어, 테스. 그 남자가 살아있는 한 말이야. 그 남자가 사실상의 당신 남편이야. 내가 아니라고. 그 남자가 죽었다면 얘기는 달라지지만."

이틀 밤과 낮이 이렇게 흘렀다. 두 사람은 서로를 정중하게 대했지만 서로에게 말을 걸지는 않았다. 두 사람 모두 괴로웠다.

사흘째 되는 날 테스가 말했다. "당신의 말대로 할게요. 저와 헤어져요. 저는 고향으로 돌아가서 부모님과 지낼게요."

P. 130 "진심이야?" 에인젤이 물었다.

"네. 우리는 헤어져야 해요. 그리고 지금 당장 하는 게 나아요. 더 이상 함께 있다 보면 당신에게 떠나지 말아달라고 애원할 것 같아요. 그러면 당신은 저를 미워할 테고 전 그걸 참을 수 없어요. 저는 떠나야 해요."

"그래. 괜찮은 생각인 것 같아. 하지만 내가 먼저 그런 말을 하고 싶지는 않았어. 우리가 헤어져 있으면 당신에 대한 내 마음이 더 애틋해질 수 있을 것 같아. 언젠가는 다시 합칠 수 있을지도 몰라."

다음날 아침 에인젤은 가까운 마을에서 마차와 마부를 불렀다. 마차는 아침식사 후 도착했다. 짐이 마차 지붕 위에 실렸고 두 사람이 올라탔다. 너틀베리를 지나자 에인젤은 마차를 멈췄다. 그는 내려서 걸어서 돌아가고 테스는 계속 마차를 타고 말롯까지 갈 예정이었다. 헤어지기 전에 그가 말했다.

"기억해줘. 난 당신에게 화나지 않았어. 하지만 당신과 함께 있기는 너무 힘들어. 당신이 한 말을 받아들이도록 노력해볼게. 하지만 내가 먼저 당신에게 갈 때까지 당신이 내게 오려고는 하지 않는 게 좋겠어."

그건 테스에게 너무나 가혹한 벌로 여겨졌다. 테스의 잘못이 정말 그렇게 큰 것이란 말인가? "편지는 써도 돼요?" 테스가 물었다.

P. 131 "그럼. 아프거나 필요한 것이 있으면 편지해. 하지만 그런 일은 없었으면 좋겠어. 내가 먼저 편지 쓸게."

"당신이 원하는 대로 하겠어요, 에인젤. 당신이 모든 걸 더 잘 아니까요. 하지만 제가 견딜 수 있을 만큼만 해줘요, 제발!"

그녀가 한 말은 그뿐이었다. 그녀가 기절하거나 울기라도 했으면 그는 그녀를 떠나지 않았을 수도 있다. 하지만 그녀는 그를 힘들게 하지 않았다. 그는 그녀에게 돈뭉치를 건네고 마부에게 값을 치르고 행선지를 일러주었다.

그리고 자신의 가방과 우산을 마차에서 꺼내들고 작별인사를 했다. 그는 마차가 떠나는 것을 보면서 테스가 뒤돌아봐 주기를 바랬다. 하지만 비통한 마음에 마차 안에서 정신을 잃다시피한 테스는 그럴 생각은 하지도 못했다. 마차가 사라지자 에인젤도 돌아서서 걸었다. 자신이 아직도 그녀를 사랑하고 있다는 사실을 스스로 깨닫지 못하고 있었다.

14장

P. 132 마차가 블랙무어 계곡을 가로질러 달리기 시작하자 테스에게 제정신이 돌아왔다. 부모님의 얼굴을 어떻게 보나 하는 생각이 들었다. 마을 근처에서 그녀는 어떤 사람이 길을 가고 있는 것을 보았다. 그녀는 마차를 세우고 그 남자에게 말롯 마을 소식을 물었다.

"뭐 별다른 것이 없습니다, 아가씨. 몇 사람이 죽었고 존 더비필드의 딸이 이번 주에 신사계급 출신 농부와 결혼했죠. 가족이 별볼일없다고 생각했는지 결혼식에는 초대도 받지 못했어요. 그래 봬도 존이 이름 있는 집안 출신이라는 걸 신랑 되는 사람이 몰랐나 봐요. 하지만 존 경이 모두에게 술을 돌렸죠. 그 사람 부인은 술집에서 밤늦게까지 노래를 해댔고요."

이 말을 들은 테스는 가슴이 미어지는 것 같았다. 마을 사람 아무도 자신의 결혼소식을 모르기를 바랬다. 마차를 타고 마을에 들어섰다가는 마을 사람 모두가 그녀를 볼 것이다. 그리고 뒷말을 해댈 것이고 그녀의 부모는 망신을 당하게 될 것이다. 그녀는 마차를 내려 뒷길로 마을까지 걸어갔다.

P. 133 서둘러 오두막집 안에 들어서자 그녀의 어머니는 여느 때처럼 빨래를 하고 있었다.

"아니, 이게 누구야, 테스! 난 네가 결혼한 줄 알았다. 이번에는 정말로 결혼한 줄 알았는데."

"네, 어머니. 결혼했어요." 테스가 말했다.

"그럼 남편은 어디 있냐?"

"잠시 떠나있어요."

"떠나있다고! 떠나버려? 너는 남편이라고 만나는 사람마다 왜 그 모양이냐, 테스!"

테스는 울음을 터뜨렸다. "무슨 말을 어떻게 해야 할지 모르겠어요, 어머니! 아무 말도 하지 말라고 하셨지만 모든 걸 다 말했어요. 그러지 않고는 견딜 수 없었어요. 그리고 그이는 떠나버렸어요!"

"이런 바보 같으니! 하느님 맙소사! 어쩜 그렇게 바보 같을 수가." 어머니가 소리쳤다.

"알아요, 알아요. 하지만 어머니, 어쩔 수 없었어요! 너무나 좋은 사람인데 속일 수가 없었어요. 제가 얼마나 그 사람을 사랑하는지, 그리고 얼마나 그 사람과의 결혼을 원했는지 어머니는 모를 거예요.

P. 134 그를 사랑하는 마음과 그에게 정직해야 한다는 마음 사이에서 너무나 힘들었단 말이에요!"

"아무튼 이젠 너무 늦었다. 이미 엎질러진 물이다! 하지만 아버지는 뭐라 하실지 모르겠구나. 네 결혼소식에 우쭐해져서 이 결혼으로 집안이 다시 귀족가문으로 일어설 수 있을 거라고 떠들어대셨단다. 이제 네가 다 망쳐놓았구나!"

바로 그때 존 더비필드가 집으로 돌아오는 소리가 들렸다. 더비필드 부인은 나쁜 소식을 전하는 것은 자신이 하겠다고 했다. 테스는 어린 동생들과 함께 자던 위층 침실로 올라갔다. 얇은 벽을 통해 어머니가 아버지에게 자초지종을 말하는 것이 들렸다.

"누가 이걸 믿겠어! 킹즈비어에 누워있는 내 조상들은 역사상 그 어떤 사람들보다 더 높은 사람들이라고! 그런데 롤리버 주점과 퓨어 드롭 주막에 있는 작자들이 다 나를 비웃을 거 아냐! 작위고 뭐고 간에 내가 죽어야지. 정말 결혼하기는 한 거 맞아? 아니면 또 먼젓번 같은 경우 아냐?" 존 경으로 자처하는 그녀의 아버지가 말했다.

가엾은 테스는 더 이상 듣고 있을 수가 없었다. 자신의 가족도 그녀를 믿지 않는데 다른 사람들이 믿어줄 리 없었다.

P. 135 마을에서 지낼 수는 없었다. 며칠 후 그녀는 에인젤에게서 짧은 편지를 받았다. 농장을 알아보러 잉글랜드 북부로 갔다는 내용이었다. 그녀는 편지내용을 핑계삼아 부모님께 집을 떠나 남편 있는 곳으로 가야겠다고 말했다. 그리고 어머니에게 에인젤이 자신에게 준 돈의 절반을 주었다. 에인젤 클레어 정도되는 남자의 부인이라면 그 정도 보탤 돈은 있다는 인상을

주고 싶었다. 그리고 또다시 일을 찾아 말롯 마을을 나섰다.

결혼식이 있은 후 삼 주 만에 에인젤은 부모님의 집으로 갔다. 그동안 그는 마치 아무 일도 없었던 것처럼 예전처럼 공부를 하며 시간을 보냈다. 하지만 테스 생각은 항상 그의 마음에 있었다. 자신의 불행을 그녀 탓으로 돌리다가도, 자신이 그녀에게 너무 가혹하게 대한 것이 아닐까 하고 괴로워했다. 그녀가 빠진 미래를 생각한다는 것은 불가능하다고 느껴졌다. 둘이서 함께 목장을 할 수 있는 나라로 멀리 떠날 생각을 해보았다. 브라질에서는 농부들에게 땅을 나눠주고 있었기 때문에 그곳에 관심이 갔다.

P. 136 사람들도 다르고 관습도 다른 그곳이라면 새로운 삶을 시작할 수 있을 것 같았다.

에인젤은 아무 기별도 없이 부모님을 방문한 것이었고 그의 부모는 거실에 앉아있다가 아들이 조용히 문을 닫으며 들어서는 것을 보았다.

"아니, 이게 어찌된 거냐. 네 댁은 어디 있니?" 어머니가 물었다.

"당분간 친정에 있어요. 브라질로 떠나게 됐다고 말씀드리러 왔어요."

"브라질! 하지만 거기는 로마가톨릭 나라가 아니냐!" 아버지의 말이었다.

"그래요? 그 생각은 못했어요." 에인젤이 말했다.

"브라질 얘기는 나중에 하자." 클레어 부인이 말했다. "지금은 더 중요한 얘기가 있다. 에인젤, 우리는 네 결혼이 성급하다고 생각하기는 했다만 그렇다고 너에게 화난 것은 아니다. 그리고 네 안사람을 만나보고 싶구나. 왜 혼자서 왔니. 이건 경우가 아니다. 무슨 일이냐?"

에인젤은 자신이 브라질에 가 있을 동안 테스는 친정에 머물기로 했다고 했다.

P. 137 그렇게 먼 나라로 데리고 떠나기 앞서 그곳이 살기 적당한 곳인지 알아보고 싶었다고 했다. 그 후 둘이서 다시 브라질로 떠나기 전에 함께 찾아뵙겠다고 했다. 그의 어머니는 며느리를 보지 못해 실망이 컸다.

"어떤 아이인지 말해다오, 에인젤. 미인이겠구나." 어머니가 말했다.

"정말 그래요!"

"그리고 순결하고 덕성스런 처녀겠지, 물론?"

"물론이죠."

"남자를 사귄 건 네가 처음이겠지?"

"그럼요."

저녁기도 시간이 되자 에인젤의 아버지는 성경에서 특별한 구절을 골랐다. "잠언에서 순결한 아내를 찬양하는 구절을 읽어주마, 에인젤. 네 아내 테스 생각을 하며 읽자꾸나. 주께서 언제나 테스를 보호해주시기를!"

아버지가 읽는 아름다운 성경구절을 들으며 에인젤은 울고 싶었다. 기도가 끝나자 어머니가 말했다.

P. 138 "성경말씀에 완벽한 아내란 아름다운 아내가 아니라 일하는 아내라고 했다. 다른 사람들을 위해 두 손과 머리와 마음을 바치는 사람을 말한다. 만나보았더라면 좋았을 걸 그랬다, 에인젤. 순결한 여자라면 너에게는 좋은 아내가 되고 나에게도 흡족한 며느리임에 틀림없다."

에인젤의 눈에 눈물이 차 올랐다. 서둘러 부모님께 안녕히 주무시라고 하고 자신의 방으로 갔다. 그의 어머니가 아들을 따라와 문간에 서서 걱정스런 얼굴로 아들을 바라보았다.

"얘야, 왜 벌써 가고 그러니? 뭔가 일이 있는 모양이구나. 몇 주나 되었다고 벌써 네 댁과 다투기라도 했니? 에인젤, 혹시 좋지 않은 과거가 있는 여자냐?"

아들이 무슨 일로 근심하는지에 대한 클레어 부인의 어머니로서의 직감은 정확했다.

"그녀는 절대적으로 순결해요!" 그가 대답했다. 이 일로 그 즉시 지옥에 떨어진다 해도 그는 거짓말을 할 수밖에 없었다.

"그럼 다른 것은 걱정할 것 없다. 사실 때묻지 않은 시골 여자만큼 좋은 것도 별로 없다."

에인젤은 부모님을 속일 수밖에 없도록 만든 테스에게 불 같은 분노가 일었다. 그러다가 그녀의 달콤한 목소리와 벨벳 같은 입술과 따뜻한 숨결이 떠올랐다.

P. 139 아무리 진보적인 생각을 가지고 있다 해도 결국 에인젤은 자신의 부모만큼이나 보수적이었다. 성경에서 말하는 순결한 아내의 품성이 바로 테스의 진정한 됨됨이라는 사실을 깨닫지 못했다.

다음날 아침 그는 브라질로 떠날 채비를 했다. 은행에 가서 테스 앞으로 얼마간의 돈을 부쳐주었다. 그러고 나서 그는 나머지 볼일을 위해 에민스터를 떠났다. 우선 그와 테스가 삼일 동안의 결혼생활을 했던 집으로 갔다. 열쇠를 돌려주고 남겨두고 온 물건들을 가지고 오기 위해서였다.

집에 도착한 그는 테스가 자던 방으로 올라갔다. 겨우살이는 아직도 침대 위에 달려있었다. 그는 그것을 떼어내 벽난로 안에 던져버렸다. 그리고 침대 앞에 무릎 꿇고 앉아 울부짖었다. "오, 테스! 미리 얘기해줬더라면 용서해줄 수도 있었을 텐데!"

잠시 후 아래층에서 발걸음 소리가 들렸다. 그는 일어나 누군지 보러 내려갔다. 이즈 휴엣이었다.

P. 140 에인젤은 몇 달 전부터 이즈가 자신을 좋아하고 있는 것을 눈치챘었다. 농부의 아내로는 테스만큼이나 손색없었을 정직한 아가씨였다. 이즈는 자신이 목장일을 그만두었다고 말했다.

"머물고 있는 곳이 근처라면 내가 데려다 주겠소. 나와 함께 마차를 타고 가도 좋다면요."

"감사합니다, 클레어 씨." 얼굴을 붉히며 이즈가 말했다.

"난 잉글랜드를 떠나요, 이즈. 브라질로 가요." 마차를 타고 집을 떠나며 그가 말했다.

"테스가 그렇게 멀리 떠나도 좋다고 해요?"

"테스는 일이 년은 오지 않을 거예요. 내가 먼저 가서 어떤 나라인지 알아보려고요."

그들은 한동안 말없이 달렸다. 에인젤은 방금 또 거짓말을 했고 그것이 그를 화나게 했다. 사회의 관습이 그를 구석으로 몰아서 옭아매고 있었다. 관습을 깨버림으로써 사회에 복수하면 안 되는 것일까?

"내가 당신에게 청혼했더라면 말이오, 이즈, 뭐라고 했을 것 같소?"

"승낙했을 거예요. 저도 당신을 사랑하고 있었으니까요."

"이즈, 브라질에는 나 혼자 가요. 테스와는 사정이 있어서 헤어졌어요. 다시는 그녀와 함께 살지 못할지도 몰라요.

P. 141 내가 당신을 사랑할 수는 없겠지만 나와 함께 갈래요?"

"네, 그러겠어요." 잠시 생각하다 이즈가 말했다.

"세상 사람들 눈에는 나쁜 짓이오. 알고 있죠? 나를 아주, 아주 많이 사랑해요?"

"네! 목장에 함께 있었던 내내 당신을 사랑했어요!"

"테스보다도 더?" 그가 물었다.

그녀는 고개를 저었다. "아뇨. 테스보다는 아니에요. 아무도 당신을 테스만큼 사랑할 수는 없어요. 테스는 당신을 위해 죽기라도 했을 걸요. 그보다 더 당신을 사랑하는 건 불가능해요."

에인젤은 말이 없었다. 그는 울음이 날 것만 같았다. 그의 귀에 이즈의 말이 계속 맴돌았다.

'테스는 당신을 위해 죽기라도 했을 여자예요.'

"미안해요, 이즈." 잠자코 있던 그가 느닷없이 말했다. "내가 무슨 말을 한 건지 모르겠소. 내가 미쳤나 봐요!"

이즈는 울음을 터뜨렸다. "데려가 줘요! 테스가 당신을 얼마나 사랑하는지 하는 말은 꺼내지도 말 걸 그랬나 봐요."

P. 142 "이즈, 당신의 솔직한 말이 나쁜 짓을 하려는 나를 구했소. 당신에게 감사해요. 당신을 절대 잊지 않을게요. 나를 용서해줘요."

그는 이즈를 내려주고 계속 달렸다. 그날 저녁 그는 거의 테스의 마을로 갈뻔했지만 그러지 않았다. 이즈의 말에 크게 마음이 흔들리긴 했지만 사실이 변한 것은 하나도 없었다. 자신의 마음이 정리되면, 그리고 다시 데리러 가겠다는 쪽으로 결정이 되면 그때 테스에게 가기로 작정했다. 그는 예정대로 런던행 기차를 탔고 닷새 후 브라질로 떠났다.

15장

말롯을 떠난 테스는 봄과 여름 동안 여기저기에서 일꾼으로 일했다. 에인젤이 보내준 돈은, 쓸 곳은 많고 수입은 전혀 없는 자신의 가족에게 모두 주어버리고 말았다. 하지만 에인젤의 가족에게 돈이 더 필요하다는 이야기를 하기에는 자존심이 허락하지 않았다. 가을이 지나가자 테스는 겨울 동안 마리안이 있는 농장으로 가서 일을 하기로 결심하고 길을 떠났다.

테스는 하룻밤 묵어갈 초크-뉴턴 마을을 향해 동쪽으로 걷고 있었다.

P.143 이미 날이 저물고 있었고 마을은 아직도 멀었다. 그때 뒤에서 발걸음 소리가 들렸다. 곧 한 남자가 그녀 옆을 지나갔다.

"안녕하신가, 예쁜 아가씨."

"안녕하세요."

지나가던 남자는 다시 뒤를 돌아보더니 그녀를 유심히 쳐다보았다. "아니, 내가 아는 사람이잖아! 트랜트리지에 사는 더버빌 씨와 친분이 있는 분, 맞죠?"

테스는 그 사람이 자신을 모욕해서 에인젤에게 얻어맞았던 바로 그 남자인 것을 알아보았다. 그녀의 가슴이 급하게 뛰기 시작했고 아무 말도 할 수 없었다.

"전에 시내에서 내가 한 말이 맞죠? 당신 애인이 날 때린 걸 보상해야 할 거요. 키스 한 번이면 족하지." 그는 테스의 팔을 잡고 끌어당겼다.

테스는 그의 손을 뿌리치고 길을 따라 도망쳤다. 길옆으로 작은 숲이 있는 곳까지 계속 달렸다. 나무들 사이로 뛰어들어가서 길에서 아주 멀리 떨어질 때까지 계속 달렸다.

P. 144 그리고 나서야 안심할 수 있었다. 그녀는 마른 나뭇잎들을 모아 무더기를 만들고 그 위에 누웠다. 비참하고 무서운 마음에 잠이 오지 않았다. 테스는 그날 밤 에인젤 생각을 하며 지샜다. 에인젤은 그녀가 없는, 세상 반대편 따뜻한 나라에 가 있었다.

다음날 비가 내리는 날씨에도 그녀는 계속 걸었다. 얼마 안 가 마리안이 일하는 곳인 플린트컴-애쉬에 도착했다. 주위의 토양이 메말라 있는 것을 보니 이곳의 들일은 다른 곳보다 힘들어 보였다. 하지만 돈을 벌어야 했고 겨울 동안 이곳에 머물기로 결심했다.

그녀는 약속대로 마리안을 근처 주막에서 만나 낡아 보이는 농장건물까지 함께 걸어갔다. 나무 하나 풀 한 포기 눈에 보이지 않는 황량한 곳이었다. 농장주인을 만나지는 못했지만 그의 아내가 그녀를 고용하기로 했다. 그날 밤 그녀는 자신의 새 거처를 알리는 편지를 고향마을에 보냈다.

테스는 무밭에서의 험한 일도 마다하지 않았다. 일꾼들은 아침서리를 맞으면서 또 때로는 비를 맞으면서 몇 시간씩 무를 뽑았다. 일하는 동안 테스와 마리안은 그들이 일했던 목장과 햇살이 비추던 푸른 들 이야기를 했다. 그리고 에인젤 이야기도 했다. 테스는 마리안에게 자신과 에인젤이 헤어져 사는 이유는 말하지 않았다.

P. 145 그들은 이즈 휴엣에게도 편지를 써서 다른 일자리가 없으면 그곳으로 오라고 했다. 근년 들어 가장 추운 겨울이었다. 그들은 심지어 눈이 올 때도 일을 했다. 눈이 너무 깊게 쌓이면 헛간에서 다른 일을 했다. 헛간도 들판 못지 않게 추웠다.

테스는 결국 농장주인을 만날 기회가 생겼다. 그는 테스를 길에서 욕보이려 했던 바로 그 트랜트리지 출신 사람이었다. 농장주인은 일전에 길거리에서 에인젤에게 맞았던 것을 복수라도 하듯이 테스에게 다른 사람들보다 배로 힘든 일을 시켰다.

그날 그녀는 다른 여자들이 모두 떠난 뒤에도 계속 남아서 일을 해야 했다. 늦게까지 남아 헛간에서 일하고 있던 테스는 이즈가 마리안에게 귓속말을 하는 것을 보았다. 자기 이야기를 하고 있다는 느낌이 들었다.

"내 남편 얘기를 하고 있었어?"

"응, 그래. 이즈가 절대 말하지 말라고 했는데 말해야겠어! 에인젤이 이즈에게 자기와 함께 브라질에 가자고 했었대." 마리안이 말했다.

P. 146 테스의 얼굴이 땅을 덮은 눈보다 더 하얗게 질렸다.

"하여간 그 사람이 마음을 바꿨대. 아무튼 상관없게 됐어. 하지만 진짜로 데려가려고는 했었대."

"그럴 리가 없어! 결국 데려가지 않았잖아!" 테스는 울음이 터졌다. 그리고 말했다. "당장 에인젤에게 편지를 써야겠어. 편지는 써도 된다고 했어. 지금까지는 그 사람이 편지 보내기를 기다리기만 했어. 내가 너무 소홀했던 것 같아."

테스는 그날 밤 에인젤에게 보내는 편지를 쓰기 시작했지만 끝내지 못했다. 목에 걸고 있던 리본에서 결혼반지를 끌러 밤새 손가락에 끼고 있었다. 반지는 자신이 아직도 에인젤의 아내라는 사실을 상기시켜주었다. 하지만 그는 매정한 남편이었다. 어떻게 자신을 떠나자마자 다른 여자에게 함께 브라질에 가자고 할 수 있다는 말인가?

몇 주가 지났고 테스는 왜 에인젤로부터는 아무런 소식이 없는지 걱정이 되었다. 편지를 쓰기가 싫은 걸까? 몸이 아프기라도 한 걸까? 그녀는 에민스터에 있는 그의 가족을 방문해보겠다는 생각을 했다. 분명히 자신을 반겨주고 아들 소식을 전해줄 거라고 믿었다.

평일에는 농장을 떠날 수가 없어서 테스는 일요일에 에민스터를 방문하기로 했다. 왕복 삼십 마일이나 되는 먼 길이었기 때문에 일찍부터 서둘러야 했다. 그녀는 가장 좋은 옷을 꺼내 입고 새벽 네 시에 길을 나섰다.

P. 147 마리안과 이즈도 아침 일찍 일어나서 그녀에게 잘 다녀오라고 손을 흔들어주었다.

결혼식이 있은 지 일 년이 되었고 에인젤이 떠난 지는 그보다 좀 안 되는 때였다. 그녀는 그의 가족으로부터 결혼을 인정받고 에인젤이 다시 자신에게 돌아올 수 있도록 설득해달라고 부탁할 생각이었다.

기운차게 출발했건만 에민스터가 가까워져 올수록 그녀의 자신감은 수그러들었다. 정오쯤에 그녀는 에민스터가 내려다보이는 언덕 위에서 잠시 쉬었다. 에인젤의 아버지가 주일에 이렇게 긴 여행을 한 것을 못마땅하게 여기지 않을까 하는 걱정이 되었다. 하지만 가야 했다. 그녀는 지금까지 신고 왔던 신발을 벗어 울타리 밑에 감추어놓았다. 마을을 떠날 때 다시 찾아 신을 생각이었다. 그리고 일요일에나 신는 가장 좋은 구두를 꺼내어 신고 언덕을 내려가기 시작했다.

그녀는 사제관에 도착해서 벨을 눌렀다. 아무런 대답이 없었다. 다시 한 번 눌렀다. 조용했다. 뒤돌아서며 그녀는 차라리 다행이다 싶은 마음이었다. 그러다 갑자기 사람들이 모두 교회에 있을 거라는 생각이 들었다.

P. 148 그녀는 길가 나무 아래에서 사람들이 교회에서 나오기를 기다렸다. 모두들 낯선 사람인 테스를 쳐다보았고 테스는 점점 기가 죽었다. 그녀는 점심시간이 지나기를 기다렸다가 다시 사제관을 방문하기로 작정하고 빠른 걸음으로 다시 언덕을 올라가기 시작했다. 반쯤 올라갔을 때 같은 길을 올라오는 두 사람의 남자가 있길래 뒤를 돌아다보았다. 두 사람이 나누는 말소리를 듣고는 그들의 목소리가 어쩐지 에인젤과 비슷한 데가 있다는 생각이 들었다. 그녀는 곧 그들이 에인젤의 형들인 것을 깨달았다. 계속 걷자니 그들이 하는 말이 조금씩 들렸다.

"불쌍한 에인젤! 오늘 교회에서 머시 찬트를 보았어. 도대체 에인젤은 왜 그런 아가씨를 놔두고 목장일꾼과 결혼을 한 거야? 결혼도 그게 뭐야. 아내라는 사람은 아직도 브라질에는 가지도 않고." 둘 중 한 사람이 말했다.

"뭔가 이상해. 하지만 그 애는 항상 생각하는 게 이상했지. 도무지 이해가 안 가." 나머지 한 사람이 말했다.

그들은 테스를 지나쳐 언덕 꼭대기에 이르러 잠시 쉬었다. 한 사람이 들고 있던 우산으로 울타리 밑을 쑤셨다. 그는 그 밑에서 뭔가를 끄집어냈다.

P. 149 "낡아빠진 신발 한 켤레인데. 부랑자가 버리고 갔나 봐." 그가 말했다.

"교회 구호품으로 쓰라고 머시에게나 가져다줘야겠군. 가난한 사람 중에 필요한 사람이 있을 거야." 다른 사람이 말했다.

테스는 뺨에 눈물을 흘리면서 두 남자를 지나쳐 언덕을 달려 내려갔다. 사제관으로 돌아가는 것은 이제 생각도 못할 일이었다. 그녀는 서둘러 에민스터를 벗어나 걷기 시작했다. 에인젤의 형들을 마주치지 않고 대신 그 부모를 만났더라면 상황이 달라질 수도 있었다는 것을 그녀는 모르고 있었다. 그의 아버지나 어머니는 가난하고 외로운 테스를 당장 따뜻하게 받아주었을 것이다.

얇은 구두를 신고 플린트컴-애쉬까지 걸으며 테스는 지치고 슬펐다. 한 농가에 들러 마실 것을 청했다. 안주인이 우유를 가져다주는 동안 앉아서 기다리다가 온 마을이 텅 비어있는 것을 깨달았다.

"모두들 교회에 갔나요?" 여자가 오자 테스가 물었다.

P. 150 "아니에요. 전도사 강연에 갔어요. 지금 마을 반대편에 있는 헛간에 와있어요."

테스가 마을로 들어갔다. 멀리 헛간 바깥에 사람들이 무리지어있는 것을 보고는 그쪽으로 갔다. 전도사는 열띤 목소리로 자신이 어떻게 하나님을 알게 됐는지 그리고 어떻게 구원받았는지 말하고 있었다. 몇 년 전 에민스터의 한 신부가 자기보고 사악한 인간이라고 했을 때 처음에는 그 말을 무시하면서 되려 그 늙은 신부에게 욕을 해주었다고 했다. 하지만 서서히 주님의 은총으로 인해 죄로 물든 자신의 생활을 청산할 수 있었다고 했다.

테스 귀에 들어온 것은 그 전도사가 하는 말이나 사악했다던 그 남자의 과거가 아니었다. 그녀는 귀에 낯설지 않은 전도사의 목소리에 놀랐다. 그의 얼굴을 보기 위해 헛간 쪽으로 가는 그녀의 가슴이 쿵쿵 뛰었다. 남자는 사람들을 향해 옥수수 포대 위에 올라서 있었다. 오후의 햇살이 남자의 얼굴을 비추었고 그녀는 그 전도사가 알렉 더버빌인 것을 알 수 있었다.

16장

P. 151 테스가 트랜트리지를 떠난 후로 알렉 더버빌을 보거나 그의 소식을 들은 것은 이번이 처음이었다. 옷차림이 달라지고 모습도 변했지만 그녀는 아직도 그가 두려웠다. 그가 자신의 생각을 모두 바꾸고 마음속 깊이 다른 사람이 됐다고는 믿기지 않았다. 테스가 몸을 돌릴 때 그가 그녀 쪽을 보았다. 그녀를 알아보고는 벼락이라도 맞은 듯한 충격을 받은 기색이었다. 설교하던 목소리에서 힘이 빠졌고 가늘게 떨리기 시작했다. 말도 제대로 잇지 못했다. 당황한 채 눈을 아래로 떨구었다가는 몇 초마다 다시 눈을 들어 흘끔거리며 그녀 쪽을 쳐다보았다. 테스는 할 수 있는 한 빨리 걸었다. 고개를 돌리지 않아도 그가 자신을 보고 있는 것을 느낄 수 있었다. 그녀는 자신이 과거로부터 절대 벗어날 수 없음을 깨달았다. 과거는 끝까지 그녀를 쫓아다니고 있었다.

언덕길을 올라가고 있을 때 뒤에서 발걸음 소리가 들렸다.

P. 152 생전 다시는 보고 싶지 않았던 바로 그 사람이었다.

"테스!" 그가 불렀다. "테스! 나야, 알렉 더버빌."

그녀가 뒤를 돌아보았고 그가 옆으로 다가왔다.

"그렇군요." 그녀가 차갑게 대꾸했다.

"인사가 그게 다인가? 당신이 멀리 떠났다고 들었는데. 내가 왜 당신을 쫓아왔는지 알겠어? 당신이야말로 내가 제일로 지옥에서 구원해주고 싶은 사람이기 때문이야. 그래서 온 것이지 별 뜻은 없어." 그가 말했다.

"당신 자신은 구원했나요?" 그녀가 쏘아붙였다.

"스스로가 구원하는 것은 아니야. 모든 것은 하느님께서 하시는 거지. 그리고 또 에민스터의 클레어 신부가 도움이 됐지. 그분은 당신이 아는 그 누구보다도 더 많은 영혼을 구한 분이야. 그분에 대해 들어본 적 있나?"

"네." 테스가 대답했다.

"이삼 년 전에 그분이 트랜트리지에서 설교한 적이 있는데 그때 내가 사는 방식이 얼마나 못된 것인지 말해주더군. 그때 나는 그런 말을 하는 신부에게 욕을 해댔고. 하지만 그 신부 말이 가슴에 남았어. 신부가 한 말을 되돌아보게 됐지. 그때부터 다른 사람들도 하나님을 만나도록 도와줘야겠다는 욕망이 치솟았어."

"웃기지 말아요!" 테스가 격앙된 목소리로 말했다. "당신이 갑자기 변했다는 걸 믿을 수 없어요.

P. 153 나에게 그런 말이 통하겠어요? 당신은 내 인생을 망쳐놨어요. 당신 같은 사람은 다른 사람들을 불행하게 만들뿐이에요. 그리고는 천국에 한자리 맡아놓으려고 하느님을 믿게 됐다고요? 내가 믿을 것 같아요?"

그녀는 몸을 돌려 크고 아름다운 눈으로 그를 노려보았다.

갑자기 그가 외쳤다. "그렇게 쳐다보지 마! 여자들 얼굴을 볼 때마다 항상 마음이 흔들린단 말이야! 당신은 내가 잊고 싶은 옛날 생각이 나게 만들어!"

그들은 계속 걸었고 곧 크로스-인-핸드라는 곳에 다다랐다. 이상하게 생긴 커다란 돌이 서 있는 갈림길이었다. 돌 위에는 사람의 손이 거칠게 새겨져 있었다. 사람들이 유난히 서둘러 지나가는 외지고 음울한 곳이었다.

"여기서 작별해야겠어. 오늘 저녁 6시에 또 설교가 있어. 하지만 말해봐. 나와 헤어진 다음 어떻게 살았어? 어쩐지 달라진 것 같은데." 그가 말했다.

P. 154 테스는 아기 이야기를 해주었다. 알렉은 충격을 받았다.

"나에게 말을 했어야지. 그럼 도왔을 거 아냐. 당신이 허락한다면 지금이라도 도울 수 있어. 잠깐 이리 와봐." 그가 돌 쪽으로 걸음을 옮겼다. "가기 전에 이 돌 위에 당신 손을 놓고 다시는 나를 유혹하지 않겠다고 맹세해."

"세상에! 그런 말이 어디 있어요? 나야말로 당신을 다시는 보고 싶지 않은 사람이에요."

"알아, 테스. 하지만 어쨌든 맹세해줘." 그가 말했다.

테스는 손을 돌 위에 놓고 그가 원하는 대로 했다.

"당신을 위해 기도할게. 그리고 우린 다시 만나게 될 거야. 잘 가!" 알렉이 멀어져가며 소리쳤다.

집으로 걷는 테스의 기분은 몹시 나빴다. 갈림길을 떠난 지 얼마 안 되어 마주친 목동에게 방금 전 그 돌의 의미를 물어보았다. 목동의 말에 따르면 그 돌은 종교적인 것과는 거리가 멀다고 했다. 과거에 한 남자가 고문당하고 교수당한 장소를 표시해놓은 돌이라고 했다. 죽은 남자의 뼈가 그 밑에 묻혀있다는 것이다. 그 이야기를 들은 그녀는 더욱 마음이 어지러웠다. 그녀는 어두워지기 전에 농장에 도착하기 위해 서둘러 걸었다.

며칠 뒤 테스가 들에서 일하고 있을 때 알렉 더버빌이 찾아왔다.

P. 155 그는 트랜트리지에 있는 자신의 땅을 팔고 선교사로 아프리카에 갈 작정이라고 했다.

"테스, 당신 말을 듣기 전에는 내가 당신에게 얼마나 큰 피해를 줬는지 미처 몰랐어. 모두 다 내 잘못이야. 보상할 기회를 주겠어? 내 아내가 되어 같이 가지 않겠어?"

"천만에요! 싫어요!" 테스는 대답을 당장 내뱉었다.

"왜 싫다는 거지?" 실망과 놀람이 그의 얼굴에 번졌다. 테스는 그가 자신에게 품었던 욕정이 되살아났다는 것을 알 수 있었다.

"내가 당신을 사랑하지 않는다는 걸 알잖아요. 그리고… 나는 사랑하는 사람이 있어요."

알렉은 이 말에 매우 놀란 눈치였다. "그래? 하지만 그건 그냥 지나가는 감정일 테지."

"아뇨, 아니에요. 그 사람과 결혼했어요. 여기 사람들은 몰라요. 아무에게도 말하지 말아요."

"그게 누구야? 어디 있는데? 왜 여기 당신과 함께 있지 않지? 왜 당신을 돌보지 않느냐고? 어떻게 당신이 이런 곳에서 일하도록 내버려두고 나 몰라라 할 수 있지?" 알렉이 물었다.

P. 156 "더 이상 묻지 말아요. 여기 일하라고 버린 게 아니에요. 그이는 아무것도 몰라요!" 테스가 소리질렀다.

"당신은 버림받은 아내군 그래, 테스. 그리고… 난 당신에 대한 나의 감정이 모두 사라진 줄 알았어. 하지만 틀린 생각이었어." 그가 갑자기 그녀의 손을 움켜잡았다.

"이러지 말아요!" 손을 빼며 그녀가 소리질렀다. "제발 멀리 가줘요. 나와 내 남편을 위해서 사라져요. 당장 떠나요."

"당신이 말한 대로 해야겠지. 잘 있으라고!" 머리 속에 생각이 가득한 채 그는 천천히 걸어갔다.

몇 분 후 농장주인이 그녀에게 다가왔다. 일하는 중에 낯선 사람과 시간을 보낸 것에 화가 나 있었다. 테스는 알렉 더버빌의 부드럽고 다정한 말보다 이 남자의 화난 목소리가 차라리 마음 편했다.

그날 밤 그녀는 에인젤에게 보내는 편지에 그녀가 얼마나 에인젤을 사랑하고 또 그리워하고 있는지 썼다. 행간의 의미를 읽는다면 미래에 대한 그녀의 공포를 느낄 수 있었을 편지였다. 하지만 이번에도 그녀는 편지를 끝내지 못했다. 남편이 이즈에게 브라질로 함께 가자고 했다는 말이 다시 떠올랐다. 그가 아직도 자신을 사랑하고 있기나 한 건지 확신할 수가 없었다.

이월의 어느 조용한 일요일에 알렉 더버빌이 다시 그녀를 찾아왔다. 테스가 자신의 오두막집에서 밥을 먹고 있는데 문에서 노크소리가 들렸다.

P. 157 그는 그녀가 문을 열어주기도 전에 들어서더니 의자에 털썩 앉았다.

"테스, 다시 오지 않을 수 없었어." 그가 절박한 말투로 말했다. "당신 생각을 멈출 수가 없어. 나를 위해 기도해줘, 테스!"

"다른 사람도 아닌 나보고 당신을 위해 기도하라고요? 내가 기도한다 해도 하느님께서 정하신 계획이 바뀔 리도 없고요."

"그런 말은 어디서 들었소?"

"내 남편에게서요."

"아! 당신 남편! 그가 믿는 게 뭔데?"

테스는 에인젤이 가진 신념에 대해 이야기해주었다. 알렉은 귀기울여 듣는 눈치였다.

"당신 남편이 믿으라는 거라면 모두 믿는 모양이지. 여자들은 다 그렇지."

"그는 모든 걸 다 알기 때문에 그를 믿는 거예요. 그이에게 옳은 일은 나에게도 옳은 일이에요."

"재미있군. 하긴 성경에 있는 것을 곧이곧대로 믿지 말고 고정관념을 버리라는 그 사람 말이 맞는 건지도 몰라.

P. 158 그리고 나 같은 사람이 전도사가 된 건 잘못된 일일지도 모르지. 나는 마음이 너무 쉽게 흔들리는 게 문제야. 사실은 오늘도 설교를 하고 있어야 하는데 안 하고 이리 온 거야. 내가 당신을 경멸한다고 생각했는데 아니었어. 당신에 대한 내 열정이 너무 강해. 당신을 다시 만나지 않고는 견딜 수가 없었어."

"내가 여기 오라고 한 건 아니잖아요!" 테스가 말했다.

"알아. 당신 탓을 하는 건 아니야. 하지만 그날 당신이 농장에서 일하는 것을 보고 화가 났어. 당신 남편이 당신을 방치한다 해도 내가 당신을 보호

할 권리는 없어."

"그런 말은 꺼내지도 말아요. 내가 결혼한 여자라는 걸 명심해요. 그리고 남편을 나쁘게 말하지 말아요. 부끄러워해야 할 사람은 당신이라고요!"

알렉은 잠시 그녀를 쳐다보았다. 그리고 몸을 돌려 다른 말 없이 집 밖으로 나갔다. 그는 테스가 말한 그녀 남편의 사고방식에 대해 생각해보았다. 일리 있는 말이었다. '똑똑한 남편께서 자신의 신념이 오히려 테스를 내게로 인도하고 있다는 건 모르시는군.' 하고 그는 생각했다.

삼월은 플린트컴-애쉬 농장의 추수기였다. 농장주인은 테스에게 가장 힘든 일만 골라 시켰다. 다른 여자들은 에일이나 냉차를 마시기 위해 이따금 쉬기도 했지만 테스에게는 휴식도 없었다.

P. 159 점심시간이 될 때쯤에는 너무나 지쳐 걷기조차 힘들었다.

그녀가 점심을 먹고 있을 때 알렉 더버빌이 다가오는 것을 보았다. 이번에는 수수한 전도사차림이 아니라 다시 신사처럼 차려입고 있었다. 그가 그녀의 옆에 앉았다. "이렇게 다시 왔어."

"왜 이렇게 나를 괴롭히는 거예요!" 그녀가 소리쳤다.

"당신이야말로 왜 나를 이렇게 괴롭히는 거지? 당신이 내 머리 속에서 떠나지 않아, 테스. 우리 아기 얘기를 들은 다음부터 당신에 대한 내 감정이 살아났어. 이제 설교에는 흥미가 없어졌다고. 다 당신 탓이야."

"전도사 일을 그만뒀단 말이에요?"

"그래. 당신을 마지막 만났던 날부터 쭉 당신 남편의 사고방식을 되짚어 봤지. 늙은 클레어 신부의 생각보다 그의 생각이 더 참신하더군. 그래서 이렇게 다시 온 거야. 옛날처럼 지내보자고!"

"옛날하고는 달라요. 모든 게 달라졌어요. 대체 왜 독실한 사람이 못 되는 거예요?"

P. 160 "당신이 당신 남편 생각을 너무나 잘 전달해준 덕분이지. 이제 그 생각을 받아들이고 다른 생각들은 버리기로 했어. 사실 당신을 도와주러 온 거라고. 당신이 여기서 이러고 있는 것을 못 보겠어. 당신 말로는 당신이 결혼했다고 하지만 남편이란 사람은 코빼기도 본 적 없고 그 사람 이름도 몰라. 나는 여기 이렇게 있고 당신 남편은 없어. 내 마차가 언덕 건너편에서 기다리고 있어. 나와 함께 여길 떠나서 영원히 함께 살자고."

테스의 뺨이 분노로 달아올랐지만 그녀는 아무 말도 하지 않았다. 그녀는 일할 때 끼는 장갑 한 짝을 주워 그것으로 그의 얼굴을 후려쳤다. 무겁고 두꺼운 가죽으로 만들어진 장갑이 그의 입 위에 제대로 맞았다. 알렉은 놀라서 벌떡 일어나 피가 나는 입술을 손으로 훔쳤다. 그가 그녀 옆으로 다가서더니 그녀의 어깨를 잡고 마구 흔들었다.

"한 가지만 기억하라고!" 그가 화난 목소리로 말했다. "알아둬, 숙녀 아가씨, 나는 한때 네 주인이었어! 그리고 다시 그렇게 될 거야. 당신에게 남편이 있다면 그건 바로 나야! 오늘 오후에 대답을 들으러 다시 오겠어."

이 말과 함께 알렉은, 밥을 먹고 일어나 기지개를 켜고 에일 잔을 비우는 일꾼들 사이로 걸어 나갔다. 테스는 그날의 추수일을 끝내기 위해 다시 들로 나갔다.

17장

P. 162 세 시쯤 테스가 눈을 들어 사방을 둘러보았다. 알렉 더버빌이 와서 농장 문 옆에 서 있었다. 이제 그녀는 더 이상 놀라지도 않았다. 그는 그녀에게 손을 흔들더니 키스를 날렸다. 그녀는 고개를 돌렸고 다시는 그쪽을 쳐다보지도 않았다.

일꾼들은 날이 저물도록 들판에서 일했다. 작업이 끝났을 때 테스는 몹시 지쳐있었다. 몸을 씻고 저녁을 먹은 후 그녀는 에인젤에게 보내는 간절한 편지를 썼다.

사랑하는 남편에게,

이렇게 불러도 된다고 해줘요. 제가 이렇게 부르는 것이 언짢더라도 말이에요. 저를 도와줘요. 저를 도와줄 사람은 당신밖에 없어요! 저는 심한 유혹에 시달리고 있어요. 누구라고 말을 할 수는 없지만요. 끔찍한 일이 생기기 전에 지금 당장 저에게로 제발 와줄 수 없나요? 물론 그럴 수 없다는 건 알아요. 당신은 너무 먼 곳에 있으니까요. 하지만 당신이 곧 돌아와주지 않는다면, 아니면 저를 불러주지 않는다면 저는 죽고 말 것 같아요.
P. 163 당신이 준 벌을 받아 마땅하지만 제발 너그럽게 대해주세요. 당신

이 와서 용서해준다면 당신 품 안에서 당장 죽는다 해도 여한이 없겠어요.

에인젤, 제가 사는 이유는 오직 당신이에요. 당신이 절 떠났다고 원망하는 말은 절대로 하지 않을게요. 제발 저에게 돌아와만 줘요. 당신 없이는 어찌할 바를 모르겠고 너무나 외로워요, 여보. 우리가 목장에 함께 있을 때 저에게 느꼈던 그 사랑이 조금이라도 남아있나요? 그렇다면 어떻게 저를 멀리할 수 있어요? 당신을 만났던 그 순간 제 과거는 죽어버린 것이나 다름없어요. 저는 당신 사랑으로 인해서 완전히 다른 여자로 거듭났으니까요. 왜 그걸 모르나요?

당신이 영원히 저를 사랑해줄 것이라고 믿었던 제가 너무 어리석었어요! 제게 그런 행운이 올 리 없었죠. 저를 아내로 원하지 않는다면 그럼 당신 하인으로 살게요. 제가 원하는 것은 당신 곁에서 당신을 보는 거예요. 그리고 당신이 제 것이라고 생각하는 것이에요.

P. 164 제게로 오지 않겠다면 제가 가도 될까요? 제 과거 때문에 또다시 죄의 굴레에 빠지게 될까 봐 너무나 두려워요. 와줘요, 에인젤, 제발. 와서 저를 이 위협으로부터 구해줘요!

당신을 변함없이 사랑하는 슬픔에 잠긴 아내

테스

테스가 다급하게 쓴 편지는 며칠 후 에인젤의 부모가 사는 에민스터에 도착했다. 클레어 신부가 부인에게 말했다. "에인젤의 안사람으로부터 온 것 같구려. 에인젤이 내달 말에 리오를 떠나 집에 다니러 오겠다고 했지 않소? 이 편지 때문에라도 그 애가 더 빨리 집에 왔으면 좋겠군. 당장 부쳐줘야겠어."

에인젤은 그 시간에 남아메리카 대륙을 가로질러 바다 방향으로 달려가고 있었다. 이 낯선 신대륙에서의 경험은 그다지 행복하지 못했다. 처음 브라질에 도착했을 때 심각하게 앓았고 아직도 완전히 회복되지 못했다. 지난 한 해 동안 자신이 정신적으로 성숙한 것은 사실이지만 그는 더 이상 예전처럼 강하지 못했고 외모도 훨씬 나이 들어 보였다. 이 나라는 그를 실망시켰다. 영국사람들이 살기에 생활습관이 맞지 않았고 이곳에서 농장을 하기도 쉽지 않다는 것을 깨달았다.

P. 165 삶에 대한 그의 태도도 이곳에 온 후 많이 변했다. 무엇이 옳고 무

엇이 그른지에 대해 다시 생각하게 됐다. 사람은 그 사람이 어떤 일을 저질렀느냐 하는 것만 가지고 평가될 것이 아니라 무엇을 하기를 원하느냐에 따라 평가되어야 한다는 생각이 들었다. 테스에 대한 자신의 행동이 마땅한 것이었는지에 대해서도 다시 생각해보게 되었다. 점점 더 자주 그녀를 생각하게 되었고 생각이 날 때마다 그의 애정도 커져갔다. 그는 그녀에게 자기가 편지할 때를 기다리라고 했던 말을 잊고 왜 테스가 편지를 쓰지 않는지 궁금해했다. 그녀가 자신이 한 말을 충실히 따르고 있을 뿐이라는 것을 몰랐고 또 그 때문에 그녀가 마음고생을 하고 있는 것도 알지 못했다.

그는 다른 영국남자 한 명과 함께 여행하고 있었다. 둘 다 브라질에서 목장을 시작하겠다는 희망을 포기할 수밖에 없어서 침울한 기분이었다. 낯선 나라에서 외로웠던 두 사람은 여행하면서 서로의 문제들을 나눴다. 에인젤은 그 사람에게 자신의 짧고 불행했던 결혼에 대해 이야기해 주었다. 남자는 에인젤보다 나이도 더 많고 경험도 더 많았다. 그리고 인생에 대해 그보다 더 개방적인 생각을 가지고 있었다. 남자는 에인젤에게 테스와 헤어진 것은 잘못한 일이라고 말했다.

P. 166 며칠 후 그들은 태풍을 만났고 뼛속까지 젖고 말았다. 동행하던 남자는 열병에 걸려 며칠 후 죽고 말았다. 에인젤은 남자를 묻어주고 나서 다시 길을 떠났다.

에인젤은 죽은 남자가 한 말에 자기 자신이 부끄러워졌다. 테스가 범죄를 저지르거나 한 것도 아닌데 순결한 그녀의 품성을 믿지 못하고 그녀의 과거 따위에 집착하고 말았다. 결혼식 날의 테스 모습을 떠올려보았다. 그녀는 마치 에인젤이 신이라도 되는 것처럼 그를 바라보았었다. 그리고 그 끔찍했던 결혼 첫날 저녁, 그녀는 순전히 자신을 믿고 모든 것을 고백한 것이었다. 더 이상 그가 자신을 사랑해주지 않을 것을 알았을 때 얼마나 가슴이 찢어졌을까? 이즈가 자신에게 했던 말도 기억했다. '테스는 당신을 위해서라면 죽기라도 했을 거예요. 누구도 그보다 더 당신을 사랑하진 못할 거예요.' 그는 자신이 예전처럼 그녀를 사랑할 수 있다는 것을 깨달았다.

한편 테스는 에인젤이 자신의 편지를 읽고 설마 당장 돌아오리라는 희망은 하고 있지 않았다. 과거의 일은 변한 것이 없었고 그에 따라 그의 생각도 바뀌지 않았을 것이란 마음에서였다. 하지만 그럼에도 그녀는 일하지 않을 때는 항상 만에 하나 그가 돌아온다면 어떻게 그를 기쁘게 해줄까 하는 생각만 했다. 일을 할 때는 그가 목장에서 즐겨 부르던 노래를 흥얼거렸다. 노래를 부를 때면 눈물이 뺨을 타고 흘러내렸다. 어쩌면 그는 영원히 돌아오지 않을지도 몰랐다.

P. 167 어느 날 저녁 그녀가 자신의 오두막집에 있을 때 누군가 문을 두들겼다. 키가 크고 마른 아가씨가 안으로 들어왔다. 테스의 동생 리자 루였다.

"리자 루, 웬일이니?" 테스가 물었다.

"어머니가 굉장히 아프셔. 의사 말로는 곧 돌아가실 거래." 동생이 말했다. "그리고 아버지도 별로 안 좋으셔. 자기 같은 귀족가문 출신은 일을 할 수 없다고 하셔. 어떻게 해야 할지 모르겠어."

테스는 농장주와의 계약기간이 아직 남아있지만 당장 고향집에 돌아가야겠다고 결심했다. 리자 루에게 먹을 것을 챙겨주고 나서 그녀는 짐을 꾸리기 시작했다.

그녀가 말롯에 도착했을 때 어머니의 병은 이미 호전되어 있었다. 아이들은 그녀가 집을 떠나있었던 일 년 사이 다들 키들이 훌쩍 커 있었다. 그녀의 아버지는 전혀 아파 보이지 않았다. 그는 테스에게 새로운 돈벌이가 생각났다고 했고 테스는 그것이 무엇이냐고 물었다.

P. 168 "이 근방에 있는 모든 역사가들을 찾아보기로 했다. 그리고 그 사람들에게 돈을 달라고 할거다. 당연한 일이라고들 생각할 거다. 어쨌거나 다 낡은 폐허를 돌보는데 돈을 쓰는 사람들 아니냐? 그리고 나도 폐허가 된 집안 사람이고. 오히려 얼씨구나 하면서 줄 거다."

테스는 아버지의 계획이 말도 안 된다고 생각했지만 참견할 겨를이 없었다. 부모 둘 다 집안일을 책임질 모양새가 못 되었기 때문에 당장 자신이 떠맡아야 했다. 빨래를 하고 밥을 짓고 어머니를 간호하고 아이들을 돌보는 일이 모두 그녀 몫이었다. 그리고 오후에는 마을 공동경작지에 가서 해가 질 때까지 채소를 심었다.

어느 날 저녁 그녀가 그곳에서 일하고 있을 때 낯익은 얼굴 하나가 다가오는 것이 보였다. 알렉 더버빌이었다.

"여긴 왜 온 거예요?" 그녀가 물었다.

"당신을 도우러 왔어. 농장일은 그만둔 거야?"

"그래요."

"그럼 이제 어디로 갈 거야? 사랑하는 남편 곁으로 갈 건가?"

"모르죠. 나는 남편이 없어요!" 그녀가 화난 목소리로 말했다.

P. 169 "어떤 면에서는 그 말이 맞지. 하지만 나는 당신 친구고 당신을 돕겠다고 결심했어. 당신 부모님께 돈을 좀 드리고 오는 길이야."

"아, 알렉, 그런 짓을 하면 안 돼요! 당신에게서는 아무 것도 받을 수 없어요! 옳지 않아요!"

"옳은 일이고말고! 당신은 지금 곤란에 처해있고 나는 돕고 싶어. 당신 어머니 병이 낫지 않는다고 쳐봐. 당신 아버지가 도움이 될 리도 없을 거 아냐? 아이들은 누가 돌볼 건데?"

"내가 돌볼 거예요! 당신은 필요 없다고요!"

테스는 그에게서 몸을 돌리고 다시 땅을 파기 시작했다. 그녀가 뒤를 돌아봤을 때 알렉은 가고 없었다.

집으로 돌아와 보니 여동생 중의 한 명이 나와있었다.

"언니, 아버지가 돌아가셨어! 방금 쓰러지셨는데, 어머니를 진찰하러 와 있던 의사 말이 아버지가 심장발작을 일으키셨대."

18장

P. 170 며칠 후 테스와 그녀의 가족에게 또 다른 큰일이 생겼다. 존 더비필드는 가족이 사는 오두막집을 그 집이 있는 땅주인으로부터 빌린 것이었는데 그의 죽음으로 계약관계가 끝났고 땅 주인이 그 집을 자신의 농장일꾼들을 위해 쓰기로 결정한 것이었다. 그는 더비필드 가족에게 집을 비우라고 했다. 그들 가족은 마을에서 이미 인심을 잃고 있었다. 부모는 둘 다 술에 취해 다니기 일쑤였고 특히 존은 게으른 사람이었다. 어린아이들은 교회에 잘 나오지 않았고 몇 년 전에 일어난 테스 문제도 있었다. 마을 사람들은 테스가 자신들의 아이들에게 나쁜 영향을 미친다고 생각하고 있었다. 그래서 테스와 그녀 가족은 다른 곳에 살 곳을 마련해야 했다.

떠나는 전날 밤 어머니와 리자 루, 에이브라함이 마을 친구들에게 작별인사를 하러 나갔다. 테스는 집에 남아 어린 동생들을 돌봤다. 그녀는 슬프고

처참했다. 그녀의 과거가 다시 그녀를 괴롭히기 시작한 것이었다. 그녀는 인생이란 정말 불공평하다고 생각했다. 자기가 고향으로 돌아오지 않았다면 가족이 오두막집에서 쫓겨나는 일은 없었을 수도 있었다.

P. 171 그녀는 창문을 내다보고 어떤 남자가 말을 타고 오는 것을 보았다. 알렉 더버빌이었다.

"짐을 다 쌌군 그래. 언제 떠나는 거야?" 그가 물었다.

"내일이요." 그녀가 대답했다.

"좀 갑작스럽군 그래. 왜 떠나는 거지?"

"아버지가 돌아가시는 바람에 더 이상 이 집에 살 권리가 없어졌어요. 나만 아니었다면 집주인이 가족들이라도 머무르게 해줬을지 몰라요."

"무슨 말이야?"

"나는 명예가 더럽혀진 여자니까요."

"쫓겨나는 이유가 그거군, 그런 거지? 정말 너무들 하는군! 그럼 이제 어디로 가는 거야?" 알렉이 물었다.

"킹즈비어요. 어머니가 아버지의 조상들에 대한 자부심이 커서 그곳에 가고 싶어하세요."

"트랜트리지로 오지 그래? 마당이 딸린 집을 줄게.

P. 172 당신 어머니가 사시기에 좋을 거야. 그리고 아이들은 좋은 학교에 다니고. 당신을 위해 뭔가 하고 싶어!"

"킹즈비어에 이미 묵을 방을 잡아놨다고요!"

"킹즈비어는 무슨 킹즈비어! 내가 준다는 집으로 와, 테스."

테스는 머리를 저었다. 하지만 알렉은 포기하려 들지 않았다.

"어머니에게 한번 물어봐." 그가 우겼다. "결정은 당신이 아니라 어머니가 해야지. 집은 다 준비되어 있다고. 내일이라도 와도 돼."

테스는 다시 고개를 저었다. 알렉의 얼굴을 보고 있기가 힘들었다.

"과거에 당신에게 입힌 피해에 대한 보상을 해야지. 내일 당신, 아니면 당신 어머니와 아이들이라도 오는 걸로 알고 기다리고 있을게." 이 말을 남기고 그는 말을 타고 사라졌다.

알렉이 가고 난 후 테스는 울기 시작했다. 그리고 에인젤에 대한 원망이 되살아났다. 그녀가 원해서 저지른 일도 아니었는데 그의 벌은 너무나 가혹

했다. 그녀는 종이와 펜을 찾아 이런 원망의 말들을 에인젤에게 쓰기 시작했다.

왜 절 이렇게 가혹하게 대하는 거예요, 에인젤?
P. 173 곰곰이 생각해보았지만 당신이 너무 심한 것 같아요. 당신을 절대 용서하지 않겠어요! 당신은 잔인해요! 당신을 잊으려고 노력할래요. 당신은 저에게 공평하지 못했어요.

테스

그녀는 편지를 봉투에 넣고, 마음이 바뀌기 전에 편지를 부치러 서둘러 나갔다.

곧 그녀의 어머니와 두 동생이 돌아왔다.

"말발굽 자국이 창문 밖에 나 있네. 누가 왔다간 거냐?" 어머니가 물었다.

"아니요." 테스가 말했다.

불 옆에 있던 어린 동생들이 그녀를 쳐다보았다. "하지만 언니, 어떤 신사가 말을 타고 와서 언니랑 얘기했잖아." 그중 하나가 말했다.

"그 신사가 누구냐? 네 남편이냐?" 어머니가 물었다.

"아니요. 하지만 어머니도 아는 사람이에요. 내일 킹즈비어에 도착하면 모두 말씀드릴게요." 테스가 말했다.

P. 174 다음날 더비필드 가족은 마차와 마부를 고용해서 세간과 짐들을 모두 싣고 킹즈비어를 향해 떠났다. 그녀의 어머니가 미리 그곳에 방을 예약해놓았다. 하지만 그들이 피곤한 여행 끝에 킹즈비어에 도착했을 때 이들을 맞으러 나온 남자 말이 더비필드 부인이 여관에 보낸 편지가 늦게 도착하는 바람에 방이 예약되지 못했고 남아있는 방도 없다는 것이었다. 테스와 그녀의 어머니는 마차에서 짐을 부려 가까운 교회에 내려놓았다. 그리고 어머니와 리자 루가 가족이 지낼 곳을 알아보러 나갔다. 하지만 시내의 방들은 모두 차 있었고 날은 저물어 갔다. 가족이 묵을 곳은 없었다.

테스는 다급한 마음으로 가구 더미를 바라보았다. 봄날 저녁의 쌀쌀한 햇빛 아래에서 모든 것이 낡고 초라해 보였다.

"가족묘지는 그 가족에게 영원히 속한 거라고 할 수 있지? 그럼 오늘 밤

이곳에서 지내자." 테스의 어머니가 말했다.

테스는 어머니를 도와 큰 침대를 교회 벽에 붙였다. 땅밑에는 더버빌 가문 사람들이 묻혀있었다. 침대가 놓인 위쪽에는 더버빌 창(窓)이라고 불리는 아름다운 색유리창이 있었다.

P. 175 창문 꼭대기에 존 더비필드의 오래된 은 도장과 은 숟가락에 있는 것과 똑같은 장식이 있었다. 더비필드 부인은 침대 둘레에 커튼을 치고 어린아이들을 안으로 들였다. "상황이 이러니 하룻밤 정도는 여기서 잘 수밖에. 테스, 네가 양반집에 시집간 보람이 대체 뭐냐, 결국 이 꼴이 뭐니!"

더비필드 부인은 리자 루를 데리고 다시 방을 알아보러 시내로 갔다. 큰길에 접어들었을 때 알렉 더버빌을 보았다.

"찾고 있었어요!" 그가 말을 타고 오며 말했다. "테스는 어디 있죠?"

더비필드 부인은 교회 방향을 가리키고는 리자 루와 함께 가던 길을 갔다.

그동안 테스는 조상의 무덤을 보려고 낡은 교회 안으로 들어갔다. 그녀는 검은 돌 위에 새겨진 조각을 보려고 몸을 굽혔다. 다시 몸을 일으켰을 때 그녀는 돌로 만든 인물상이 무덤 위에 누워있는 것을 보았다. 그러더니 갑자기 그것이 움직였다. 그녀는 소스라치게 놀랐다가 곧 그것이 무덤 위에 누워있던 알렉 더버빌인 것을 깨달았다.

P. 176 그는 무덤에서 벌떡 일어나더니 그녀를 쳐다보고 웃었다.

"저리 가요!" 그녀가 말했다.

"그럴 거야. 당신 어머니를 만나볼 거야. 당신이 원하든 원하지 않든 간에 도와주기로 했어. 나에게 고마워하게 될 거야." 그가 말했다.

그가 가버리자 테스는 무덤의 차가운 돌 위에 머리를 댔다.

"차라리 내가 이 비석 뒤쪽에 있다면 좋겠다. 나는 죽느니만 못해." 테스가 중얼거렸다.

그날 아침 마리안과 이즈 휴엣은 테스가 가족과 함께 킹즈비어로 이사하는 것을 보았다. 두 사람은 일이 너무 고달픈 플린트컴-애쉬 농장을 떠나 다른 농장으로 가고 있었다. 그들은 에인젤과 테스 그리고 알렉 더버빌에 관해 이야기했다. 그들은 테스의 삶이 얼마나 고달픈지, 알렉이 얼마나 집요하게 테스를 꾀고 있는지 알고 있었다. 둘 다 테스 걱정이 되었다.

"결국 자기에게 돌아오도록 테스를 설득하기라도 하는 날에는 정말 끔찍한 일이 되지 않겠어? 에인젤과 테스가 다시 화해하도록 도와줘야겠어. 만약 에인젤이 그 악마 같은 사람이 테스를 꾀고 있다는 것을 안다면 테스에게 다시 돌아올 거야." 마리안이 말했다.

하지만 그들은 방법을 알지 못했다. 그러다 한 달 후, 두 사람은 에인젤이 돌아오고 있다는 소식을 들었다. 그렇지만 테스와는 더 이상 연락이 닿지 않았다.

P. 177 그들은 에인젤에게 편지를 써서 테스 사정을 전해주기로 했다. 그들은 에민스터 사제관으로 에인젤에게 전하는 편지를 보냈다.

클레어 씨 귀하

당신의 아내가 당신을 사랑하는 것만큼 아내를 사랑하신다면 그녀를 지켜주시기 바랍니다. 그녀는 친구를 사칭하는 나쁜 사람 때문에 위험에 처해 있습니다. 여자의 힘은 그리 오래가지 않습니다. 그리고 꾸준히 떨어지는 물은 바위도 뚫는 법입니다. 그래요, 다이아몬드조차도요.

행복을 바라는 두 친구로부터

19장

P. 178 날이 저물었고 에민스터 사제관에 촛불이 켜졌다. 클레어 부부는 아들의 귀환을 초조하게 기다리고 있었다. 클레어 부인은 벌써 열 번이나 현관에 나가 아들이 오는지 내다보았다.

"금방 도착하진 못 할거요. 기차가 여섯 시나 되어서야 초크-뉴턴에 도착한다지 않소. 거기다 거기서부터 십 마일이나 더 마차를 타고 와야 되고." 클레어 신부가 말했다.

"하지만 그거야 한 시간이면 오곤 했잖아요."

그들은 걱정해봤자 소용없다는 것을 알고 조용히 기다리기로 했다. 어차피 오늘 밤 도착할 아들이었다. 얼마 후 밖에서 소리가 들렸고 부부는 문으로 달려갔다. 마차가 문앞에 나타났고 에인젤이 내리는 것이 보였다.

"오, 내 아들, 드디어 집에 왔구나!" 하지만 클레어 부인은 거실로 돌아와서야 아들의 얼굴을 똑똑히 볼 수 있었다.

"이런, 갈 때의 모습과 너무 달라졌구나!" 클레어 부인이 차마 더 이상 쳐다보지 못하고 고개를 돌리며 슬프게 말했다.

P. 179 그의 아버지조차도 아들의 변한 모습에 충격을 받았다. 만약 길에서 만났더라면 아들인지도 모르고 지나칠 수도 있을 만큼 변한 것이었다. 고된 일과 더운 기후 때문에 나이가 이십 년이나 더 들어 보였다. 몸은 더 마르고 수척해졌고, 퀭한 그의 얼굴 때문에 더욱 커 보이는 눈은 슬퍼 보였다.

"말씀드렸다시피 그곳에서 좀 아팠어요. 지금은 괜찮아요." 하지만 에인젤의 다리가 후들거렸고 그는 쓰러지지 않으려고 의자에 털썩 앉았다.

"최근에 저에게 온 편지 있나요?" 에인젤이 부모에게 물었다.

그들은 아들에게 테스가 마지막으로 보낸 편지를 건넸다. 아들이 곧 집에 올 것을 알고 브라질로 보내지 않고 가지고 있던 것이었다. 에인젤은 편지를 열어 몇 줄 안 되는 글을 재빨리 읽었다. 그것은 테스가 마지막으로 절박하게 보낸 편지였다.

왜 절 이렇게 가혹하게 대하는 거예요, 에인젤? 곰곰이 생각해보았지만 당신이 너무 심한 것 같아요. 당신을 절대 용서하지 않겠어요!

P. 180 당신은 잔인해요! 당신을 잊으려고 노력할 거예요. 당신은 저에게 공평하지 못했어요.

테스

"그래, 모두 맞는 말이야!" 에인젤이 편지를 던지며 말했다. "다시는 나를 받아주지 않을 거야."

"아무 것도 모르는 시골 여자 말에 너무 신경 쓰지 마라, 에인젤." 그의 어머니가 말했다.

"저도 그 사람이 그냥 무식하기만 한 시골 여자였으면 좋겠어요. 하지만 아니에요. 부모님께는 말씀드린 적이 없지만 잉글랜드에서 가장 유명한 귀족가문 출신이라고요. 더버빌 가문이요. 그리고 제가 그녀를 떠난 이유는 그녀가 제가 생각했던 순결한 시골처녀가 아니라는 것을 알았기 때문이고요. 다시 아내를 찾아야겠어요."

다음날 아침 그는 생각에 잠겨 방에 앉아있었다. 자신이 브라질에 있을 때 그녀에게서 마지막으로 받은 편지는 사랑이 담긴 편지였다. 그는 자신이 그녀를 용서하기로 한 그 순간 그녀가 두 팔 벌려 자신을 맞아줄 것이라고 생각했다. 하지만 그렇게 쉬운 일은 아니었다. 그녀는 지금 에인젤이 이토록 오래 자신을 버려둔 것에 대해 화가 나 있었다. 그리고 스스로 인정하건대 분노하고도 남을 일이었다. 그래서 그는 그녀에게 둘의 관계를 다시 생각할 여유를 주기로 했다.

P. 181 그는 말롯으로 편지를 써서 자신이 잉글랜드에 돌아왔음을 알렸다. 일주일 후 그는 더비필드 부인으로부터 짤막한 답신을 받았다. 놀랍게도 편지는 말롯으로부터 온 것이 아니었다.

클레어 씨,

테스는 이곳에 살지 않으며 그 애가 언제 돌아올지 나도 잘 모릅니다. 돌아오는 대로 알려드리겠습니다. 그 애가 어디에 있는지도 말씀드릴 수가 없습니다. 우리 식구는 더 이상 말롯에 살고 있지 않습니다.

J. 더비필드

에인젤은 처음에는 테스 어머니의 다음 전갈을 기다려볼까 하는 생각을 했다. 하지만 브라질에서 마지막으로 받았던 테스의 편지를 다시 읽어보니, 처음 읽었을 때처럼 구절구절 그의 가슴을 파고 들었다.

P. 182 …에인젤, 제가 사는 이유는 오직 당신 때문이에요. 당신이 절 떠났다고 원망하는 말은 절대로 하지 않을게요. 제발 저에게 돌아와만 줘요. 당신 없이는 어찌할 바를 모르겠고 너무나 외로워요, 여보. 우리가 목장에 함께 있을 때 저에게 느꼈던 그 사랑이 조금이라도 남아있나요? 그렇다면 어떻게 저를 멀리할 수 있어요? 당신을 만났던 그 순간 제 과거는 죽어버린 것이나 다름없어요. 저는 당신 사랑으로 인해서 완전히 다른 여자로 거듭났으니까요. 왜 그걸 몰라요?…

에인젤은 더 이상 지체하지 않고 즉시 그녀를 찾아보기로 결심했다. 그는 짐을 싸면서 최근에 받은 짤막한 편지를 다시 꺼내 읽어보았다. 누가 보낸 것인지는 알 수 없었지만 불안하게 만드는 편지였다.

클레어 씨 귀하
당신의 아내가 당신을 사랑하는 것만큼 아내를 사랑하신다면 그녀를 돌보아주시기 바랍니다. 그녀는 친구를 사칭하는 나쁜 사람 때문에 위험에 처해 있습니다…

행복을 바라는 두 친구로부터

P. 183 에인젤은 플린트컴-애쉬부터 갔다. 그에게 온 테스의 편지 중 한 통의 발신지가 그곳으로 되어있었기 때문이었다. 농장모습을 보니 그곳에서의 그녀의 삶이 얼마나 고달팠을지 알 것 같았다. 그리고 그녀가 이곳에서는 클레어 부인이라는 호칭을 전혀 사용하지 않았다는 것을 알 수 있었다. 그 후 그는 말롯으로 갔다. 테스 가족이 살던 오두막집에는 다른 가족이 들어와 살고 있었다. 존 더비필드는 사망했고 미망인과 자녀들이 지금은 샤스톤 근처에 산다는 이야기를 전해들을 수 있었다. 말롯 마을을 떠나면서 마을 댄스에서 테스와 처음 만났던 들판을 지나게 되었다. 이제는 테스의 흔적을 찾아볼 수 없는 그곳을 에인젤은 차마 쳐다볼 수가 없었다.

그는 샤스톤 마을을 향해 출발했다. 저녁 일곱 시가 다 되어서야 그는 조운 더비필드의 집에 도착했다. 더비필드 부인은 길에서 멀리 떨어져 있는 마당이 딸린 작은 집에서 아이들과 함께 살고 있었다. 조운은 그를 보더니 당황스러워했다. 그는 자신을 테스의 남편이라고 소개했다.

"지금 당장 테스를 만나고 싶습니다. 저에게 연락을 주시겠다고 하고서 연락이 없으셨죠. 테스는 잘 있습니까?"

P. 184 "난 잘 모르겠어요, 신사양반. 하지만 댁은 알고 계셔야 하는 것 아니오?"

"맞는 말씀입니다. 남편이라면 아내가 어디 있는지 아는 것이 당연한 일이죠. 지금 어디 사나요?"

"그 애가 지금 어디 살고 있는지 정확히는 잘 모르겠어요."

"테스가 제가 찾아가는 걸 반길까요?" 에인젤이 물었다.

"그럴 것 같지 않은데요." 테스의 어머니가 말했다.

에인젤은 가려고 돌아서다가 테스의 다정한 편지를 다시 떠올렸다. '당신이 제게 준 벌을 받아 마땅하지만 제발 너그럽게 대해주세요. 당신이 와서 용서해준다면 죽어도 여한이 없겠어요. 당신이 없이는 어찌할 바를 모르겠고 너무나 외로워요, 여보.'

"제가 찾아오기를 기다리고 있을 것이 확실합니다!" 그가 흥분된 목소리로 말했다. "어머님보다 제가 더 잘 압니다. 테스의 주소를 알려주십시오. 외롭고 비참한 저를 봐서라도요!"

테스의 어머니는 한동안 잠자코 있었다. 그러더니 결국 낮은 목소리로 말했다. "그 애는 지금 샌드본에 있어요."

"감사합니다. 혹시 도와드릴 거라도 있으신가요?" 에인젤이 물었다.

"아뇨, 됐습니다. 아쉬운 것 없이 잘 살고 있어요."

P. 185 에인젤은 작별을 고했다. 역까지 삼 마일을 걸어가 샌드본으로 떠나는 막차를 탈 수 있었다. 밤 열한 시가 다 되어서 그는 호텔에 방을 잡았다. 그리고 나서 샌드본 거리로 나섰다. 테스에 대해 물어보고 다니기에는 시간이 너무 늦었지만 그는 아직 잠자리에 들 수 없었다.

샌드본은 그에게 무척 낯설게 느껴졌다. 공원도 많고 화단이며 유흥시설로 가득 찬 멋스럽게 지은 신흥도시였다. 그는 신식 건물들과 저택들이 늘어선 깨끗하고 널찍한 길거리를 걸었다. 바다가 가까웠고 파도가 해변에 부딪히는 소리가 들렸다. 에인젤은 이해가 되지 않았다. 이런 돈 많고 멋지게 꾸민 사람들 사이에서 테스가 무엇을 하고 있다는 말인가? 목장아가씨가 있을 곳이 아니었다. 우유를 짤 소도 없었고 호미질을 할 밭도 없었다. 어느 집에선가 하녀로 일하고 있는 것일까?

에인젤은 다시 호텔로 돌아갔다. 불을 끄기 전에 테스의 열정적인 편지를 다시 꺼내 읽었다. 그날 밤 그는 잠을 이룰 수가 없었다. 창밖을 내다보며 테스가 어느 집에서 자고 있을까 생각하며 밤을 꼬박 지새웠다.

P. 186 다음날 아침 그는 우체국에 가서 오전배달을 위한 편지들을 가지고 나오는 우체부에게 말을 걸었다. 그곳에 사는 사람 중 클레어나 더비필드라는 성을 가진 사람은 못 들어봤다고 했다.

"하지만 더버빌이라는 사람이 헤론즈에 머물고 있긴 합니다." 우체부가 말했다.

"바로 그 사람입니다!" 테스가 조상의 성을 사용하고 있다고 생각한 에인젤이 기쁜 목소리로 외쳤다. "그 집이 어딥니까?"

에인젤은 헤론즈로 가는 길을 전해듣자마자 그쪽으로 발을 옮겼다. 그곳은 큰 여관이었고 에인젤은 테스가 그곳에서 하녀로 일하고 있나 보다고 짐작했다. 그는 현관 벨을 울렸고 여관 여주인이 문을 열었다.

"여기 테레사 더버빌이라는 여자가 삽니까?

"더버빌 부인 말씀이세요?" 여인이 되물었다.

"네." 에인젤이 대답했다. 그는 테스가 결혼한 신분인 것을 밝히고 있다는 사실이 기뻤다.

"그녀를 몹시 보고 싶어하는 가족이 왔다고 전해주시겠습니까? 에인젤이 왔다고 해주십시오."

"에인젤 씨요?"

"아뇨. 그냥 에인젤이요. 그러면 알 겁니다." 그가 말했다.

그는 거실에서 테스를 기다리며 커튼 사이로 마당을 내다보았다.

P. 187 그녀는 그가 생각한 것처럼 고달픈 취급을 당하며 있는 것 같지는 않았다. 곧 계단을 내려오는 발걸음 소리가 들렸고 그의 가슴이 아프도록 뛰었다. 제대로 서 있기도 힘들어 의자 뒤를 잡고 몸을 지탱해야 했다.

'나를 어떻게 생각할까? 내 모습이 많이 달라졌는데.' 에인젤이 생각했다.

바로 그때 테스가 문에 나타났다. 그녀의 모습은 그가 상상했던 것과 매우 달랐다. 그녀는 연한 색으로 수가 놓여진 부드러운 최고급 모직 실내복을 입고 있었다. 덧신도 같은 빛깔로 맞춰 신고 있었다. 그녀의 흑갈색 머리는 느슨하게 뒤로 묶여있었다. 그가 기억하는 것보다 더 아름다운 모습이었다. 그는 팔을 내밀었다가 다시 떨어뜨리고 말았다. 그녀는 다가오려는 기색 없이 문간에 꼼짝하지 않고 서 있기만 했다. 에인젤은 남편의 변해버린 모습을 차마 견디기 어려워 그러는 것이라고 생각했다.

속삭이는 목소리로 에인젤이 말했다. "테스. 떠나버렸던 나를 용서해주겠어? 나에게로 돌아와주겠어?"

P. 188 "너무 늦었어요." 그녀가 말했다. 그녀의 목소리는 굳어있었고 눈은 이상한 빛을 내며 반짝이고 있었다.

"당신을 있는 그대로 보지 못했어." 그가 말을 이었다. "제발 나를 용서해줘, 테스."

"너무 늦었어요. 너무 늦었다고요!" 그에게 가버리라는 듯한 손짓을 하며 그녀가 말했다. "다가오지 말아요, 에인젤! 가까이 오지 말아요."

"내가 좀 아팠던 바람에 내 모습이 변해버려 더 이상 나를 사랑하지 않는 거야? 당신을 데리러 왔어. 당신은 내 아내야. 부모님도 당신을 따뜻하게 맞아주실 거야!"

"네, 네! 하지만 이미 늦었어요. 무슨 말인지 아직도 모르겠어요? 전 기다리고 또 기다렸어요. 하지만 당신은 돌아오지 않았어요! 그래서 당신에게 편지를 썼어요. 그랬는데도 오지 않았어요. 그 사람은 당신이 절대로 오지 않을 거라고 계속 말했어요. 그리고 기다리는 건 바보 같은 짓이라고 했어요. 그 사람이 저에게 잘해줬고 그리고 우리 어머니에게도 잘해줬어요. 아버지가 돌아가신 다음에요."

"무슨 말인지 모르겠군."

"그 사람이 저를 다시 찾았다고요."

에인젤은 그녀를 멍하니 바라보았다. 그녀의 비싼 옷과 희고 고운 손을 쳐다보았다. 결국 그는 상황을 깨달았고 쓰러지듯 의자에 주저앉았다. 머리를 얻어맞은 느낌이었다.

"지금 그 사람이 위층에 있어요. 그 사람이 미워요. 저에게 거짓말을 했기 때문에요.

P. 190 당신이 돌아오지 않을 거라고 했지만 당신은 이렇게 왔잖아요! 제발 가줘요, 에인젤. 그리고 다신 오지 말아요!"

두 사람은 어떤 기쁨이나 희망도 사라진 눈으로 서로를 마주보았다. "모두 내 잘못이야!" 에인젤이 외쳤다. 그러나 더 이상은 아무 말도 할 수가 없었다. 얼마 후 그는 자신도 모르는 새 테스가 방을 나가버린 것을 깨달았다. 그는 마음이 몹시 어지러웠다. 한기가 느껴졌고 몸이 좋지 않음을 느꼈다. 일이 분 후 에인젤은 다시 거리를 걷고 있었다. 어떻게 그 집을 나와 그곳까지 왔는지 기억이 나지 않았다.

헤론즈 여관주인 브룩스 부인은 자신의 집에 묵고 있는 손님들에 대해 유난스레 호기심을 갖는 사람은 아니었다. 하지만 돈 많은 더버빌의 아내를 찾아온 젊은 남자는 그녀의 관심을 끌었다. 비참한 두 사람 사이의 대화가 부인에게도 간헐적으로 들렸다. 부인은 테스가 자신의 숙소로 다시 올라가는 소리와 에인젤이 나가면서 문이 닫히는 소리를 들었다. 그러자 그녀는 조용히 계단을 올라가 더버빌 부부가 묵고 있는 방문 앞으로 갔다.

테스가 흐느껴 우는 소리가 들렸고 부인은 열쇠구멍으로 안을 들여다보았다. 테스가 머리를 두 손에 묻은 채 아침식사가 차려진 식탁에 앉아있었다. 테스는 울면서 나지막한 소리로 혼잣말을 하고 있었다. 브룩스 부인에게는 그중 일부만이 들렸다.

P. 191 "그리고 사랑하는 내 남편이 나를 데리러 돌아왔어요. 그런데 나는 그걸 알지도 못했어요. 당신이 어머니와 동생들에게 잘해준 건 알아요. 하지만 남편이 절대로 돌아오지 않을 거라고 했죠. 돌아올 거라고 생각하는 건 바보 같은 짓이라고 말이에요! 그리고 결국 내가 그 말을 믿고 포기하고 말았어요! 그리고 그이가 돌아왔어요! 이제는 다시 가버렸지만요. 두 번째로 떠나버렸어요. 이제 난 영영 그이를 잃었어요. 그이는 다시는 나를 사랑하지 않을 거예요. 나를 미워할 거예요! 당신 때문에 그 사람을 다시 잃어버렸다고요!"

테스가 얼굴을 들었다. 브룩스 부인은 그녀의 얼굴에 서린 고통을 볼 수 있었다. "그이는 죽어가요. 마치 죽어가는 사람처럼 보여요! 당신이 내 인생뿐 아니라 그이의 인생도 망쳐놓은 거예요. 나는 못 참아요! 난 못 참아요."

브룩스 부인은 침실 쪽에서 더버빌 씨가 날카롭게 쏘아붙이는 소리를 들었다. 그러더니 방안이 잠잠해졌다.

부인은 다시 계단을 내려와 자신의 거실로 갔다. 곧 위층에서 누군가 움직이는 소리가 들렸다. 그러더니 현관문이 열렸다 닫히는 소리가 났다. 그녀는 창밖을 내다보고 테스가 대문 밖으로 걸어나가고 있는 것을 보았다.

P. 192 이곳에 도착할 때 입고 있었던 말쑥한 나들이옷을 갖춰 입고 있었다. 더버빌 씨는 아직도 잠자리에서 일어나지 않은 것 같았다. 그는 아침에 일찍 일어나는 경우가 드물었다. 브룩스 부인은 더버빌 부인을 찾아왔던 방문객이 누군지, 또 이런 이른 아침에 더버빌 부인이 어디로 가는 것인지 궁금했다.

부인은 의자에 몸을 깊숙이 기대고 앉았다. 그러면서 위를 올려다보고는 천장에 얼룩이 생긴 것을 발견했다. 보고 있으려니까 얼룩은 점점 퍼져서 금방 손바닥만큼 커졌다. 얼룩은 붉은 색이었다. 부인은 탁자 위에 올라가 손을 뻗어 얼룩을 만져보았다. 축축한 느낌에 부인은 꼭 피 같다는 생각이 들었다. 그녀는 계단을 뛰어올라가 다시 귀를 기울였다. 방문 반대편에서 뭔가가 규칙적으로 똑똑 떨어지는 소리가 들렸다. 그녀는 거리로 뛰쳐나가 아는 사람 아무나 붙잡고 집에 가서 위층을 좀 봐달라고 사정했다. 남자와 브룩스 부인은 황급히 위층으로 올라가 문을 밀어서 열었다. 아침식사는 손도 대지 않은 채 그대로 놓여있었지만 고기 자르는 칼이 보이지 않았다.

그들은 침실로 들어갔다. 칼은 알렉 더버빌의 심장에 꽂혀있었다. 브룩스 부인의 손님이 살해당했다는 뉴스가 곧 온 도시에 퍼졌다. 남자의 젊은 아내가 자고 있는 남편을 칼로 찔러 죽였다는 내용이었다.

20장

P. 193 그동안 에인젤은 걸어서 자신이 묵고 있는 호텔로 돌아갔다. 그리고 아침을 먹기 위해 앉았다. 무의식적으로 먹고 마시는 내내 그는 멍하니 허공만 바라보고 있었다. 그리고는 일어나서 짐을 꾸려 아래층으로 내려갔다. 숙박비를 지불하고 기차역으로 향했다. 기차를 타려면 한 시간도 넘게 기다려야 했다. 그에게는 더 이상 원하는 것도 사랑할 사람도 그리고 서두를 이유도 없었다. 하지만 한시라도 빨리 이곳 샌드본을 벗어나고 싶었다. 그는 기차를 기다리지 않고 도시 밖으로 나가는 길을 따라 걷기 시작했다.

길은 내리막길이었다가 계곡을 가로지른 후 반대편에서 다시 오르막길로 변했다. 반대편 계곡길을 올라가던 그가 걸음을 멈추고 뒤를 돌아보았다. 멀리서 누군가가 자신이 있는 방향으로 달려오고 있었다. 자신에게 오는 사람이라고 생각하고 그는 멈춰 서서 기다렸다.

P. 194 여자처럼 보였지만 가까이 올 때까지도 그는 설마 자신의 아내가 자신을 뒤쫓아올 줄은 꿈에도 몰랐다. 테스가 그가 있는 곳에 도착했다.

"역에 거의 다 갔다가 당신이 뒤돌아서는 것을 봤어요. 그리곤 내내 당신을 뒤쫓아왔어요!" 그녀의 안색은 창백했고 숨 가빠하며 부들부들 떨고 있었다. 그는 아무것도 묻지 않고 다만 팔을 잡아 부축해주었다. 사람들 눈에 띄지 않기 위해 그녀를 데리고 나무가 우거진 작은 길을 따라 들어갔다.

"에인젤, 왜 제가 당신을 따라왔는지 알아요? 제가 그 사람을 죽여버렸다는 말을 하려고요!" 그녀의 하얗게 질린 얼굴에는 가련한 미소가 서려있었다.

"뭐라고!" 에인젤이 놀라 물었다.

"어떻게 했는지는 몰라도 했어요! 당신과 저를 위해서 그래야 했어요, 에인젤. 그 사람이 우리 사이에 끼어들어 우리 인생을 망쳐놨잖아요. 이제 더 이상은 그렇게 하지 못해요. 전 한 번도 그 사람을 사랑한 적이 없어요. 에인젤, 당신도 알죠? 제 말을 믿죠? 제가 당신을 이렇게 사랑하는데 왜 당신은 절 떠났어요? 저를 미워한 것을 원망하는 건 아니에요. 하지만 그 남자를 죽여버렸으니 이제 절 용서해주겠어요? 당신이 또다시 떠나는 걸 참을 수 없었어요! 다 용서하고 저를 사랑한다고 말해줘요, 말해줘요!"

P. 195 "당신을 사랑해, 테스. 사랑해!" 그가 그녀를 자신의 품 안에 꼭 끌어안으며 말했다. "그런데 그 남자를 죽였다는 건 대체 무슨 뜻이야?"

"그 남자는 죽었어요. 제가 당신 얘기를 하며 울고 있는 걸 듣고는 당신 욕을 하는 거예요. 전에도 그런 적이 있어요. 하지만 더 이상은 참을 수 없었어요. 그래서 죽여버렸어요. 그리고 옷을 입고 당신을 찾아나섰던 거예요."

에인젤은 점점 테스가 정말로 알렉 더버빌을 살해했을지도 모른다는 생각이 들었다. 그 사실에 경악하는 한편, 그녀가 이토록 자신을 사랑한다는 사실에 감복하고 말았다. 그 사랑이 그녀로 하여금 옳고 그른 일을 분간하지 못하게 만들었음에 틀림없었다. 그녀는 자신이 저지른 일을 미처 깨닫지 못하고 그의 어깨에 기대어 행복에 겨워 울뿐이었다. 그녀가 한 말이 사실이라면 사태는 심각했다. 그녀는 그가 자기를 지켜줄 것으로 믿고 있었고 그도 그녀를 버릴 수 없었다. 그의 마음에는 정열적이고 헌신적인 아내에 대한 애틋함과 사랑만이 있을 뿐이었다. 그는 연거푸 그녀에게 키스를 하고 나서 그녀의 손을 잡았다. "다시는 당신을 떠나지 않을 거요.

P. 196 당신이 무슨 일을 저질렀던 간에 당신을 지켜주겠어, 여보."

두 사람은 나무가 우거진 길로 계속 걸었다. 테스는 이따금씩 고개를 돌려 그를 쳐다보았다. 그녀의 눈에는 마르고 창백하고 약해진 에인젤의 모습은 보이지 않았다. 그녀에게 그는 언제나처럼 완벽해 보였다. 에인젤이야말로 자신을 순결한 마음으로 사랑해준 단 한 사람이었고 또 그녀의 순결함을 믿어준 사람이었다. 그들은 팔로 서로를 안은 채 나무를 헤치고 인적 없는 길을 걸었다. 마침내 함께 있게 된 것에 행복했고, 말은 필요 없었다.

"어디로 가는 거지요?" 몇 마일이나 걷고 난 후 테스가 물었다.

"나도 모르겠어. 곧 밤을 보낼만한 오두막집이 나올 거야. 조금 더 걸을 수 있겠어, 테스?"

"그럼요! 당신이 이렇게 안아주고 있으면 영원히 걸을 수도 있어요!"

정오가 다되어 멀리서 주점 하나가 보였다. 테스는 에인젤을 따라 함께 가려고 했지만 그는 나무와 덤불들 사이에 숨어있으라고 설득했다. 그녀가 입고 있는 옷이 워낙 화려한 것이라 시골사람들 눈에 금방 띌 것 같았다. 경찰이 그녀를 찾고 있을 경우에 대비해서 사람들 눈을 피해있을 필요가 있었다. 에인젤은 여섯 사람도 먹을 수 있을 만큼의 음식과 포도주를 사가지고 돌아왔다.

P. 197 두 사람이 하루 이상 버틸만한 양이었다. 둘은 땅에 넘어진 나무에 걸터앉아 음식을 먹었다. 그리고 남은 음식을 싸서 다시 걷기 시작했다.

"내륙 쪽으로만 걷고 해안으로는 나가지 않는 것이 좋겠어. 한동안 숨어 있을 수 있을 거야. 그 후에 사람들이 우리를 찾는 것을 포기하면 그때 나가자고. 항구로 가서 외국으로 가는 배를 타면 돼." 에인젤이 말했다

두 사람은 해안으로부터 멀리 떨어져서 걷기를 계속했다. 아직 오월이었지만 햇살이 좋았고 낮에는 꽤 따뜻했다. 함께 걸으니 행복했다.

저녁이 되어올 때 숲 한가운데 크고 낡은 벽돌집이 나타났다. 팻말을 보니 세주려고 내놓은 집이란 것을 알 수 있었다. 아무도 사는 사람은 없었다.

에인젤은 테스에게 살펴보고 올 동안 기다리고 있으라고 일렀다. 몇 분 후 그가 돌아왔다. 창문을 열고 환기를 시키려고 관리인이 하루에 한 번 올 뿐이라는 말을 근처 농장에서 일하는 소년을 만나 들었다고 했다.

P. 198 "저길 봐. 열어놓고 간 창문이 있어. 저리로 올라가면 아무도 우리가 들어간 걸 모를 거야." 에인젤이 말했다.

두 사람은 낡고 커다란 침대가 있는 방을 골랐다. 관리인이 창문을 닫으러 올 때까지 그들은 조용히 숨어있었다. 그 후에는 집 전체가 그들의 것이 되었다. 에인젤은 달빛이 방안에 들어올 수 있도록 커튼을 열었다. 그들은 가져온 음식을 먹고 어둠 속에서 잠자리에 들었다.

다음날은 아침부터 비가 오고 안개가 끼어 관리인이 창문을 열러 오지 않

았다. 비는 닷새 동안 내렸고 관리인 때문에 방해 받는 일은 없었다. 두 사람은 한 번도 가져보지 못한 신혼의 나날을 보냈다. 닷새째 되는 날 에인젤이 숨어있던 집을 떠나 사우스햄튼이나 런던으로 가자고 했다. 하지만 테스는 이대로 있고만 싶었다.

"왜 이런 달콤하고 멋진 시간을 끝내야 하죠? 바깥에는 모든 것이 어지럽고 슬프기만 해요. 이 안에 있으면 모든 것이 충만하잖아요."

에인젤은 테스 말을 따르기로 했다. 그 집 안에서는 용서와 사랑이 가능했다. 하지만 밖으로 나가면 결국 테스는 잡혀서 벌을 받게 될 것이다.

P. 199 "그리고 말이에요." 테스가 자신의 뺨을 그의 뺨 위에 지긋이 누르면서 말했다. "당신이 절 사랑하는 것을 멈추는 걸 원하지 않아요. 제가 한순간 정신이 나갔기 때문에 그 남자를 죽인 건 사실이에요. 하지만 제가 저지른 일로 당신이 절 거부한다면 전 살고 싶지 않아요."

다음날 아침 일찍 관리인 여자가 왔다. 관리인은 아래층 창문들을 열고 나서 침실들이 있는 위층으로 올라왔다. 그리고 그중 한 방에서 두 사람이 큰 침대에 잠들어 있는 것을 발견했다. 여자는 처음엔 몹시 놀랐다. 하지만 창문으로 들어온 햇살을 받은 에인젤과 테스의 얼굴은 너무나 평화롭고 순수해 보였다. 관리인은 두 연인을 깨우지 않은 채 조용히 문을 닫았다. 그리고 사람들에게 알리러 서둘러 나갔다.

테스와 에인젤은 관리인이 왔다간 직후 잠에서 깼다. 열려있는 창문들을 발견하고 곧 그곳을 떠나야 한다는 것을 깨달았다. 두 사람이 다시 숲 속으로 나왔을 때 테스는 고개를 돌려 마지막으로 그 집을 쳐다보았다.

"여기서 보낸 시간은 행복했어요." 그녀가 말했다. "저는 어쩌면 몇 주밖에는 더 못 살지도 몰라요. 차라리 저기 그냥 머물러있을걸 그랬어요."

P. 200 "그런 말 하지 마, 테스! 북쪽으로 가자. 거기서는 아무도 우리를 찾지 않을 거야. 북부에 가면 항구로 가서 여길 떠나자. 우리를 못 찾을 거야."

그들은 계속 걸었고 정오에 멜체스터 시(市)에 도착했다. 낮 동안에는 숲 속에서 휴식을 취했다. 저녁때 에인젤이 음식을 사왔고 두 사람은 다시 도시를 지나 걷기 시작했다. 걷는 소리를 내지 않기 위해 풀 위로 걸었다. 한동안 걷다가 탁 트인 땅으로 나왔다. 달이 구름 뒤로 사라지자 사방은 동굴 안보다도 더 캄캄해졌다.

갑자기 에인젤이 발걸음을 멈췄다. 그 앞에 거대한 바위가 있었다. 어둠 속에서 하마터면 그 거석을 들이받을 뻔했다. 앞으로 걸어가자 어마어마한 바위들이 더 있었다. 밤하늘을 배경으로 검게 버티고 선 거석들이었다.

"도대체 여기가 어디지?" 에인젤이 말했다.

"들어봐요, 웅웅거려요." 테스가 말했다.

그도 귀를 기울였다. 바람이 거석들을 가로질러 불면서 괴음을 내고 있었다. 마치 어마어마한 하프에서 흘러나오는 음악 같은 소리였다. 두 사람은 둥글게 선 바위들이 만들고 있는 거대한 원 안으로 천천히 걸어 들어갔다.

"여기가 바로 스톤헨지군!" 에인젤이 말했다.

"이교도의 신전 말이에요?"

P. 201 "그래. 기원전에 세워진 돌들이야. 더버빌 집안보다도 더 오래 됐지! 자, 이제 어떻게 할까, 여보? 좀더 가면 쉴 곳이 나올 텐데." 에인젤이 말했다.

테스는 다른 돌들에 가려 바람이 피해가는 곳에 있는 길쭉한 돌 위에 주저앉았다.

"더 이상 가고 싶지 않아요, 에인젤." 그녀는 손을 뻗어 그의 손을 잡았다. "여기 있어요, 우리."

"안 될 것 같아. 이 곳은 낮에는 몇 마일 밖에서도 잘 보여."

"하지만 더 이상 못 가겠어요. 그리고 여기가 편해요. 당신은 곧잘 저보고 이교도(테스의 시조인 기사의 이름인 페이건에는 이교도라는 뜻이 있음)라고 부르곤 했죠. 이제 집을 제대로 찾아 온 셈이잖아요."

그는 테스 옆에 무릎을 꿇고 앉아 그녀에게 키스했다.

"졸려? 당신이 누워있는 곳은 제단 같은데." 그가 말했다.

"여기가 좋아요. 있는 거라고는 하늘밖에 없는 너무나 신성하고 외로운 곳이네요."

에인젤은 그녀가 좀 쉬는 것이 좋겠다고 생각했다. 그는 코트를 벗어 그녀에게 덮어주었다. 그리고 그녀 옆에 앉았다.

P. 202 "에인젤." 테스가 그를 불렀다. "만약 저에게 무슨 일이 생기면, 저 대신 리자 루를 보살펴줄래요? 아주 착하고 순결한 아이에요. 에인젤, 당신이 절 잃게 되면 대신 그 애와 결혼했으면 좋겠어요. 곧 저는 이 세상에 없

을 거니까요."

"당신을 잃는 건 모든 것을 잃는 거야! 그리고 리자 루는 내 처제잖아. 교회법으로 내가 그 애와 결혼하는 건 금지되어있을 거야."

"그런 건 아무 상관없어요. 말롯 사람들은 처제들과 결혼하는 경우가 흔해요. 그리고 리자 루는 친절하고 상냥한 아이에요. 아주 아름다운 여인이 되어가고 있고요. 제 나쁜 점은 하나도 없고 제가 가진 좋은 점은 모두 가진 아이에요. 그 애가 당신 아내가 되면 죽음도 우리를 갈라놓지 못한 셈이 되잖아요. 말을 했으니 그렇게 할 걸로 알래요." 테스가 말했다.

그녀가 말하기를 멈추자 사방은 고요뿐이었다. 에인젤은 동쪽 하늘에서 여명을 보았다. 이제 곧 새벽이었다. 그들은 빨리 이곳을 떠나야 했다.

"여기서 하느님에게 희생물을 바쳤나요?" 테스가 물었다.

"아니. 하느님이 아니라 태양에게 바쳤어."

"에인젤, 그러고 보니 한 가지 물어볼 것이 있어요.

P. 203 우리가 죽은 후에도 다시 만날 수 있을까요? 알고 싶어요."

그는 질문을 피하기 위해 그녀에게 키스했다.

"오, 에인젤, 아니라는 뜻이군요!" 그녀가 거의 울음이 터질 듯한 목소리로 말했다. "당신을 다시 만나고 싶은데 말이에요! 당신과 저도 다시 못 만나요? 이렇게 서로를 사랑하는 데도요?"

무슨 말을 해야 할지 알 수 없었기 때문에 그는 아무 대답도 하지 않았다. 곧 그녀는 잠이 들어버렸다. 밤새 불던 바람은 잦아졌고 동녘 하늘의 빛이 더 밝아진 것을 볼 수 있었다. 그리고 멀리서 무엇인가가 움직였다. 원을 그리며 서 있는 바위들 쪽으로 한 남자가 오고 있었다. 에인젤은 테스와 함께 미리 떠나지 않은 것을 후회했다. 하지만 이미 늦었다. 뒤에서 소리가 들렸다. 돌아다보았더니 또 다른 남자가 보였다. 그리고 한 명 더 있었다. 테스를 체포하러 오고 있는 경찰들이었다. 그녀 말이 사실이었다! 그는 일어나 무기가 될만한 것이 있는지 도망갈 길이 있는지 사방을 둘러보았다.

"소용없습니다." 가장 가까이 온 경관이 말했다. "경관이 열여섯 명이나 이 부근을 포위하고 있습니다."

P. 204 "그냥 자게 내버려두세요!" 경관들이 모여들자 그는 속삭이는 소리로 애원했다. 그는 돌에 가서 테스의 손을 잡으며 몸을 굽혔다. 그녀의 숨소

리가 가빠지고 있었다. 사람의 숨소리이기보다는 덫에 걸린 동물이 내는 소리 같았다. 곧 아침 햇살이 강하게 비췄고 그녀가 잠에서 깼다.

"무슨 일이에요, 에인젤?" 그녀가 일어나 앉으며 말했다. "절 잡으러 온 거예요?"

"그래, 내 사랑. 그들이 왔어."

"잡으러 온 것이 당연하지요. 차라리 기뻐요. 우리의 행복은 어차피 계속될 수 없는 것이었어요. 저는 이미 겪을 만큼 겪었고, 당신이 저에게 싫증이 날 때까지 오래 사는 일은 이제 없을 거예요!"

P. 205 그녀는 일어나서 기다리고 있는 경관들에게 걸어갔다. 경관들은 그녀가 오기를 기다리며 가만히 서 있었다.

"전 준비됐어요." 테스가 조용히 말했다.

햇빛이 찬란한 칠월의 어느 아침 두 명의 젊은이가 윈튼세스터 시(市)를 굽어보고 있는 언덕길을 빠른 속도로 오르고 있었다. 두 사람 모두 청춘의 나이였지만 둘 다 슬픔 속에 고개를 푹 숙이고 있었다. 한 명은 에인젤 클레어였고 다른 한 명은 테스의 아름다운 동생 리자 루였다. 그들은 손을 잡고 조용히 걷고 있었다. 둘 다 창백한 얼굴로 끊임없이 눈물을 흘리고 있었다.

언덕 꼭대기에 다다르자 시내에 서 있는 시계탑에서 여덟 시를 쳤다. 두 사람은 갑자기 걸음을 멈추고 도시를 내려다보기 위해 오던 방향으로 몸을 돌렸다. 그들 밑의 계곡에 대성당이며 대학이며 병원들이 보였다. 그리고 감옥이 있었다. 높은 깃대가 감옥 탑에 달려있었다. 두 사람은 그 깃대를 뚫어져라 쳐다보았다. 여덟 시가 지나고 몇 분 후 검은 깃발이 천천히 올라가기 시작했다. 깃발이 산들바람에 부드럽게 날리기 시작했다.

P. 206 교수형이 있을 때마다 감옥 지붕에 검은 기가 올랐다.

세상은 정의의 심판이 내려진 것으로 보았다. 하지만 에인젤은 신들이 테스를 희롱하는 것을 드디어 끝냈다고 생각했다. 조용히 바라보기만 하던 두 사람은 땅에 무릎을 꿇고 오랫동안 움직이지 않고 그대로 있었다.

P. 207 깃발은 계속해서 미풍 속에 조용히 흔들렸다. 다시 움직일 힘이 생기자 둘은 일어나 손을 맞잡고 천천히 걸어가기 시작했다.

명작에서 찾은 생활영어

TESS OF THE D'URBERVILLES

THOMAS HARDY

그저 그렇게 생긴 애들은 걱정할 필요가 없잖아요?

The plain ones are as safe as houses, aren't they?

테스의 불행이 그녀의 남다른 미모 탓도 있다며 마을사람들이 수군거린 말입니다. 집처럼 안전한이라는 뜻의 as safe as houses를 사용해서 걱정할 것이 없는이라는 표현을 만들고 있는데요, 영어에는 이처럼 어떤 사물을 그와 어울리는 형용사와 짝을 지워 as+형용사+as 형태로 만든 재미있는 관용표현이 많습니다. 쉽게 이해되는 것이 있는 반면, 문화적 차이로 조금 의외로 느껴지는 표현들도 있답니다.

To my eyes, these two instruments look as alike as two peas in a pod.
내 눈에는 이 두 기구가 똑같아 보인다.
(as alike as two peas in a pod – 콩깍지 안의 콩 두 알처럼 닮은)

One minute she can be as happy as a lark, and the next depressed over the smallest things.
그녀는 아주 신났다가도 다음 순간에는 별것 아닌 일에도 의기소침해진다.
(as happy as a lark – 종달새처럼 행복한)

Something I ate must have disagreed with me, and I have been as sick as a dog for two days now.
나는 뭔가를 잘못 먹고 탈이 나서 이틀째 죽을 듯이 아프다.
(as sick as a dog – 개처럼 앓는)

그 외에도, 애송이를 말하는 as green as grass나 전혀 딴판이라는 뜻의 as different as day and night 같은 재미있는 표현도 있답니다.

A : Could you help me? I am having trouble installing this software.

B : You're speaking to the wrong person. I'm as green as grass about things technical.

A : But I've heard it was you who designed our firm's website.

B : True. But dealing with software and designing websites are as different as day and night.

A : 좀 도와주실래요? 이 소프트웨어를 설치하는 데 애를 먹고 있어서요.
B : 저는 전혀 도움이 안 되겠네요. 저는 기술적인 일에는 완전초보라서요.
A : 하지만 우리 회사 웹사이트를 디자인하신 분이라고 들었는데요.
B : 그건 그런데요, 소프트웨어 다루는 것과 웹사이트 디자인하는 것은 전혀 다른 이야기라서요.

오늘은 다른 날만큼 젖이 많이 나오지 않는데.

We're not getting as much milk today.

목장에 새로 온 테스에게 크릭 씨가 농담처럼 했던 말입니다. 소들도 처음 보는 사람 앞에서는 낯을 가리나 봅니다. 크릭 씨의 이 말에 유용한 표현이 숨어있는데요, 그만큼(의)이라는 뜻의 **as much**가 바로 그것입니다. 흔히 …만큼 많은이라고 할 때는 as much〔many〕+(명사)+as라는 표현을 쓰는데, 여기에서는 두 번째 as이하가 생략된 것이죠. 이 경우 중요한 것은, 그만큼이 얼마만큼을 말하는 것인지는 문장 앞부분에서 이미 나왔거나 혹은 문맥상 추측이 가능해야 한다는 것이에요. 위 문장에서는 today 때문에 그만큼이 다른 날만큼이라는 것을 알 수 있었습니다.

You wrote ten sentences and made as many mistakes. 너는 열 개의 문장에서 그만큼〔열 개〕의 실수를 했다.

If your team needs five copies, we need twice as many. 너희 팀이 5권이 필요하다면 우리는 그〔5권의〕 두 배는 필요해.

She was not surprised at the results, because she expected as much.
그녀는 그 정도는〔그런 결과가 나올 거라고〕 예상했기 때문에 결과에 놀라지 않았다.

쓸데없는 반복을 피하는 것도 영어를 영어답게 구사하는 방법이랍니다. 아래 dialog로 한번 더 연습해보실까요?

A : I've been struggling with this assignment for three days.

B : John has finished it in as many hours. What's wrong with you?

A : You can't compare me with him. He is quite a writer. Everybody knows it.

B : He is good because he tries hard. You don't seem to focus as much.

A : 이 과제 때문에 사흘째 헤매고 있어.

B : 존은 세 시간 만에 다 했는데, 넌 왜 그런 거야?

A : 나를 존과 비교하면 안 돼. 걔는 워낙 글을 잘 쓰잖아. 다 알면서 그래.

B : 존은 노력을 하니까 잘 하는 거지. 너는 걔만큼 집중하지 않는 것 같아.

꼭 케임브리지 대학에 안 가도 됩니다.

I will do without Cambridge.

막내아들 에인젤이 형들처럼 성직자가 되지 않고 농장주인이 되겠다고 하자, 고지식한 클레어 신부는 그를 대학에 보내지 않기로 합니다. 위 문장은 그때 에인젤이 아버지에게 한 대답이었죠. 에인젤은 **do without**을 사용해서 **…없이 해나가다〔…은 없어도 좋다〕**라는 말을 하고 있는데요, do동사가 지내다라는 뜻으로 쓰인 요긴한 표현입니다. 그 외에도 do동사는 뒤에 오는 명사와 결합해서 …을 장식하다 또는 (…에게) 좋다〔나쁘다〕라는 뜻도 만든답니다.

The couple did the baby's room in pink.
그 부부는 아기방을 분홍색으로 꾸몄다.

She does flowers for weddings and funerals.
그녀의 직업은 결혼식이나 장례식에 필요한 꽃장식을 하는 것이다.

She advised me to dress up more and do my hair and face.
그녀는 내게 좀 더 화려하게 입고 머리를 다듬고 화장을 하라고 조언했다.

This change will do us good in the end.
결국에는 이 변화가 우리에게 득이 될 것이다.

어떤 동사를 써야 할까 고민될 때 do동사가 해결사 노릇을 하는 경우가 많답니다. 아래 dialog에서 do의 활약을 좀 더 보실까요?

A : Hi, Jane. It's me. What are you up to now?

B : Well, nothing, really. I'm doing my nails, watching TV.

A : Won't you come to the dress rehearsal tonight?

B : Well, that won't do me any harm. What time are you starting?

A : 7 p.m. You can look forward to it.

A : 제인, 나야. 지금 뭐 하고 있어?

B : 뭐, 별로 하는 거 없어. TV 보면서 손톱 다듬고 있어.

A : 오늘 밤 무대 의상 입고 하는 총연습에 구경 올래?

B : 그래. 나쁠 것 없지. 언제 시작하는데?

A : 저녁 7시. 기대해도 돼.

그는 목장아가씨들에게 작별 키스를 했다.

He kissed the dairymaids goodbye.

에인젤과 테스가 결혼식을 올리고 정들었던 목장을 떠나는 장면에서 만났던 표현입니다. 여기서 우리가 주목해야 할 것이 바로 **kiss + 목적어 + goodbye** 인데요, 키스를 받는 사람이 동사 kiss의 간접목적어가 되고 goodbye가 직접목적어로 쓰여 **…에게 작별 키스를 하다** 라는 뜻의 4형식 문장이 되었습니다. wave(손을 흔들다), tell(말하다), hug(껴안다)와 같은 동사들도 goodbye나 goodnight과 함께 이런 4형식 문장을 만든답니다.

Her mother read her bedtime stories and kissed her goodnight.
어머니는 그녀에게 동화를 읽어주고 잘 자라고 뽀뽀해주었다.

Marian and Izz waved her goodbye.
마리안과 이즈가 잘 다녀오라고 그녀에게 손을 흔들었다.

I heard her tell me goodbye as I closed the door behind me.
내가 문을 닫고 돌아설 때 그녀의 작별 인사가 들렸다.

John was teary-eyed when he hugged me goodbye at the airport.
존이 공항에서 나를 껴안고 작별할 때 그의 눈에 눈물이 고였다.

이렇게 영어의 묘미가 느껴지는 멋진 문장들을 아래 dialog처럼 일상에서도 사용해보세요. 이미 알던 어휘로도 영어구사의 수준이 확! 달라진답니다.

A : How did the film end? Did they end up together?

B : No. They just told each other goodbye and got on different trains.

A : Even without a promise to see each other again? It's quite dull for an ending.

B : Well, I rather think it would have been a commonplace film if they had kissed each other goodbye.

A : 그 영화 어떻게 끝났어? 결국 둘이 맺어져?

B : 아니. 그냥 서로 작별인사만 하고는 각자 다른 기차를 타고 떠나.

A : 또 만나자는 약속도 없이? 결말치고 싱겁네.

B : 내 생각엔 서로 키스하고 헤어졌으면 오히려 더 평범했을 것 같은데.

그녀가 사랑을 독차지한 건 몹쓸 짓이었다.

It was wicked of her to take all the love.

불행한 과거를 가진 자신이 에인젤의 사랑을 받을 자격이 있는 건지 자책하는 테스의 마음을 표현한 문장입니다. 가주어(It)와 진주어(to부정사)로 구성된 문장이지요. 그런데 자세히 보면, 형용사 wicked와 그 주체인 her 사이에 전치사 of가 쓰인 것을 알 수 있는데요, wicked가 사람의 성격을 표현하는 형용사이기 때문이랍니다. 이렇게 **가주어 다음에 쓰인 형용사가 사람의 성격을 나타낼 때는 It is+형용사+of+형용사의 주체+to부정사**가 된다는 것, 잘 기억해두세요.

It is very kind of your mother to tell us you are relations. 친척간이라고 알려주시다니 어머니께서 아주 친절하시네요.

It is very brave of him to stand up to help.
도와주겠다고 나서다니 그 사람 정말 용감하구나.

It is cruel of you to remind her of what has happened. 그녀에게 그 일을 떠올리게 하다니 당신은 잔인하군요.

It was very nice of you to get in touch.
연락 주셔서 감사했습니다.

영어를 어렵게 만드는 데는 전치사가 정말 한몫 하죠? 하나의 표현처럼 자연스럽게 입에서 나오도록 문장 전체를 반복해보세요. 아래 dialog로 연습해볼까요?

A : It's so nice of you all to make time to join us tonight.

B : The party is grand. I am most happy to be part of this.

A : Well, thank you. It's sweet of you to say so!

B : It's very thoughtful of you to give a party in honor of the bride.

A : 바쁜 중에도 이렇게 와주셔서 정말 감사합니다.

B : 파티가 아주 멋집니다. 오게 돼서 정말 영광입니다.

A : 그렇게 말씀해주셔서 감사합니다!

B : 새색시에게 결혼축하 파티를 열어줄 생각을 하시다니 정말 자상하세요.

미리 말만 해줬어도!

If you had only told me sooner!

결혼 직후 테스가 자신의 과거를 고백하자 그녀를 떠나보내고 나서 에인젤이 찢어지는 마음으로 내뱉은 말이었어요. 사실 테스도 미리 고백하려고 여러 번 시도했었지만 운명의 장난인지 매번 기회를 잃었죠. 「테스」가 엇갈린 운명으로 말미암은 비극이어서 그런지 이 책에는 **…한다면〔…했더라면〕**이라는 회한의 표현이 많이 나오는데요, 위에서처럼 **only를 넣어 강조한 가정법**을 쓸 수도 있고요, **I wish + 가정법** 이나 **should + have + p.p.** 또는 동사 regret를 활용할 수도 있답니다.

If I had only known!
미리 알았다면!

I wish you wouldn't!
당신이 이러지 않았으면 좋겠어요!

And now I wish I'd never been born.
이제는 아예 태어난 걸 후회해요.

I shouldn't have been so honest.
정직하게 이야기하지 말 걸 그랬어요.

He regretted that he hadn't noticed her earlier.
그는 그녀를 미처 보지 못한 것을 아쉬워했다.

비극적인 사랑까진 아니라도 우리 모두 자잘한 후회와 한숨을 가지고 있죠. 그럴 때 지금 배운 표현들로 그 기분을 전달해보세요.

A : How did the party go? I wish I could have gone with you.

B : It was fun, except for the fact that Jane wore the same dress as mine. And I must say that it looked better on her.

A : You should have bought that red dress instead of the blue one you chose!

B : If I had only known what she was going to wear to the party!

A : 파티는 어땠어? 나도 같이 갈 수 있었다면 좋았을 텐데 말이야.

B : 괜찮았어. 제인이 내 옷과 똑같은 옷을 입고 온 것만 빼면. 솔직히 나보다 보기 좋더라고.

A : 그러게 네가 고른 파란색이 아니라 그 빨간색 옷을 샀어야 했다니까!

B : 걔가 파티에 뭘 입고 올지 알았어야 말이지!

THE CLASSIC HOUSE

offers
a wide range of world classics
in modern English.

01 The Little Prince 어린 왕자

02 Fifty Famous Stories 50가지 재미있는 이야기

03 Aesop's Fables 이솝우화

04 The Great Gatsby 위대한 개츠비

05 Daddy-Long-Legs 키다리 아저씨

06 Pride and Prejudice 오만과 편견

07 O. Henry's Short Stories 오 헨리 단편집

08 Anne Frank: The Diary of a Young Girl 안네의 일기

09 The Scarlet Letter 주홍글씨

10 Jane Eyre 제인 에어

11 Animal Farm 동물농장

12 Tales from Shakespeare 셰익스피어 이야기

13 The Adventures of Tom Sawyer 톰 소여의 모험

14 E. A. Poe's Short Stories 포우 단편집

15 Wuthering Heights 폭풍의 언덕

16 Strait Is the Gate 좁은 문

17 The Adventures of Huckleberry Finn 허클베리 핀의 모험

18 Tolstoy's Short Stories 톨스토이 단편집

19 The Adventures of Sherlock Holmes 셜록 홈즈의 모험

20 Tess of the d'Urbervilles 테스

21 Sense and Sensibility 이성과 감성

22 The Phantom of the Opera 오페라의 유령

23 Dr. Jekyll and Mr. Hyde & Other Stories
지킬 박사와 하이드 씨 외

24 Gone with the Wind 바람과 함께 사라지다

25 Little Women 작은 아씨들

26 Les Miserables 레 미제라블
27 Great Expectations 위대한 유산
28 War and Peace 전쟁과 평화
29 A Midsummer Night's Dream & Other Stories 한여름 밤의 꿈 외
30 The Sorrows of Young Werther 젊은 베르테르의 슬픔
31 Robinson Crusoe 로빈슨 크루소
32 Around the World in Eighty Days 80일간의 세계일주
33 The Necklace & Other Stories 목걸이 외
34 The Hunchback of Notre-Dame 노트르담의 꼽추
35 A Portrait of the Artist as a Young Man 젊은 예술가의 초상
36 Don Quixote 돈키호테
37 The Notebooks of Malte Laurids Brigge 말테의 수기
38 Odyssey 오디세이
39 The Brothers Karamazov 카라마조프 가의 형제들
40 A Doll's House 인형의 집
41 A Woman's Life 여자의 일생
42 First Love & Mumu 첫사랑 & 무무
43 Sons and Lovers 아들과 연인
44 The Memoirs of Sherlock Holmes 셜록 홈즈의 회상록
45 The Autobiography of Benjamin Franklin 프랭클린 자서전
46 A Christamas Carol & Other Stories 크리스마스 캐럴 외
47 Crime and Punishment 죄와 벌
48 Resurrection 부활
49 Greek and Roman Mythology 그리스 로마 신화
50 The Last Lesson & Other Stories 마지막 수업 외